U0592961

高等院校"十四五"供应链管理规划教材

物流管理

耿元芳　刘贵容◎编著

LOGISTICS

MANAGEMENT

本专著为重庆移通学院信息管理与信息系统专业重庆市大数据智能化类特色专业建设项目（项目立项文件：渝教高发〔2018〕12号）、重庆市2019年本科一流专业建设项目（项目立项文件：渝教高发〔2019〕7号文件）的专业建设成果。

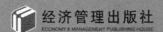

经济管理出版社
ECONOMY & MANAGEMENT PUBLISHING HOUSE

图书在版编目（CIP）数据

物流管理/耿元芳，刘贵容著．—北京：经济管理出版社，2021.4
ISBN 978-7-5096-7935-7

Ⅰ.①物…　Ⅱ.①耿…②…刘　Ⅲ.①物流管理　Ⅳ.①F252.1

中国版本图书馆 CIP 数据核字（2021）第 068227 号

组稿编辑：王光艳
责任编辑：亢文琴
责任印制：黄章平
责任校对：张晓燕

出版发行：经济管理出版社
　　　　　（北京市海淀区北蜂窝 8 号中雅大厦 A 座 11 层　100038）
网　　　址：www.E-mp.com.cn
电　　话：(010) 51915602
印　　刷：北京晨旭印刷厂
经　　销：新华书店
开　　本：787mm×1092mm/16
印　　张：14.5
字　　数：353 千字
版　　次：2021 年 6 月第 1 版　2021 年 6 月第 1 次印刷
书　　号：ISBN 978-7-5096-7935-7
定　　价：78.00 元

·版权所有　翻印必究·
凡购本社图书，如有印装错误，由本社读者服务部负责调换。
联系地址：北京阜外月坛北小街 2 号
电话：(010) 68022974　邮编：100836

序言 PREFACE

物流产业作为国民经济的血液循环系统，它连接经济的各个部门并使之成为一个有机的整体，其发展程度成为衡量一个国家现代化程度和综合国力的重要指标。2009 年初，《物流业调整和振兴规划》的出台，是对物流业所取得成果的一种认可。2014 年 6 月 11 日，国务院出台了指导物流业发展的纲领性文件——《物流业发展中长期规划（2014—2020 年）》，把物流业定位于支撑国民经济发展的基础性、战略性产业，这是物流业产业地位进一步提升的重要标志。可以说，中国物流业目前正值发展的最佳时期。但是，随着现代物流在我国的快速发展，市场竞争激烈、物流专业人才缺乏等问题日益凸显。无论在实践操作上还是在理论研究上都迫切需要有专业、科学、系统的现代物流管理教材。

本书系统介绍了现代物流管理的基本理论、方法和应用实践，探讨了大数据下智慧物流的发展，对物流管理相关内容进行了合理的安排，针对物流专业人员和管理人员的实际工作需要突出了相应的内容。它立足于理论与实际的结合，能使学习者在了解国内外物流基本理论的同时，掌握从事物流工作所需的基本知识和技能。

本书共分十章：第一章介绍现代物流管理的概念、发展、特点和相关基本理论；第二章至第八章分别介绍物理管理的六大基本职能和物流信息系统的方法与实践；第九章介绍第三方物流的发展；第十章介绍供应链管理的相关内容。在本书部分章节末尾，选取一些真实的企业物流项目和案例进行了分析，为前面所介绍的知识提供了一个综合分析和应用的平台，并且设置"本章小结"和"复习思考"部分，便于学习者对所学知识进行总结和复习。

本书在编写过程中，参阅了许多媒体网站资料，借鉴了大量同行专家的有关著作、教材及案例，在此谨向各位专家学者表示深深的谢意和敬意！由于编者水平有限，疏漏之处在所难免，恳请各位读者批评指正。

编者

2021 年 4 月 30 日

目 录
CONTENTS

第三章　**仓储管理**

第四章　配送和配送中心

第五章　装卸搬运

第六章　流通加工

第七章　包装

第八章　物流信息系统

第九章　第三方物流

第十章　供应链管理

第一章 物流基础概论

- 掌握物流的概念及内涵
- 理解物流的特征及作用
- 理解物流成本的构成
- 了解物流的分类、各种理论及其观点
- 了解智慧物流的提出及发展

第一节 物流的概念及内涵

一、物流定义

物流的概念最早是在美国形成的，起源于20世纪30年代，原意为"实物分配"或"货物配送"，1963年被引入日本，日文意思是"物的流通"。20世纪70年代后，日本的"物流"一词逐渐取代了"物的流通"。中国的"物流"一词是从日文资料引进来的外来词，源于日文资料中对"Logistics"一词的翻译"物流"。因此，不同国家对物流的概念定义有很多，并且随着市场的不断变化，国内外的很多学者在不同阶段从不同角度对物流下了不同的定义，其中比较典型的物流定义有：

（一）美国消费者协会的定义

物流的概念最早形成于美国，当时被称为货物配送，1935年，美国消费者协会给出的具体解释是："货物配送是包含于销售中的物资资料和服务于生产地点流动过程中而伴随的种种经济活动。"该定义把物流看成是销售过程中的一个环节，强调了与产品销售有关的输出物流，没有包括与采购供应有关的输入物流。

（二）美国物流协会的定义

1986年，美国物流协会已正式把物流名称从"Physical Distribution"改为"Logistics"，并且为其作出定义："物流是以满足客户需求为目的，对货物、服务及相关信息从起源到消费地的有效率、有效益地流动和存储而进行的计划、执行和控制的过程。""Logistics"与"Physical Distribution"的不同在于："Logistics"已经突破了商品物流的范围，把物流活动扩大到生产领域，物流已不仅仅从产品出厂开始，而且包括从原材料采购、加工生产到产品销售、销售后服务，直到废旧物品回收等整个物理性的流通过程。

（三）日本通商产业省运输综合研究所的定义

1986 年该研究所出版的《物流手册》一书中，提出物流的概念："物流是物质资料从供给者向需求者的物理性移动，是创造时间性、场所性价值的经济活动，包括包装、装卸、保管、库存管理、流通加工、运输、配送等诸种活动。"

（四）我国对于物流的定义

2011 年 8 月 1 日起，正式实施的国家质量技术监督局发布的《中华人民共和国国家质量标准物流术语》中规定："物流是指物品从供应地向接受地的实体流动过程，根据实际需要，将运输、存储、装卸、搬运、包装、流通加工、配送和信息处理等基本功能实施有机结合。"

二、如何界定"物流"概念中的"物"与"流"

（一）"物"的要素

物流中"物"的概念是指一切可以进行物理性位置移动的物质资料。这类物质资料可以是有固定形状的，也可以是无固定形状的。它包含了以固、液、气三种形状存在的全部可以进行物理性位移的物质资料。物流中的"物"有一个重要特点，就是其必须可以发生物理性位移，因而固定不动的设施、建筑物等不属这里的"物"。注意"物流"中的"物"与我们平时所说的物资、物料、货物、商品、物品等概念的区别。

物资，是对物质资料的一种称谓。我国计划经济时期，将物资专指生产资料，现在泛指全部物质资料。它与物流中的"物"的区别在于：物资中包含相当一部分不能发生物理性位移的生产资料，这一部分不属于物流研究的范畴。物料，是我国生产领域中的一个专门概念。生产企业习惯将最终产品之外的，在生产领域流转的一切材料（不论其来自生产资料还是生活资料）、燃料、零部件、半成品、外协件以及生产过程中必然产生的边角余料、废料及各种废物统称为"物料"。物料具有可运动之性质，是物流中"物"的一部分。货物，是我国交通运输领域中的一个专门概念。交通运输领域运输的对象可分为两大类，一类是人，另一类是物。除人之外，"物"这一类统称为货物。很明显，既然是交通运输的经营对象，"货物"必须具有可运动之性质，是物流学中"物"的一部分。实际上，在交通运输领域中，物流学中的"物"指的就是货物。商品，商品和物流的"物"的概念是相互包含的。商品中一切可发生物理性位移的物质实体，亦即商品中凡具有可运动要素及物质实体要素的，都是物流研究的"物"。但并不是所有的商品都是物流包含的对象，有一部分商品不属于此，如不动产类商品。因此，物流中的"物"有的是商品，有的不一定是商品。物品，是生产、办公、生活领域常用的一个概念。在生产领域中，物品一般指不参加生产过程，不进入产品实体，而仅在管理、行政、后勤、教育等领域使用的与生产相关的或有时完全无关的物质实体；物品在办公、生活领域则泛指与办公、生活消费有关的所有物件。在这些领域中，物流中所指之"物"，就是通常所称的物品。

总之，物流中所称之"物"，是物质资料世界中同时具备物质实体特点，又可以进行物理性位移的那一部分物质资料。

(二) "流"的要素

物流中的"流"指的是物理性运动。在运动的基本形式中，化学的、机械的、生物的、社会的运动现象都不包含于内。物流中的"流"（物理性运动）限定为以地球为参照系，相对于地球而发生的物理性运动，即"位移"。

三、物流的内涵与构成

(一) 物流的内涵

从物流的定义看，物流具有以下内涵：

1. 物流是一种经济活动

物流研究的是一种经济性活动，是伴随着物品位置移动而产生经济性才是物流研究的主体对象。空气、河水等物理运动不属于物流，同事帮忙将文件从另外一个办公室带给你，身上所带的随着自己移动而发生移动的物品，都不属于物流研究对象。

2. 物流是从供应地向接受地供应的过程

根据实际需要，物流是将运输、储存、装卸、流通加工、配送、信息处理等基本功能实现的有机结合。比如，农忙时收上来的小麦、大米等，要一年四季都能保障对老百姓的供应，就需要物流来解决它的供应问题。

3. 物流是一种创造价值的过程

物流创造的价值主要包括：①时间价值：缩短时间创造价值（合理组织管理实现）、弥补时间创造价值（储存实现）；②空间价值（运输实现）：从集中生产地到分散需求地、从分散生产地到集中需求地；③加工附加价值，如流通加工。

4. 物流是物品有效率、有效益的流动

研究物流、实现物流管理的目的就是提高物流效率，降低物流成本，从而最终提供物流效益。

5. 物流是不断满足顾客需求的过程

满足顾客需求是物流管理追求的根本目标。只有当顾客在其希望进行消费的时间和地点拥有所希望数量和要求的产品时，产品才有价值。为此应按照 5R 的要求为客户企业提供优质的物流服务，即以最小的成本，在正确的时间（Right Time）、正确的地点（Right Location）、正确的条件（Right Condition），将正确的商品（Right Goods）送到正确的客户（Right Customer）手中。

(二) 物流的构成要素

物流活动由运输、存储、配送、流通加工、装卸与搬运、包装、物流信息七大要素构成，这七大构成部分也常被称为"物流活动的基本职能"。

运输是人和物的载运及输送。其中人的载运称为客运，不属于物流研究的范畴。运输（物的载运）是在不同地域范围内，以改变物的空间位置为目的的活动，即对物进行空间位移。物流部门依靠运输克服生产地与需要地之间的空间距离，创造商品的空间效用。运输是物流的核心之一，因而在很多场合，把它作为整个物流的代名词。

储存是包含储备在内的一种广泛的经济现象。在任何社会形态中，对于不论什么原因形成停滞的物资，也不论是什么种类的物资，在没有进入生产加工、消费、运输等活动之前或在这些活动结束之后，总要存放起来，这就是储存。储存活动也称为保管活动，是为了克服生产和消费在时间上的距离而形成的。物品通过储存活动产生了商品的时间效用。保管活动是借助各种仓库，完成物资的保管、保养、堆码、维护等工作，以使物品的使用价值下降到最小的程度。

配送是按用户的订货要求，在物流据点进行分货、配货等工作，并将配好的货物送交收货人的物流活动。

装卸搬运活动包括物资在运输、保管、包装、流通加工等物流活动中进行衔接的各种机械或人工装卸搬运活动。在全部物流活动中只有装卸搬运活动伴随物流活动的始终。装卸是指物品在指定地点进行的以垂直移动为主的物流作业；搬运是指在同一场所内将物品进行以水平移动为主的物流作业。"装卸搬运"是指在某一物流节点范围内进行的，以改变物料的存放状态和空间位置为主要内容和目的的活动。

流通加工活动又称为流通过程的辅助加工。流通加工是在物品从生产者向消费者流动的过程中，为了促进销售、维护产品质量、实现物流的高效率所采取的使物品发生物理和化学变化的功能。

包装是指在流通过程中保护产品、方便储存、促进销售，按一定技术方法而采用的容器、材料及辅助物等的总体名称，包括为了达到上述目的而进行的操作活动。

物流信息包括与上述各种活动有关的计划、预测、动态信息以及相关联的费用情况，生产信息、市场信息等。对物流信息的管理，要求建立情报系统和情报渠道，正确选定情报科目和情报收集、汇总、统计、使用方法，以保证指导物流活动的可靠性和及时性。现代信息采用网络技术、电子计算机处理手段，为达到物流的系统化、合理化、高效率化提供了技术条件。

四、物流的分类

社会物流经济领域中的物流活动无处不在，虽然各领域物流存在着相同的基本功能要素，但是由于物流对象不同、目的不同、范围不同，形成了不同类型的物流。按照不同的标准，物流可以按以下几种方式分类：

（一）按照物流研究的范围划分

1. 宏观物流

宏观物流是指社会再生产总体的物流活动，是从社会再生产总体角度认识和研究的物流活动。这种物流活动的参与者是构成社会总体的大产业、大集团，宏观物流也就是研究社会再生产的总体物流，研究产业或集团的物流活动和物流行为。

2. 中观物流

中观物流是社会再生产过程中的区域性物流，它是从区域上的经济社会来认识和研究物流的。从空间位置来看，一般是较大的空间。例如，一个国家的经济区的物流，称为特定经济区物流；一个国家的城市经济社会的物流，称为城市物流。

3. 微观物流

微观物流是指消费者、生产者、流通企业所从事的实际的、具体的物流活动。此外，在整个物流活动中的一个局部、一个环节的具体物流活动也属于微观物流；在一个小地域空间发生的具体的物流活动也属于微观物流；针对某一种具体产品所进行的物流活动也是微观物流。我们经常提及的下述物流活动皆属于微观物流，即企业物流、生产物流、供应物流、销售物流、回收物流、废弃物物流、生活物流等，微观物流研究的特点是具体性和局部性。因此，微观物流是更贴近具体企业的物流。

（二）按照物流的作用划分

1. 供应物流

生产企业、流通企业或用户购入原材料、零部件或商品的物流过程称为供应物流，也就是物资生产者、持有者到使用者之间的物流。对于制造企业而言，是指对生产活动所需要的原材料、燃料、半成品等物资的采购、供应等活动所产生的物流。对于流通企业而言，是指交易活动中，从买方角度出发的交易行为中所发生的物流。

2. 销售物流

生产企业、流通企业售出产品或商品的物流过程称为销售物流，是指物资的生产者或持有者到用户或消费者之间的物流。对于制造企业而言，是指售出商品；而对于流通企业而言，是指交易活动中从卖方角度出发的交易行为中所发生的物流。

3. 生产物流

从工厂的原材料购进入库起，直到工厂成品库的成品发送为止，这一全过程的物流活动称为生产物流。生产物流是制造企业所特有的，它和生产流程同步。原材料、半成品等按照工艺流程在各个加工点不停顿地移动、流转形成了生产物流。如果生产物流发生中断，生产过程也将随之停顿。

4. 回收物流

不合格物品的返修、退货以及伴随货物运输或搬运中的包装容量、装卸工具及其他可再用的旧杂物等，经过回收、分类、再加工、使用的流动过程。

5. 废弃物流

伴随某些厂矿的产品，同时或共生的副产物（如钢渣、煤矸石等）、废弃物，以及生活消费品中的废弃物（如垃圾）等，收集、分类、加工、包装、搬运、处理过程的实体物流。

（三）按照系统性质划分

1. 社会物流

社会物流一般是指流通领域发生的物流，是全社会物流的整体，所以有人也称之为大物流或宏观物流。社会物流的一个标志是：它是伴随商业活动发生的，也就是说与物流过程和所有权的更迭相关。

2. 行业物流

同一行业中的企业虽然在市场上是竞争对手，但是在物流领域中却可以常常互相协作，共同促进行业物流系统的合理化，行业物流系统化的结果是使参与的所有企业都得到相应的利益。

3. 企业物流

企业是一种从事商务活动，即为满足顾客需要而提供产品或服务，以营利为目的经济组织，区别于经济领域的其他主体——政府和居民。

（四）按照涉及的领域划分

1. 军事领域的物流

此种物流是指用于满足军队平时与战时需要的物流活动。

2. 生产领域的物流

对物流的研究并非始于流通领域，而是始于生产领域，是以生产企业为中心所形成的对物流系统的认识。无论在传统的贸易方式下，还是在电子商务下，生产都是流通之本，而生产的顺利进行需要各类物流活动支持。

3. 流通领域的物流

物流与流通领域有天然不解之缘，流通领域的物流是典型的经济活动，这种经济活动的重要特点是：购销活动、商业交易、管理与控制等活动与物流活动密不可分。

4. 生活领域的物流

在生活消费领域也存在着物流活动，这种物流活动对支撑日常的生活是不可缺少的，也是使生活更为科学，并创造一个良好的生活环境，保证现代化生活节奏不可缺少的组成部分。

（五）按照范畴划分

1. 社会物流

社会物流属于宏观范畴，包括设备制造、运输、仓储、装饰包装、配送、信息服务等，公共物流和第三方物流贯穿其中。

2. 企业物流

企业物流属于微观物流的范畴，包括生产物流、供应物流、销售物流、回收物流和废弃物物流等。

（六）按照活动空间划分

1. 地区物流

地区物流是以不同地区、不同行政区域划分之后，地区范围内物流活动为边界所从事的物流活动，地区物流系统对于提高该地区企业物流活动的效率，以及保障当地居民的生活福利环境，具有不可缺少的作用。

2. 国内物流

国内物流是以国家为个体，一个国家从各个领域来分析统计自己的物流活动，根据自己的物流类型、物流总量统筹考虑国家物流建设。物流作为国民经济的一个重要方面，也应该纳入国家的总体规划。

3. 国际物流

国际物流是指世界各国之间，由于进行国际贸易而发生的商品实体从一个国家流转到另一个国家的物流活动。

（七）按照执行者划分

1. 企业自营物流

自营物流是指生产制造企业自行组织的物流。就如同我们在传统企业中看到的那样，企业自备仓库和车队等，拥有一个自我服务的物流体系。

2. 外包物流

企业动态地配置自身和其他企业的功能和服务，利用外部的资源为企业内部的生产经营服务，将专门从事物流服务的供应商引入自己的物流管理领域的活动。

（八）按照发展历程划分

1. 传统物流

传统物流的主要精力集中在仓储和库存的管理和派送上，而有时又把主要精力放在仓储和运输方面，以弥补在时间和空间上的差异。

2. 综合物流

综合物流不仅提供运输服务，还包括许多协调工作，是对整个供应链的管理，如对陆运、仓储部门等一些分销商的管理，还包括订单处理、采购等内容。

3. 现代物流

现代物流是为了满足消费者需要而进行的从起点到终点的原材料、中间过程库存、最终产品和相关信息有效流动及储存计划、实现和控制管理的过程。它强调了从起点到终点的过程，提高了物流的标准和要求，是各国物流的发展方向。

（九）按照流向划分

1. 内向物流

内向物流是企业从生产资料供应商进货所引发的产品流动，即企业从市场采购的过程。

2. 外向物流

外向物流是从企业到消费者之间的产品流动，即企业将产品送达市场并完成与消费者交换的过程。

（十）按照物流活动的承担主体划分

1. 第一方物流

第一方物流是指供应商销售其产品而进行的物流活动，简称1PL（the First party Logistics）。

2. 第二方物流

第二方物流是指从供应商处购进各种货物而形成的物流，简称 2PL（the Second party Logistics）。

3. 第三方物流

第三方物流是指生产经营企业为集中精力搞好主业，把原来属于自己处理的物流活动，以合同方式委托给专业物流服务企业，同时通过信息系统与物流企业保持密切联系，以达到对物流全程管理的控制的一种物流运作与管理方式，简称 3PL（the Third party Logistics）。

4. 第四方物流

第四方物流是一个供应链的集成商，是供需双方及第三方物流的领导力量。它不是物流的利益方，而是通过拥有的信息技术、整合能力以及其他资源提供一套完整的供应链解决方案，以此获取一定的利润。它是帮助企业实现降低成本和有效整合资源，并且依靠优秀的第三方物流供应商、技术供应商、管理咨询以及其他增值服务商，专门为各方提供物流规划、咨询、物流信息系统、供应链管理等活动。第四方并不实际承担具体的物流运作活动。第四方物流可以为客户提供独特的和广泛的供应链解决方案，简称 4PL（the Fourth party Logistics）。

第二节　物流的特征与作用

一、物流的特征

物流的特征主要是指现代物流具有的特征，现代物流的特征可以理解为物流的现代化特征。现代物流是与现代化大生产紧密联系在一起的，体现了现代企业经营和社会经济发展的需要，体现了科学属性、技术属性、经济属性、管理属性和社会属性等多方面的特征。

现代物流指的是将信息、运输、仓储、库存、装卸搬运以及包装等物流活动综合起来的一种新型的集成式管理，其任务是尽可能地降低物流的总成本，为顾客提供最好的服务。根据国外物流发展情况现代物流的主要特征可以归纳为以下几个方面：

（一）物流反应快速化

物流服务提供者对上游、下游的物流、配送需求的反应速度越来越快，前置时间越来越短，配送间隔越来越短，物流配送速度越来越快，商品周转次数越来越多。

（二）物流功能集成化

现代物流着重于将物流与供应链的其他环节进行集成，包括：物流渠道与商流渠道的集成、物流渠道之间的集成、物流功能的集成、物流环节与制造环节的集成等。

（三）物流服务系列化

现代物流强调物流服务功能的恰当定位与完善化、系列化。除了传统的储存、运输、包装、流通加工等服务外，现代物流服务在外延上向上扩展至市场调查与预测、采购及订单处理，向下延伸至配送、物流咨询、物流方案的选择与规划、库存控制策略建议、货款回收与结算、教育培训等增值服务；在内涵上则提高了以上服务对决策的支持作用。

（四）物流作业规范化

现代物流强调功能、作业流程、作业、动作的标准化与程式化，使复杂的作业变成简单的易于推广与考核的动作。

（五）物流目标系统化

现代物流从系统的角度统筹规划一个公司整体的各种物流活动，处理好物流活动与商流活动及公司目标之间、物流活动与物流活动之间的关系，不求单个活动的最优化，但求整体活动的最优化。

（六）物流手段现代化

现代物流使用先进的技术、设备与管理为销售提供服务，生产、流通、销售的规模越大、范围越广，物流技术、设备及管理越趋于现代化。计算机技术、通信技术、机电一体化技术、语音识别技术等得到普遍应用。世界上最先进的物流系统运用了GPS（全球卫星定位系统）、卫星通信、射频识别装置（RF）、机器人，实现了自动化、机械化、无纸化和智能化，如20世纪90年代中期，美国国防部（DOD）为在前南地区执行维和行动的多国部队提供的军事物流后勤系统就采用了这些技术，其技术之复杂与精坚堪称世界之最。

（七）物流组织网络化

为了保证对产品促销提供快速、全方位的物流支持，现代物流需要有完善、健全的物流网络体系，网络上点与点之间的物流活动保持系统性、一致性，这样可以保证整个物流网络有最优的库存总水平及库存分布，运输与配送快速、机动，既能铺开又能收拢。分散的物流单体只有形成网络才能满足现代生产与流通的需要。

（八）物流经营市场化

现代物流的具体经营采用市场机制，无论是企业自己组织物流，还是委托社会化物流企业承担物流任务，都以"服务—成本"的最佳配合为总目标，谁能提供最佳的"服务—成本"组合，就找谁服务。国际上既有大量自办物流相当出色的"大而全""小而全"的例子，也有大量利用第三方物流企业提供物流服务的例子，比较而言，物流的社会化、专业化已经占到主流，即使是非社会化、非专业化的物流组织也都实行严格的经济核算。

（九）物流信息电子化

由于计算机信息技术的应用，现代物流过程的可见性（Visibility）明显增加，物流过程中库存积压、延期交货、送货不及时、库存与运输不可控等风险大大降低，从而可以加强供应商、物流商、批发商、零售商在组织物流过程中的协调和配合以及对物流过程的控制。

二、物流的作用

（一）物流职能

物流的职能是指物流活动应该具备的基本能力，以及通过物流活动最佳的有效组合，形成物流的总体功能，以达到物流的最终经济目的。它一般由运输、存储、搬运、包装、流通加工、配送以及与上述职能相关的物流信息构成。物流的职能是一个系统工程，它可以分为主体职能和辅助职能。

1. 主体职能

物流主体职能包括运输、仓储和配送。

运输。运输是物流的核心业务之一，也是物流系统的一个重要功能。选择何种运输手段对物流效率具有十分重要的意义，在选择运输手段时，必须权衡运输系统要求的运输服务和运输成本，可以将运输机具的服务特性作为判断的基准：运费，运输时间，频度，运输能力，货物的安全性，时间的准确性，适用性，伸缩性，网络性和信息等。

仓储。在物流系统中，仓储和运输是同样重要的构成因素。仓储功能包括对进入物流系统的货物进行堆存、管理、保管、保养、维护等一系列活动。仓储的作用主要表现在两个方面：一是完好地保证货物的使用价值和价值；二是为将货物配送给用户，在物流中心进行必要的加工活动而进行的保存。

配送。配送是指在经济合理区域范围内，根据客户要求，对物品进行拣选、加工、包装、分割、组配等作业，并按时送达指定地点的物流活动。配送是物流中一种特殊的、综合的活动形式，是商流与物流紧密结合的活动形式，既包含商流活动和物流活动，也包含物流中若干功能要素的一种形式。配送业务强调的是及时性与服务性。

2. 辅助职能

在由存储、运输与配送构成的物流系统框架中，还存在着诸多辅助性的职能。但是，这些辅助性职能对于整个物流系统而言，又是不可或缺的，甚至可以这样说，这些辅助性职能同样存在于每一次细微的物流活动中。概括地讲，辅助性职能主要有三个：包装、装卸搬运和流通加工。

包装。为使物流过程中的货物完好地运送到用户手中，并满足用户和服务对象的要求，需要对大多数商品进行不同方式、不同程度的包装。包装的功能体现在保护商品、单位化、便利化和商品广告等几个方面。

装卸搬运。它是伴随运输和保管而产生的必要物流活动，是对运输、保管、包装、流通加工等物流活动进行衔接的中间环节，以及在保管等活动中为进行检验、维护、保养所进行的装卸活动，在物流活动的全过程中，装卸搬运活动是频繁发生的，因而是产品损坏的重要原因之一。对装卸搬运的管理，主要是对装卸搬运方式、装卸搬运机械设备的选择和合理配置与使用以及装卸搬运合理化，尽可能减少装卸搬运次数，以节约物流费用，获得较好的经济效益。

流通加工。它在物品从生产领域向消费领域流动的过程中，为了促进产品销售、维护产品质量和实现物流效率化，对物品进行加工处理，使物品发生物理或化学性变化的功能。这种在流通过程中对商品进一步的辅助性加工，可以弥补企业、物资部门、商业部门生产过程中加工程度的不足，更有效地满足用户的需求，更好地衔接生产和需求环节，使流通过程更加合理化，是物流活动中的一项重要增值服务，也是现代物流发展的一个重要趋势。

3. 信息服务功能

物流是需要依靠信息技术来保证物流体系正常运作的。物流系统的信息服务功能，包括进行与上述各项功能有关的计划、预测、动态（运量、收、发、存数）的情报及有关的费用情报、生产情报、市场情报活动。物流情报活动的管理，要求建立情报系统和情报渠道，正确选定情报科目和情报的收集、汇总、统计、使用方式，以保证其可靠性和及时性。

从信息的载体及服务对象来看，该功能还可分成物流信息服务功能和商流信息服务功能。商流信息主要包括进行交易的有关信息，如货源信息、物价信息、市场信息、资金信息、合同信息、付款结算信息等。商流中交易、合同等信息，不但提供了交易的结果，也提供了物流的依据，是两种信息流主要的交汇处；物流信息主要是物流数量、物流地区、物流费用等信息。物流信息中的库存量信息不但是物流的结果，也是商流的依据。

物流系统的信息服务功能必须建立在计算机网络技术和国际通用的 EDI 信息技术基础之上，才能高效地实现物流活动一系列环节的准确对接，真正创造"场所效用"及"时间效用"。可以说，信息服务是物流活动的中枢神经，该功能在物流系统中处于不可或缺的重要地位。

（二）物流的效用

物流作为一种社会经济活动，对社会生产和生活活动的效用主要表现为创造时间效用、创造空间效用和形质效用三个方面。

1. 物流创造时间效用

时间效用也叫时间价值，是指物从供给者到需要者之间有一段时间差，由于改变这一时间差而创造的价值，称作"时间效用"。物流创造时间效用的形式有以下几种：

（1）缩短时间。缩短物流时间，可获得多方面的好处：减少物流损失，降低物流消耗，提高物的周转率，节约资金等。流通时间等于零或越近于零，资本的职能就越大，资本的生产效率就越高，它的自行增值就越大，因此通过物流时间的缩短可取得高的时间效用。

（2）弥补时间差。经济社会中，需要和供给普遍存在时间差，正是有了这个时间差，商品才能取得自身最高价值，才能获得十分理想的效益。但是，这个时间差产生的效用本身不会自动实现，必须进行储存、保管以保证经常性的需要，以实现其使用价值，这就是物流的时间效用。

（3）延长时间差。尽管加快物流速度，缩短物流时间是普遍规律，但是在某些具体物流中也存在人为地、能动地延长物流时间来创造效用。例如，囤积居奇便是一种有意识地延长物流时间、增加时间差来创造效用的方式。

2. 物流创造空间效用

"物"的供给者和需要者往往处于不同的场所，由于改变这一场所的差别而创造的效用，称作"场所效用"，也称为"空间效用"。物流创造场所效用是由现代社会产业结构、社会分工所决定的，主要原因是商品在不同地理位置有不同的价值，通过物流活动将商品由低价值区转到高价值区，便可获得场所效用或者空间效用。物流创造空间效用的形式有以下几种：

（1）从集中生产场所流入分散需求场所创造效用。现代化大生产的特点之一，往往是通过集中的、大规模的生产以提高生产效率，降低成本。在一个小范围集中生产的产品可以覆盖大面积的需求地区，有时甚至可覆盖一个国家乃至若干国家。通过物流将产品从集中生产的低价位区转移到分散于各处的高价位区有时可以获得很高的利益。

（2）从分散生产场所流入集中需求场所创造效用。将分散在各地乃至各国生产的产品通过物流活动集中到一个小范围的需求场所有时也可以获得很高的利益。这种分散生产、集中需求也会形成场所效用。

（3）从当地生产流入外地需求创造场所效用。现代社会中，供应与需求的空间差比比皆是。除了由大生产决定之外，还有不少是自然条件、地理条件和社会发展因素决定的。现代人每日消费的物品几乎都是相距一定距离甚至十分遥远的地方生产的，这么复杂交错的供给与需求的空间差都是靠物流来弥合的，物流也从中获得了利益。

3. 形质效用

加工是生产领域常用的手段，并不是物流的本来职能。但是，现代物流的一个重要特点就是根据自己的优势从事一定的补充性加工活动，这种加工活动不是创造商品主要实体，形成商品主要功能和使用价值，而是带有完善、补充、增加性质的加工活动，这种活动必然会形成劳动对象的形质效用。

（三）物流对企业的作用

1. 物流是企业生产连续进行的前提条件

一个企业的生产要连续地、不间断地进行，一方面必须根据生产需要，按质、按量、按时，均衡不断地供给原材料、燃料和工具、设备等；另一方面，又必须及时将产成品销售出去。同时，在生产过程中，各种物质资料也要在各个生产场所和工序之间互相传递，使它们经过一步步的连续加工，成为价值更高、使用价值更大的产品。

2. 物流是保证商流顺畅进行、实现商品价值和使用价值的物质基础

在商品流通过程中，一方面要发生商品所有权的转移，即实现商品的价值，这个过程即"商流"；另一方面还要完成商品从生产地到消费地的空间转移，即发生商品的实

体流动——"物流"，以便实现商品的使用价值。

3. 物流信息是企业经营决策的重要依据

随着生产力水平的迅速提高，生产规模的急剧扩大，商品需求量和供给量也越来越大，生产结构和消费结构越来越复杂，导致商品市场竞争异常激烈。在这种情况下，如果没有及时、准确、迅速地掌握市场信息和物流信息，那么将对企业经营决策产生十分不利的影响。对于企业而言，从某种意义上讲，信息就是金钱，而且商品经济越发达，信息的作用就越大、越重要。

（四）物流对国民经济的作用

物流是经济社会这个大系统中的一个重要子系统，它与经济社会发展的关系极为密切。物流已成为一个独立的经济过程，是经济社会发展的必然结果；与此同时，物流自身的不断发展也取决于经济社会发展的程度。在社会主义市场经济条件下，经济社会发展离不开物流，市场经济越发达，无论从微观经济的运行上还是从宏观经济的运行上，物流都显得尤为重要。社会再生产是千千万万个企业再生产的总体运动过程。这个总体运动就是宏观经济的运行。如果把整个经济社会看作是一个大系统的话，那么物流就是这个大系统中的一个子系统。这个子系统对整个国民经济的运行发挥着重要作用。

第一，物流是社会经济大系统的动脉系统，是使社会生产各个部门联结成为一个有机整体的纽带。任何一个社会（或国家）的经济都是由众多的产业、部门、企业组成的。这些企业又分布在不同的地区、城市和乡村，它们之间互相供应产品，用于对方的生产性消费和个人生活消费。它们在互相依赖的同时又互相竞争，形成极其错综复杂的关系。物流就是维系这些关系的纽带。尤其是在现代科学技术的发展，已经引起和正在引起经济结构、产业结构、消费结构的一系列变化的情况下，物流像链条一样把众多的不同类型的企业、复杂多变的产业部门，以及成千上万种产品联结起来，成为一个有序运行的国民经济整体。

第二，物流的发展对商品生产的规模、产业结构的变化以及经济发展速度具有制约作用。一方面，流通规模必须与生产发展的规模相适应，这是市场经济运行的客观要求。流通规模的大小在很大程度上取决于物流效能的大小，包括运输、包装、装卸、储存等。另一方面，物流技术的发展，能够改变产品的生产和消费条件，从而为经济的发展创造重要的前提。但是，当运输技术有了充分发展时，这类商品就能在较短的时间内进入更为广阔的市场和消费领域。同时，由于储存技术的发展，使这些产品可以在较长时间内保存其使用价值，并在较长时间里消费。此外，随着物流技术的迅速发展，物资流转速度将会大大加快，从而能够加快经济的发展。

第三，物流的改进是提高经济效益的重要源泉。如前所述，物流组织的好坏，直接影响生产过程能否顺利进行，决定着物品的价值和使用价值能否实现，而且物流成本已成为生产成本和流通成本的重要组成部分。开发物流、改进物流、提高物流管理水平无论是对企业经济效益还是对社会宏观经济效益而言，都具有十分重要的作用。

第三节　物流成本

一、物流成本的定义与范围

（一）物流成本定义

物流成本（Logistics Cost）是指产品的空间移动或时间占有中所耗费的各种活劳动和物化劳动的货币表现。具体来说，它是产品在实物运动过程中，如包装、搬运装卸、运输、储存、流通加工等各个活动中所支出的人力、物力和财力的总和。

（二）物流成本范围

现代物流成本的范围更广，贯穿于企业经营活动的全过程，包括从原材料供应开始一直到将商品送达消费者手中所发生的全部物流费用。物流成本按不同的标准有不同的分类，按产生物流成本主体的不同，可以分为企业自身物流成本和委托第三方从事物流业务所发生的费用即委托物流费。如果按物流的功能，可以对物流成本进行如下分类：

1. 运输成本

运输成本主要包括：①人工费用，如运输人员工资、福利、奖金、津贴和补贴等；②营运费用，如营运车辆染料费、折旧费、维修费、养路费、保险费、公路运输管理费等；③其他费用，如差旅费、事故损失、相关税金等。

2. 仓储成本

仓储成本主要包括建造、购买或租赁等仓库设施设备的成本和各类仓储作业带来的成本，如出入库作业、理货作业、场所管理作业、分区分拣作业中的人工成本和相关机器设备费用。

3. 流通加工成本

流通加工成本主要包括：流通加工设备费用、流通加工材料费用、流通加工劳务费用及其他相关费用（如在流通加工中耗用的电力、燃料、油料等费用）。

4. 包装成本

包装成本主要包括包装材料费用、包装机械费用、包装技术费用、包装人工费用等。

5. 装卸与搬运成本

装卸与搬运成本主要包括人工费用、资产折旧费、维修费、能源消耗费以及其他相关费用。

6. 物流信息和管理费用

物流信息和管理费用主要包括企业由于物流管理所发生的差旅费、会议费、交际费、管理信息系统费以及其他杂费。

需要指出的是，广义的仓储费用包括流通加工成本和装卸搬运成本，由于这两者在整个仓储成本中占有较大的比例，所以单独列出以加强物流成本管理。

企业物流成本的全貌应该是三维的，这就是支付形态、运作范围和功能形式。从支付形态来看，它包括人工、材料消耗、运输设施和仓库折旧、合理损耗、资金占用利息、管理费用、委托外包等。从功能形式来看，它包括包装、搬运、保管、装卸、流通加工、信息交换、物流管理等。

二、物流成本核算形式

（一）按支付形态划分并核算物流成本

把物流成本分别按运费、保管费、包装材料费、自家配送费（企业内部配送费）、人事费、物流管理费、物流利息等支付形态记账，从中可以了解物流成本总额，也可以了解什么经费项目花费最多。这对认识物流成本合理化的重要性以及考虑物流成本管理中应以什么为重点十分有效。

（二）按功能划分并核算物流成本

这种形式就是分别按包装、配送、保管、搬运、信息、物流管理等功能来核算物流费用。从这种方法可以看出哪种功能更耗费成本，比按形态计算成本的方法能更进一步找出实现物流合理化的症结。此外，这种方法还可以计算出标准物流成本（单位个数、质量、容器的成本），从而进行作业管理，设定合理化目标。

（三）按适用对象划分并核算物流成本

按适用对象核算物流成本，可以分析出物流成本大多用在哪一种或哪几种对象上。例如，可以分别把商品、地区、顾客或营业单位作为适用对象来进行计算。

按支店或营业所核算物流成本，就是要算出各营业单位物流成本与销售金额或毛收入的对比，用于了解各营业单位物流成本中存在的问题，以加强管理。

按顾客核算物流成本的方法，又可分为按标准单价计算和按实际单价计算两种计算方式。按顾客核算物流成本，可用于选定顾客、确定物流服务水平等顾客战略制定的参考。

按商品核算物流成本是指通过把按功能计算出来的物流费，用以各自不同的基准，分配到各类商品的方法计算出来的物流成本。这种方法可以用于分析各类商品的盈亏，在实际运用时，要考虑进货和出货差额的毛收入与商品周转率之积的交叉比率。

（四）采用作业成本法核算物流成本

以活动为基础的成本分析法是人为确定和控制物流费用最有前途的方法。

以作业为基础的成本分析法是把企业消耗的资源按资源动因分配到作业，以及把作业收集的作业成本按作业动因分配到成本对象的核算方法。其理论基础是：生产导致作业的发生，作业消耗资源并导致成本的发生，产品消耗作业，因此，作业成本法下成本计算程序就是把各种资源库成本分配给各作业，再将各作业成本库的成本分配给最终产品或劳务。

以作业为中心，不仅能提供相对准确的成本信息，而且还能提供改善作业的非财务信息。以作业为纽带，能把成本信息和非财务信息很好地结合起来，即以作业为基础分配成本，同时以作业为基础进行成本分析和管理。

应用作业成本法核算企业物流成本并进行管理可分为如下四个步骤：

第一步，确定企业物流系统中涉及的各个作业。作业是工作的各个单位，作业的类型和数量会随着企业的不同而不同。例如，在一个顾客服务部门，作业包括处理顾客订单、解决产品问题以及提供顾客报告三项作业。

第二步，确认企业物流系统中涉及的资源。资源是成本的源泉，一个企业的资源包括直接人工、直接材料、生产维持成本（如采购人员的工资成本）、间接制造费用以及生产过程以外的成本（如广告费用）。资源的界定是在作业界定的基础上进行的，每项作业应涉及相关的资源，与作业无关的资源应从物流核算中剔除。

第三步，确认资源动因，将资源分配到作业。作业决定着资源的耗用量，这种关系称作资源动因。资源动因联系着资源和作业，它把总分类账上的资源成本分配到作业。

第四步，确认成本动因，将作业成本分配到产品或服务中。作业动因反映了成本对象与作业消耗的逻辑关系。例如，问题最多的产品会产生最多的顾客服务电话，故应按照电话数量的多少（即此处的作业动因）把解决顾客问题的作业成本分配到相应的产品中去。

（五）按功能划分的成本核算

1. 运输费用核算与成本计算

运输费用包括直接人工、直接材料、其他直接费用与管理费用。

（1）运输直接费用是指运输过程中人工的工资，每月根据工资结算表进行汇总与分配。对于有固定车辆的司机和助手的工资，直接计入各自成本计算对象的成本，对于没有固定车辆的司机和助手的工资以及后备司机和助手的工资，则需按一定标准（一般为车辆的车日）分配计入各成本计算对象的成本，计算方法如下：

每一车日的工资分配额＝应分配的司机及助手工资总额/各车辆总车日

营运车辆应分配的工资额＝每一车日的工资分配额×营运车辆总车日

（2）直接材料费用是指燃料与轮胎费用。对于燃料消耗，企业应根据燃料领用凭证进行汇总与分配。轮胎营运车辆领用轮胎内胎、垫带以及轮胎零星修补费等，一般根据轮胎领用汇总表及有关凭证，按实际数直接计入各成本计算对象的成本。

（3）其他直接费用：车辆的保养修理费、折旧费、路桥费和其他费用。保养修理费是指物流运输企业车辆的各级保养和修理作业的费用，分别由车队保修班和企业所属保养场（保修厂）进行。由车队保修班进行的各级保修和小修理的费用，包括车队保修工人的工资及职工福利费、行车耗用的机油和保修车辆耗用的燃料、润料和备品配件等，一般可以根据各项凭证汇总，全部直接计入各成本计算对象的成本。车辆折旧费是指企业所拥有的或控制的车辆固定资产按照使用情况计提的折旧费用，通常是指按预计的使用年限平均分摊固定资产价值的一种方法。车辆路桥费，一般按货车吨位数计算缴纳。

企业缴纳的车辆养路费可以根据缴款凭证直接计入各成本计算对象成本及有关费用。其他费用除了包括车辆直接费用外，还包括营运车辆的公路运输管理费，车辆事故所发生的修理费、救援和善后费用，车辆牌照和检验费、车船使用税等费用。

（4）管理费用：是指运输部门为组织和管理生产经营活动而发生的各项费用。管理费用属于期间费用，在发生的当期就计入当期的损失或利益。

2. 配送费用核算与成本计算

配送成本费用的核算是多环节的核算，是各个配送环节或活动的集成。配送各个环节的成本费用核算都具有各自的特点，如流通加工的费用核算与配送运输费用的核算具有明显的区别，其成本计算的对象及计算单位都不同。

配送成本费用的计算由于涉及多环节的成本计算，对每个环节应当计算各成本计算对象的总成本。总成本是指成本计算期内成本计算对象的成本总额，即各个成本项目金额之和。配送成本费用总额由各个环节的成本组成。其计算公式如下：

配送成本＝配送运输成本＋分拣成本＋配装成本＋流通加工成本

需要指出的是，在进行配送成本费用核算时要避免配送成本费用重复交叉。

3. 仓储费用核算与成本计算

仓储成本是指仓储企业在开展仓储业务活动中各种要素投入的以货币计算的总和。大多数仓储成本不随存货水平变动而变动，而是随存储地点的多少而变动。仓储成本包括仓库租金、仓库折旧、设备折旧、装卸费用、货物包装材料费用和管理费等。

4. 包装费用核算与成本计算

在物流过程中，几乎大多数商品都必须经过一定的包装后才能进行流转。因而，为了方便商品正常流转，企业通常都会发生一定的包装费用。对于物流企业来说，其包装费用一般由如下几方面构成：

（1）包装材料费用。各类物资在实施包装过程中耗费在材料费用支出上的费用称为包装材料费用。常用的包装材料种类繁多，功能亦各不相同，企业必须根据各种物资的特性，选择适合的包装材料，既要达到包装效果，又要合理节约包装材料费用。

（2）包装机械费用。包装过程中使用机械作业可以极大地提高包装作业的劳动生产率，同时可以大幅度提高包装水平。使用包装机械（或工具）就会发生购置费用支出，日常维护保养费支出以及每个会计期间终了计提折旧费用。这些都构成了物流企业的包装机械费用。

（3）包装技术费用。为了使包装的功能能够充分发挥作用，达到最佳的包装效果，因而包装时也需采用一定的技术措施。例如，实施缓冲包装、防潮包装、防霉包装等。这些技术的设计、实施所支出的费用，合称为包装技术费用。

（4）包装人工费用。在实施包装过程中，必须有工人或专业作业人员进行操作。对这些人员发放的计时工资、计件工资、奖金、津贴和补贴等各项费用支出，构成了包装人工费用支出。但是不包括这些人员的劳动保护费支出。

（5）其他辅助费用。除了上述主要费用以外，物流企业有时还会发生一些其他包装辅助费用，如包装标记、包装标志的印刷、拴挂物费用的支出等。

5. 搬运费用核算与成本计算

物流企业的装卸成本项目，一般可分为以下四类、七项：

（1）直接人工。这是指支付给装卸机械司机、助手和装卸工人的工资以及按其工资总额和规定比例计提的职工福利费。

（2）装卸设备直接材料。①燃料和动力费用，这是指装卸机械在运行和操作过程中所耗用的燃料动力费用。②轮胎费用是指装卸机械领用的外胎、内胎、垫带以及外胎翻新费和零星修补费。

（3）其他直接费用。①保养修理费，这是指为装卸机械和装卸工具进行保养、大修、小修所发生的料、工、费，以及装卸机械在运行和操作过程中所耗用的机油、润滑油的费用。为装卸机械保修所领用的周转总成的费用也包括在本项目内。②折旧费，这是指按规定计提的装卸机械折旧费。③其他费用，这是指不属于以上各项目的与装卸业务直接有关的工具费、劳动保护费、外付装卸费（指支付给外单位装卸工人的装卸费用）、事故损失等。

（4）管理费用。这是指各装卸队为组织与管理装卸业务而发生的管理费用和业务费用。

6. 流通加工费用核算与成本计算

（1）直接材料费。流通加工的直接材料费用是指流通加工产品加工过程中直接消耗的材料、辅助材料、包装材料以及燃料和动力等费用。与工业企业相比，在流通加工过程中消耗的直接材料费用，占流通加工成本的比例不大。

（2）直接人工费用。流通加工成本中的直接人工费用，是指直接进行加工生产的生产工人的工资总额和按工资总额提取的职工福利费。生产工人的工资总额包括计时工资、计件工资、奖金、津贴和补贴、加班工资、非工作时间的工资等。

（3）制造费用。流通加工制造费用是物流中心设置的生产加工单位为组织和管理生产加工所发生的各项间接费用。其主要包括流通加工生产单位管理人员的工资及提取的福利费，生产加工单位房屋、建筑物、机器设备等的折旧和修理费，生产单位固定资产租赁费、机物料消耗、低值易耗品摊销、取暖费、水电费、办公费、差旅费、保险费、试验检验费、季节性停工和机器设备修理期间的停工损失以及其他制造费用。

7. 信息系统费用核算与成本计算

物流信息成本是企业在收集、储存、加工、输出有用物流信息以及系统建设、维护、人员培训等过程中发生的各种费用，主要包括物流信息系统建设成本与使用费用。

（1）物流信息系统建设成本。这是指物流信息系统建设方面发生的各项费用支出，物流信息系统建设成本包括硬件建设成本、软件开发成本和人员培训费用。其中，企业物流信息系统硬件建设成本主要包括企业物流信息中心控制系统硬件建设费用（如机器购买、机房装修、线路的架设等费用）、终端设备的建设费用（包括终端信息采集设备费用和终端信息处理设备费用）；物流信息软件开发成本主要包括软件自行开发成本和软件购置成本；人员培训费用包括培训人员的工时费、材料费、被培训人员的工时费等。

（2）物流信息使用成本。这是指物流信息系统使用过程中发生的各项费用支出，物流信息的使用成本包括两个方面：一是来自物流系统内部信息生产、传递、处理的成本；二是来自物流系统外部的信息成本，主要是信息的采集成本。

第四节　物流相关学说

一、物流与商流分离学说

商品从生产领域到消费领域的转移过程称为商品流通，在这个过程中，有商流和物流两个方面的活动。一是商品价值的转移，即商品所有权的转移；二是商品使用价值的转移，即商品实体转移。我们把前者称为商流，把后者称为物流。商流与物流的统一，构成了商品流通。

（一）商流的定义

商流，是物资在由供应者向需求者转移时物资社会实体的流动，是基于交换主体在经济利益上的原因所形成的经济运动过程，主要表现为物资与其等价物的交换运动和物资所有权的转移运动。具体的商流活动包括买卖交易活动及商情信息活动，商流活动可以创造物资的所有权效用。

（二）商流和物流的关系

商流与物流是商品流通活动中不可分割的两个方面，它们既有分离又有结合，统一在商品流通过程中。在商品流通中，商流与物流之间既相互依存、互相联系、缺一不可，又互相独立，各有各的职能。在商品流通中商流起主导作用，商流随商品所有权转移而进行，有了商流才有物流，如果没有物流，商流就无法实现。

商流是物流的前提，物流是商流的保证。如果消费者没有对商品使用价值的偏好，不购买商品，就不能发生商品所有权的转移，商品交易就无法进行。同时，如果物流条件不具备或者实物转移受阻，则商品不能被及时送到消费者手中，那么，商流则失去了保证，也谈不上真正意义的商品交换。

（三）商流与物流的分离

随着商品经济的发展，商流与物流结合在一起的情况虽仍然存在，但是，如果从现货管理和科学技术上考察商品流通的全过程，就会发现：如果物流和商流完全一致，则存在着一定的不合理性，商物分离是物流科学赖以生存的先决条件。所谓商物分离，是指商品流通中两个组成部分——商业流通和实物流通各自按照自己的规律与渠道独立运动。

1. 商流与物流分离的必要性

在社会发展初期，生产力水平低下，生产者与消费者之间的间隔较小，可以直接接触，生产者在转让商品所有权的同时，也把商品实体转交给了消费者，此时，商流与物流是统一的。所谓"一手交钱一手交货"便是商流与物流统一的形象写照。

随着社会经济的发展，上述物流与商流合一的情形虽然存在，但已不符合社会发展的趋势。当今社会生产力高速发展，国家之间的交往日益增多，信息技术与管理手段的发展日新月异，商流与物流分离已成为一个必然趋势。

商流与物流分离有其必要性。实践证明：如果按照一定的原则简化物资流通的渠道，不与商流渠道重合，那么可以节约大量成本，物资流通的速度也会大大加快。

2. 商流与物流的分离有其可能性

商流与物流分离的根本原因是两者流通的实体——资金流与物资流有相对独立性。物资受到实体形态的限制，其运动形式、运动渠道与资金流有很大的不同。资金流可以由银行间的结算系统通过划账等方式瞬间完成，从而完成买卖交易，实现所有权转让。但是相应物资的转移还要经过运输、存储、配送等一系列漫长的过程来实现。

二、效益背反理论

"效益背反"又称为"二律背反"，这一术语表明两个相互排斥而又被认为是同样正确的命题之间的矛盾。"效益背反"指的是物流的若干功能要素之间存在着损益的矛盾，即某一功能要素的优化和利益发生的同时，必然会存在另一个或几个功能要素的利益损失。

三、"黑大陆"学说

在财务会计中，生产经营费用通常被大致划分为生产成本、管理费用、营业费用、财务费用，而营业费用会按各种支付形态进行分类。这样，在利润表中所能看到的物流成本在整个销售额中只占极少的比重。因此物流的重要性当然不会被认识到，这就是物流被称为"黑大陆"的一个重要原因。

由于物流成本管理存在的问题及有效管理对企业盈利和发展的重要作用，1962 年，彼得·德鲁克将物流比作"一块未开垦的处女地"，强调应高度重视流通及流通过程中的物流管理。德鲁克泛指的是流通，但由于流通领域中物流活动的模糊性特别突出，它是流通领域中人们认识不清的领域，所以"黑大陆"学说主要针对物流而言。

四、"第三利润源"说

"第三利润源"的说法是日本早稻田大学教授、日本物流成本学说的权威学者西泽修在 1970 年提出的。

从历史发展来看，人类历史上曾经有过两个大量提供利润的领域。在生产力相对落后、社会产品处于供不应求的历史阶段，由于市场商品匮乏，制造企业无论生产多少产品都能销售出去，于是就大力进行设备更新改造、扩大生产能力、增加产品数量、降低生产成本，以此来创造企业剩余价值，即第一利润源。当产品充斥市场、转为供大于求、销售产生困难时，也就是第一利润达到一定极限、很难持续发展时，便采取扩大销售的办法寻求新的利润源泉。人力领域最初是廉价劳动，其后则是依靠科技进步提高劳动生产率，降低人力消耗或采用机械化、自动化来降低劳动耗用，从而降低成本，增加利润，称为"第二利润源"。然而，在这两个利润源潜力越来越小、利润开拓越来越困难的情况下，物流领域的潜力为人们所重视，于是出现了西泽修教授的"第三利润源"说。

五、"物流冰山"说

"物流冰山"说是日本早稻田大学西泽修教授提出来的，他发现现行的财务会计制度和会计核算方法都不可能掌握物流费用的实际情况，因而人们对物流费用的了解一片空白，甚至有很大的虚假性，他把这种情况比作"物流冰山"。物流就像一座冰山，其中沉在水面以下的是看不到的黑色区域，而看到的不过是物流成本的一部分，人们过去之所以轻视物流，正是因为只看见了冰山的一角，而没有看见冰山全貌。

除了上述较有影响的物流理论学说之外，还有一些物流成本学说在物流学界广为流传，如成本中心说、利润中心说、系统说、服务中心说、战略说等。

第五节 智慧物流

一、智慧物流的概念

智慧物流（Intelligent Logistics System，ILS）的概念是从IBM"智慧地球"与"智慧供应链"引申而来的。它是指通过智能硬件、物联网、大数据等智慧化技术与手段，在物流的运输、仓储、包装、装卸搬运、流通加工、配送、信息服务等各个环节实现系统感知，提高物流系统分析决策和智能执行的能力，提升整个物流系统的智能化、自动化水平的现代综合性物流系统。

与传统物流不同，智慧物流会"动脑筋"计算出最科学合理的方法并帮助企业解决"货放哪儿、货从哪儿配、车走哪儿"三类供应链决策问题，使货物在需要移动的时候能够更有效、更安全地移动，货物在不需要移动的时候可以不移动或者少移动，进而大幅降低制造业、物流业等各行业的成本，切实提高企业的利润。智慧物流概念的提出，顺应历史潮流，也符合现代物流业自动化、网络化、可视化、实时化、跟踪与智能控制的发展新趋势，符合物联网发展的趋势。

二、智慧物流的作用和基本功能

（一）智慧物流的作用

其一，降低物流成本，提高企业利润。

其二，加速物流产业的发展，成为物流业的信息技术支撑。

其三，为企业生产、采购和销售系统的智能融合打基础。

其四，帮助消费者节约成本，使其轻松、放心购物。

其五，提高政府部门工作效率，有利于政治体制改革。

其六，促进当地经济进一步发展，提升综合竞争力。

（二）智慧物流的基本功能

1. 感知功能

运用各种先进技术能够获取运输、仓储、包装、装卸搬运、流通加工、配送、信息服务等各个环节的大量信息。实现实时数据收集，使各方能准确掌握货物、车辆和仓库等信息，初步实现感知智慧。

2. 规整功能

这是指继感知之后把采集的信息通过网络传输到数据中心，用于数据归档。建立强大的数据库，分门别类后加入新数据，使各类数据按要求规整，实现数据的联系性、开放性及动态性。最后，通过对数据和流程的标准化，推进跨网络的系统整合，实现规整智慧。

3. 智能分析功能

运用智能的模拟器模型等手段分析物流问题。根据问题提出假设，并在实践过程中不断验证问题，发现新问题，做到理论实践相结合。在运行中系统会自行调用原有经验数据，随时发现物流作业活动中的漏洞或者薄弱环节，从而实现发现智慧。

4. 优化决策功能

结合特定需要，根据不同的情况评估成本、时间、质量、服务、碳排放和其他标准，评估基于概率的风险进行预测分析，协同制定决策。提出最合理有效的解决方案，使做出的决策更加的准确、科学，从而实现创新智慧。

5. 系统支持功能

系统智慧集中表现于智慧物流并不是各个环节各自独立、毫不相关，而是每个环节都能相互联系，互通有无，共享数据，优化资源配置的系统，从而为物流各个环节提供最强大的系统支持，使各环节协作、协调、协同。

6. 自动修正功能

在前面各种功能的基础上，按照最有效的解决方案，系统自动遵循最快捷有效的路线运行，并在发现问题后自动修正，并且备用在案，方便日后查询。

7. 及时反馈功能

物流系统是一个实时更新的系统。反馈是实现系统修正、系统完善必不可少的环节。反馈贯穿于智慧物流系统的每一个环节，为物流相关作业者了解物流运行情况并及时解决系统问题提供强大的保障。

现代物流企业的智慧物流发展离不开大数据技术的应用，物流企业要想从海量数据信息中高效挖掘出具有高价值的信息数据，就必须通过培养大量的大数据专业人才，引导他们合理运用大数据技术展开对物流数据的深入分析处理，为物流企业做出最佳决策提供科学参考依据，从而推动我国智慧物流的稳定持续发展。同时，大数据下智慧物流的发展也离不开数据的驱动、信息的联通和人工智能的发展。

三、智慧物流的发展趋势

第一，全供应链化，大数据驱动整个供应链重新组合，不管是上游原材料、生产制造端，还是下游的分销端，都会重新组合，由线性的、树状的供应链转型为网状供应链。

第二，物流机器人会大量出现，阿里、京东，以及顺丰等各大快递企业都会投入智能物流的硬件研发和应用。随着人力成本的不断提高，机器人成本与人工成本会越来越接近。简单重复性劳动被机器人取代只是时间问题。

第三，社会化物流会变成全社会经济的重要组成部分。数字化物流会让物流资源在全社会重新配置，不管是快递的人员、快递的工具、快递的设施，还是商品，都会进行组合，任何一种社会资源都可能成为物流的一个环节。所以未来智能物流，一定是一个自由、开放、分享、透明、有信用的新的物流体系。

 本章小结

本章主要从不同的角度阐述了几个典型的物流定义，分析了物流的七大构成要素，同时介绍了物流的特点和作用，物流成本的核算形式以及物流的相关学说。随着物流的智能化程度越来越高，大数据就显得日趋重要。运用数据采集、数据分析的模型和算法挖掘出隐藏在信息背后的有价值的数据，充分发挥大数据时代给物流企业带来的发展机遇，可以帮助企业优化流程，提升企业竞争力。

 复习思考

1. 什么是物流？物流的基本功能有哪些？
2. 物流的效用表现在哪几个方面？
3. 怎样理解商流和物流之间的关系？
4. 包装费用的核算包括哪些方面？
5. 本章介绍了哪几种相关的物流学说？
6. 智慧物流的概念及功能是什么？

案例分析

　　沃尔玛公司是世界上最大的商业零售企业，在物流运营过程中尽可能地降低成本是其经营的哲学。在中国，沃尔玛百分之百地采用公路运输，所以如何降低卡车运输成本，是沃尔玛物流管理面临的一个重要问题。为此，他们主要采取了以下措施：

　　沃尔玛使用一种尽可能大的卡车，大约有16米加长的货柜，比集装箱运输卡车更长、更高。沃尔玛把卡车装得非常满，产品从车厢的底部一直装到最高，这样非常有助于节约成本。

　　沃尔玛的车辆都是自有的，司机也是自己的员工。沃尔玛的车队大约有5000名非司机员工，有3700多名司机，车队每周运输一次可以达7000~8000千米。卡车运输是比较危险的，有可能会出交通事故，因此对于运输车队来说，保证安全是节约成本最重要的环节。沃尔玛定期在公路上对运输车队进行调查，卡车上面都带有公司的号码，如果看到司机违章驾驶，调查人员就可以根据车上的号码报告进行惩处。沃尔玛认为，卡车不出事故，就是节省公司的费用，就是最大限度地降低物流成本，由于狠抓安全驾驶，运输车队已经创造了300万公里无事故的纪录。

　　沃尔玛采用全球定位系统对车辆进行定位，因此在任何时候，调度中心都可以知道这些车辆在什么地方，离商店多远，还需要多长时间才能运到商店，这种估算可以精确到小时。

　　沃尔玛的连锁商场的物流部门，24小时进行工作，无论白天或晚上，都能为卡车及时卸货。另外，沃尔玛的运输车队还利用夜间进行运输，从而做到了当日下午进行集货，夜间进行异地运输，翌日上午即可送货上门，保证15~18小时内完成整个运输过程，这是沃尔玛在速度上取得优势的重要措施。

　　沃尔玛的卡车把产品运到商场后，商场可以把它整个地卸下而不用对每个产品逐个检查，这样就可以节省很多时间和精力，加快了沃尔玛物流的循环过程，从而降低了成本。这里有个非常重要的先决条件，就是沃尔玛的物流系统能够确保商场所得到的产品是与发货单完全一致的产品。

　　沃尔玛的运输成本比供货厂商自己运输产品要低，所以厂商也使用沃尔玛的卡车来运输货物，从而做到了把产品从工厂直接运送到商场，大大节省了产品流通过程中的仓储成本和转运成本。

　　沃尔玛的集中配送中心把上述措施有机地组合在一起，做出了一个最经济合理的安排，从而使沃尔玛的运输车队能以最低的成本高效地运行。

资料来源：https://www.docin.com/p-2189926927.html.

思考：

1. 通过该案例分析沃尔玛是如何降低物流成本的？

2. 沃尔玛给我国物流发展带来了哪些启示？

第二章　运输

- 掌握运输的概念、特点和作用
- 理解不同运输方式的特点
- 了解几种专业的运输模式
- 掌握不合理运输形式及运输合理化途径

第一节　运输概述

一、运输定义

（一）运输的概念

运输（Transportation）是"人"和"物"的载运及输送。这里专指"物"的载运及输送。

运输是用设备和工具使物品在空间上发生位置移动。其中，包括集货、分配、搬运、中转卸下及分散等一系列操作。它是在不同的区域范围内，以改变"物"的空间位置为目的的活动，是对"物"进行的空间位移。它和搬运的区别在于，运输是较大范围的活动，而搬运是在同一个区域。

具体地讲，运输是使用运输工具对物品进行运送的活动，是实现物流的空间效用。运输作为物流系统的一项功能来讲，包括生产领域的运输和流通领域的运输。生产领域的运输活动，一般是在生产企业内部进行的，因此称之为厂内运输。它是作为生产过程中的一个组成部分，是直接为物质产品的生产服务的。其内容包括原材料、在制品、半成品和成品的运输，这种厂内运输有时也称为物料搬运。流通领域的运输活动则是作为流通领域的一个环节，是生产过程中的在流通领域的继续，其主要内容是对物质产品的运输，是以社会服务为目的，完成物品从生产领域向消费领域在空间位置上物理性转变的过程。

在研究物流系统的功能时，为了区分国民经济的运输业，有时也把物流系统的运输功能称为"输送"。运输业是国民经济的一个经济部门，它是使用运输工具实现货物和旅客在区域之间的位置移动，是连接城乡之间、工农业之间、各生产部门之间、各地区之间经济、政治、文化、技术联系的纽带。

（二）运输系统的基本要素

物流运输系统的基本要素包括运输对象、参与者、运输手段。运输手段主要是指物质手段，主要包括运输工具、运输线路（通道）、运输站点及配套设施。

1. 物流运输对象

物流运输对象统称为货物。根据货物对运输、装卸和储存的环境和技术要求，货物可以分为成件物品、液态物品、散碎物品、集装箱、危险物品、易逝物品、超大件物品等几大类。这种分类对制定物流共性标准有一定帮助。成件物品是指可以按照"件"为装卸、运输、存储单元和体积适中的物品。例如，家电产品、成件的百货商品、袋装或者箱装的产品。散碎物品也称松散物料，是指不能以"件"为运输、储存单元的，呈颗粒状或粉状的物品，如煤炭、碎石和粮食等。液态物品是指呈液态状态的物品，例如，石油、液化天然气。易逝物品是指容易腐烂变质的物品，如肉类、水果类和鱼类等。危险物品是指易燃、易爆、有毒、有害等容易发生事故，造成人员伤害、财产损失或污染环境的物品，如汽油、炸药、有毒化学品等。

2. 物流运输的参与者

物流运输的主要参与者是指货主和承担运输任务的人员，他们是运输活动的主体。

（1）物主：货物的所有者，包括托运人（或称委托人）和收货人。

（2）承运人：运输活动的承担者，如铁路货运公司、民航货运公司等。承运人受托运人的委托来实际完成货物的运输。

（3）货运代理人：货运代理人是根据用户的指示，并为用户的利益而揽取货物运输的人，其本人不是承运人。

（4）运输经纪人：运输经纪人是替托运人、收货人和承运人协调运输安排的中间商。其协调的内容包括装运装载、费率谈判、结账和跟踪管理等，运输经纪人也属非作业中间商。

3. 运输手段

运输手段主要是指实现运输的物质条件，主要包括运输工具、运输线路、运输节点等。

（1）运输工具是指在运输线路上用于载重货物并使其发生位移的各种设备和装置。它们是运输能够进行的基础设备，也是运输得以完成的主要手段，包括机车（有动力装置，但不具有装载货物的容器，如铁路机车、牵引车、拖船等）和车厢（无动力装置，但具有装载货物容器的运输工具，如车皮、挂车、驳船等）。

（2）运输线路是指供运输工具定向移动的通道。它也是运输赖以运行的基础设施之一，是构成运输系统最重要的要素。现代运输系统的运输线路主要有铁路、公路、水路、民航和管道。

（3）运输节点是指以连接不同运输方式为主要职能，处于运输线路上的承担货物集散、运输业务办理、运输工具保养和维修的基地与场所。例如，车站、港口、码头等。

4. 其他资源要素

运输的资源要素除了上述的人力、运输工具、运输线路与运输节点外，还有信息、资金与时间等。运输管理就是有效利用这些资源，提高运输效率，降低运输成本，满足客户要求。

二、运输的分类

（一）按运输方式划分

按运输方式划分，物流运输系统可分为公路运输、铁路运输、水路运输、航空运输和管道运输。本书后面的章节将会对这些内容进行详细阐述。

（二）按运输线路的性质划分

按运输线路的性质划分，运输系统可分为干线运输、支线运输、二次运输和厂内运输。

干线运输是运输的主体，是指利用铁路、公路的干线和大型船舶的固定航线进行的长距离、大批量的运输，是进行远距离空间位置转移的重要运输形式。支线运输是在与干线相接的分支线路上的运输。

支线运输是干线运输与收、发货地之间的补充性运输形式，一般路程较短，运输量相对较小。支线的建设水平低于干线，运输工具水平也往往低于干线，因而速度较慢。二次运输是指干线、支线运输运到目的站后，目的站与用户仓库或指定地点之间的运输，是一种补充性的运输形式，路程较短，运量较小。

厂内运输是在工业企业范围内，直接为生产过程服务的运输，一般在车间与车间之间、车间与仓库之间进行。

（三）按运输的作用划分

按运输的作用划分，运输系统可分为集货运输和配送运输。

集货运输是将分散的货物进行集中的运输形式。集货运输是干线大规模运输的前提，在货物集中后才能利用干线进行大批量、长距离的运输，所以集货运输多是短距离、小批量的运输。

配送运输是按用户要求配装好货物分送到各个用户的运输方式。它一般发生在干线运输之后，属于运输的末端，是对干线运输的一种补充和完善，多为短距离、小批量的运输。

（四）按运输的协作程度划分

按运输的协作程度划分，运输系统可分为一般运输、联合运输和多式联运。

一般运输是指孤立地采用不同运输工具或同类运输工具而没有形成有机协作关系的运输方式，如单纯的汽车运输、火车运输等。

联合运输简称联运，是使用同一运输凭证，由不同运输方式或不同运输企业进行有机衔接的货物运输，利用每种运输手段的优势，充分发挥不同运输工具效率的一种运输形式。采用联合运输，既可简化托运手续、方便用户，又可加快运输速度，有利于节省运费。经常采用的联合运输形式有铁海联运、公铁联运、公海联运等。

多式联运是联合运输的一种现代形式，通常在国内大范围物流公司和国际物流领域中广泛采用。

（五） 按运输中途是否换载划分

按运输中途是否换载划分，运输系统可分为直达运输和中转运输。

（六） 按运输领域划分

按运输领域划分，运输系统可分为生产领域的运输和流通领域的运输。

（七） 按运输主体划分

按运输主体划分，运输系统可分为自有运输、营业运输和公共运输。

（八） 按运输业的产权性质划分

按运输业的产权性质划分，运输系统可分为国营运输和民营运输。

（九） 按运输的空间范围划分

按运输的空间范围划分，运输系统可分为市内运输、城际运输、乡村运输，或者分为国内运输、国际运输。

三、运输的特点

（一） 运输具有生产的本质属性

运输的生产过程是以一定的生产关系联系起来的、具有劳动技能的人们使用劳动工具（如车、船、飞机及其他设施）和劳动对象（货物和旅客）进行生产，并创造产品的生产过程。运输的产品，对旅客运输来说，是人的空间位移；对货物运输来说，是货物的空间位移。显然，运输是以改变"人和物"的空间位置为目的的生产活动，这一点与通常意义下以改变劳动对象物理、化学、生物属性为主的工农业生产不同。

（二） 运输生产是在流通过程中完成的

运输是把产品从生产地运往消费地的活动，因此从整个社会生产过程来说，运输是在流通领域内继续的生产过程，并在其中完成。

（三） 运输的产品是服务

运输业所遵循的基本经济规律与其他生产部门基本上是相同的。唯一有所区别的是，这一独立产业部门的产品不是任何新的物质产品，而是一种"服务"。

（四） 运输产品具有同一性

对不同的运输方式来说，虽然它们使用不同的运输工具，具有不同的技术经济特征，在不同的线路上进行运输生产活动，但它们对社会有相同的效用，即都实现了物品的空间位移。运输产品的同一性使各种运输方式之间可以相互补充、协调、替代，形成一个有效的综合运输系统。

四、运输的作用

（一）运输是物流的主要功能要素之一

按物流的概念，物流是"物"的物理性运动，这种运动不但改变了物的时间状态，也改变了物的空间状态。运输承担了改变空间状态的主要任务，运输是改变空间状态的主要手段，运输再配以搬运、配送等活动，就能圆满完成改变空间状态的全部任务。

（二）运输是社会物质生产的必要条件之一

运输是国民经济的基础和先行条件。马克思将运输称为"第四个物质生产部门"，即将运输看成是生产过程的继续，这个"继续"虽然以生产过程为前提，但如果没有它，生产过程则不能完成。虽然运输的这种生产活动和一般生产活动不同，它并不能创造新的物质产品，不增加社会产品数量，不赋予产品新的使用价值，而只是变动其所在的空间位置，但这一变动却使生产继续下去，使社会再生产不断推进。因此，我们将其看成是一个物质生产部门。运输作为社会物质生产的必要条件，表现在以下几个方面：

其一，在生产过程中，运输是生产的直接组成部分。没有运输，生产内部的各环节就无法连接。

其二，在社会上，运输是生产过程的继续。这一活动不仅连接着生产与再生产、生产与消费，连接着国民经济的各部门、各企业，还连接着城乡，连接着不同国家和地区。

其三，运输可以创造"场所效用"。场所效用的含义是：同种"物"由于空间场所不同，其使用价值的实现程度则不同，其效益的实现也不同。由于改变场所而最大程度地发挥使用价值，最大限度地提高了投入产出比，这就称为"场所效用"。通过运输，将"物"运到场所效用最高的地方，就能发挥"物"的潜力，实现资源的优化配置。从这个意义来讲，也相当于通过运输提高了物的使用价值。

（三）运输是"第三利润源"的主要源泉

其一，运输是运动中的活动，它和静止的保管不同，要靠大量的动力消耗才能实现。运输又承担着大跨度空间转移的任务，所以活动的时间长、距离长、消耗大，消耗的绝对数量大，其节约的潜力就大。

其二，从运费来看，运费在全部物流费用中占最高比例，若综合分析计算社会物流费用，运输费在其中约占50%的比例，有些产品的运输甚至还高于产品的生产费。所以，节约的潜力还是很大的。

其三，由于运输总里程大，运输总量巨大，通过运输合理化可大大缩短运输吨位公里数，从而获得较大程度的费用节约。

五、运输的主要原则

物流运输的原则是"及时、准确、经济、安全"，做到加速商品流通，降低商品流通费用，提高货运质量，"多""快""好""省"地完成商品运输任务。

（一）及时

就是要求按照客户需要的时间把商品运往消费地，不失时机地满足市场和消费者的需要。缩短流通时间的手段是改善交通，实现运输现代化。但对于商业部门来说，关键是在于车货物的衔接工作，及时发运商品。同时做好商业部门之间的委托中转工作，及时把商品转运出去。

（二）准确

就是要防止商品发生差错事故，保证在整个运输过程中，把商品准确无误地送到消费者手中。商业经营的特点是商品品种繁多，规格不一。一件商品从工厂交货到到达消费者手中，中间要经过不少环节，稍有疏忽，就容易发生差错。发运商品不仅要件数准确，规格也不能摘借。因此，准确无误地发运和接运商品，降低差错事故率，是商业运输工作需要认真注意的一个方面。

（三）经济

就是以最经济合理的方法调运商品，降低运输成本。降低运输成本的主要方法是节约运输费用。节约费用的主要途径则是开展合理运输，即选择最经济合理的运输线路和运输方式，尽可能减少运输环节，缩短运输里程，力求花最少的费用把商品运到消费地。此外，还应提高商业部门运输设备和运输工具的利用率，加强对运输设备和运输工具的保养，提高劳动生产率，从而取得更大的经济效益。

（四）安全

就是在运输过程中要确保商品的使用价值。商品的使用价值就是能满足消费者的某种需要。如果商品因运输或装卸不当而失去使用价值，就会成为无用之物。商品在运输中的安全，一是要注意运输、装卸过程中的震动和冲击等外力的作用，防止商品的破损；二是要防止商品由于物理、化学或生物学变化等自然原因所引起的商品减量和商品变质。尤其对于石油、化学危险品，鲜活、易腐商品，易碎流质商品等而言，加强安全运输十分重要。

第二节　运输方式

运输活动及其载体所构成的运输系统是物流管理系统中最重要的组成部分，通过运输活动，物流系统的各环节有机地联系起来，物流系统的目标才得以实现。可以说，稳定可靠、灵活快捷的运输系统支持是任何物流系统成功运作的关键所在。运输与物流管理系统的其他各方面都有着千丝万缕的联系：运输的成本直接影响企业、车间、工厂、仓库、供货商及顾客等的选址决策；企业的存货水平很大程度上受所选运输方式的影响；所选运输方式决定所使用的包装；集中运输可以为企业赢得运费折扣、节约物流成本等。

一、基本运输方式

所谓基本运输方式，是指按照运输过程中经常使用的基础设施将运输分成的五种运输方式，即公路运输、铁路运输、水上运输、航空运输、管道运输。

（一）公路运输

公路运输所使用的设施包括公路、公路车站和行驶在公路上的车辆。由于公路的投资和保养成本较高，各国的公路建设主要由政府负责，通过收取燃油税或养路费等收回投资。然而车站和车辆则通常由运输公司自行建设和购买。以汽车运输为代表的现代公路运输虽然从 20 世纪初期才兴起，其发展却极为迅速。

1. 公路运输的主要优点

（1）普遍性。目前全球公路网的密度堪称各运输方式之首，许多国家的公路可通达各个乡村甚至各个家庭的门口。利用公路运输几乎可以运输任何货物到达任何地点。

（2）灵活性。完善的公路运输网以及相对较小的单位汽车运量使其具有灵活的优势，绝大多数情况下能实现从托运人到收货人的门到门运输。

（3）快捷可控。公路运输的门到门特点，使公路运输可以免去许多中转环节，从而可以更精确地控制运输时间。该特点对实施适时（Just-In Time，JIT）生产战略的企业十分重要，适应 JIT 方式的运输必须精确地安排货物装卸、到达、配送时间及货物的数量。由此，公路运输以其得天独厚的优势成为配合 JIT 策略的首选运输方式。

（4）运货车辆的资金投入较低，一辆车通常可以用来运载多条线路上的不同货物。

（5）包装成本低。与其他运输方式相比，公路运输通常不需要特别的或精细的包装。

此外，随着运输技术的不断进步，汽车的最大载重量和公路的承重能力也在不断提高，公路运输的适货范围日益丰富，也使得公路在货运方面的适应性不断增强。

2. 公路运输的缺点

（1）运输能力低。与铁路和水运相比，公路与汽车载重能力偏低，因而，在铁路或水上运输较方便时，公路运输往往失去竞争力。

（2）单位运费高。由于单位运载能力较低，每车次运货的总成本分摊到每单位货物上的成本就偏高。

（3）货物遭受偷盗的风险大。公路（尤其是在开放的普通公路）上的车辆更容易遭到偷窃和抢劫。

（4）公路拥挤与污染。日益严重的公路拥挤和汽车污染使公路运输的未来发展面临不容忽视的挑战。

公路运输的特点，使其成为物流运输活动中适用面最为广泛的一种运输方式。在运输中转、不同货运方式的交接、货物到达最终用户等环节中，几乎都需要公路汽车的配合。

（二）铁路运输

铁路运输所使用的设施包括：铁路、火车、车站及辅助设备。在美国，铁路由运输公司投资兴建和经营。欧洲大多数国家的铁路则由政府投资兴建，运输公司可通过支付租金购得铁路使用权。铁路是发展最早的现代运输方式之一，它在西方各国曾经占据运输的统领地位，虽然二战以来，受公路、航空运输兴起的影响一度衰落，然而铁路运输在货物运输中以其固有的优势，仍然占据着举足轻重的地位。中国铁路的设施大多数由铁道部投资和管理，由铁道部管理的各铁路局向社会各界提供运输服务。

1. 铁路运输的主要优点

（1）运载能力大。随着与铁路运输密切相关的技术革新和发展，铁路列车的运载量越来越大。

（2）速度较快。铁路和机车的内燃机化和电气化、日益兴起的高速铁路，使铁路列车的运行速度不断提高，如果将起讫地所耗费的时间计算在内，较短距离内的铁路运输速度甚至可以超过飞机。

（3）污染少。相对于汽车运输，铁路运输有专用路线，不存在拥挤问题，铁路运输造成的废气、噪声、能源消耗等其他公害也比公路运输少。

（4）受天气条件限制少、安全可靠。铁路运输是全天候、四季皆宜的运输方式；在固定的专有线路上运行，可以准确地估计运行时间。

2. 铁路运输的局限性

（1）灵活性差。铁路运输受固定线路限制，门到门运输还必须借助汽车运输实现。

（2）对包装的要求较高。

（3）存在货物被偷盗的危险。

（4）铁路设施修建成本较高。

鉴于铁路运输的上述优缺点，目前世界上许多国家的铁路运输公司为拓展服务领域、提高服务质量也开始参与汽车运输，组建自己的公路运输公司，为客户提供门到门运输服务。

（三）水上运输

水运堪称世界上最古老的运输方式，其设施主要包括：天然水道（或经过改良的水道）、港口和船舶。水运中水道的改良维护通常由政府负责。然而各国港口建设却不同，大多数情况下仍由政府投资，运输公司通过支付使用费使用港口或拥有一定码头和堆场的使用权。根据其使用的水道区域，水上运输又可分为内河（湖）运输、沿海运输和远洋运输。

1. 水上运输的主要优势

（1）高运输能力。在目前最普遍使用的五种运输方式中，船舶的运力高居首位。

（2）低廉的单位运费。由于运输能力高，而且水上运输主要运用天然水道或稍加改良的天然水道，线路建设成本很低。因此，在各种方式都可行的情况下，水运（尤其是远洋运输）通常是成本最低的运输方式。

2. 水上运输的劣势

（1）速度慢。水运是常用运输方式中最慢的一种。

（2）路线迂回。水运（尤其是内河运输）受天然水道限制，往往难以取最短路线，两点间距离往往居各方式之首。

（3）受天气条件影响大。尤其是海运，极易受风浪和恶劣天气的影响。

（4）货物破损较多。船舶在行驶过程中受风浪的影响，容易颠簸、摇晃，造成货物受损。

（5）可靠性差。船舶在运输途中受天气、港口等多方因素影响，运输时间难以保证。

目前，世界各国的水上运输主要用于大批量、低价值、时效性差的初级矿产品、农产品、石油等的运输。

（四）航空运输

航空运输的设施主要包括航空港、飞行器和航管设施。飞机在空中飞行没有有形的线路，需要根据空中管制系统的指令在一定的空中走廊内飞行。空中管制系统一般由国家拥有，航空港通常也由政府投资，航空公司使用这些设施需缴纳使用费。

航空运输是20世纪初出现、二战后才逐渐繁荣的现代运输方式，随着航空运输技术的不断成熟，航空运输在长距离运输（尤其是跨国运输）中显示出无可比拟的优势。

1. 航空运输的主要优势

（1）运输速度快。运输速度位居五种运输方式之首，并且两点之间航空运输通常取最短路径，与各种地面运输方式存在距离差。

（2）受地形条件限制小。在两点之间的空中飞行，无论高山、低谷都可以到达，只需修建两端点的飞机起降设施，而无须在地面修建线路设施。

（3）航空运输服务质量高、安全可靠。各航空公司对航空飞行实行严格管理，有较好的服务保障措施，货物保险费用较低。

（4）货主使用航空运输，可以节约大量运输时间，获得更高的市场灵活性，对市场变化进行快速反应。

2. 航空运输的劣势

受技术水平的限制，与其他方式相比较，航空运输也存在明显的劣势：

（1）运输成本高。由于飞机造价较高，燃油消耗量大，航空运输仍然是最昂贵的一种运输方式。

（2）航空运输的载重量仍相当有限，空运货物的体积和重量限制较多。

（3）有些货物禁用空运。

（4）受天气影响较大。恶劣天气可能造成飞机延误和偏航。

鉴于运输的优缺点，适于使用航空运输的货物主要包括：时效性很强的货物，如药品、工厂缺货的零件等；时令性很强的货物，如日报、鲜花等；单位价值较高的货物，如宝石、高新电子设备等。

（五）管道运输

管道运输是一种随着石油的生产和运输而发展起来的特殊货运方式，其设施仅包括管道线路和管道两端的气泵站，货物直接在管道内进行运输，而没有汽车、火车一类的运输工具。或者说，管道是一种集运输工具和运输线路于一身的运输方式。采用管道运输，货物凭借高压气泵的压力在管道内移动，到达目的地。目前，管道主要有三种：液体管道（主要运送石油及其制品）、气体管道（主要运送天然气）、浆质管道（主要运送煤浆）。许多国家的运输技术专家正致力于研究可以运输普通货物的管道，但技术、成本等多方面的制约仍然难以跨越，预计近期内，使用管道运输普通货物仅限于试验阶段。

1. 管道运输的优势

相对于其他运输方式，管道运输有其特有的优势：

（1）不受地面气候影响，可以全天候 24 小时、全年 365 天作业。

（2）货物无须包装。

（3）货物在管道内移动，货损率很低。

（4）单向运输，没有回空问题。

（5）耗用能源少、占地少、安全、公害少。

（6）经营管理相对简单。

（7）单位运营成本低，管道运营仅需气泵站的极少数维护人员，人工成本很低。

2. 管道运输的局限性

（1）仅限于液体、气体和少数同质固体货物的运输，过于单一。

（2）机动灵活性小，局限于固定的管道内运送货物，并且为单向运输。

（3）管道建设的初期固定投资成本大。

管道运输特征鲜明，适用范围极为有限，但在原油及其制品、天然气、煤炭的运输中很受欢迎。

二、五种运输方式的比较

为了便于比较五种运输方式的优缺点与适用范围，本书对五种运输方式的各种特点进行了分析，具体如表 2-1 所示。

表 2-1　五种运输方式的比较

方式 类型	公路运输	铁路运输	水路运输	航空运输	管道运输
优点	①机动灵活 ②项目投资小，经济效益高 ③操作人员容易培训 ④包装简单，货损少 ⑤运费比较便宜 ⑥便于实现门到门运输	①运输能力大 ②运输速度快 ③运输成本低 ④运送时间准 ⑤运输能耗低 ⑥通用性能好、安全性高	①运输能力大 ②运输成本低 ③建设投资省 ④劳动生产率高 ⑤平均运距长 ⑥通用性能好 ⑦运输地位独特	①高速、直达性 ②安全性高 ③经济价值独特 ④包装要求低	①运量大 ②管道建设周期短、费用低 ③占地少 ④运输安全可靠，连续性强 ⑤能耗小，成本低，效益好 ⑥不受气候影响

方式 类型	公路运输	铁路运输	水路运输	航空运输	管道运输
缺点	①运输能力小 ②运输能耗高 ③运输成本高 ④劳动生产率低	①灵活性差 ②投资较大 ③建设周期长，占地多 ④运输时间长 ⑤货损率较高	①运输速度慢 ②受自然条件的影响大 ③可达性差	①载运量小 ②投资大，成本高 ③易受气候条件限制 ④可达性差 ⑤运输价格贵	灵活性差（只能运输液体、气体等，且管道固定，不便于实现门到门运输）
适用范围	①适合内陆地区近距离的独立运输 ②补充和衔接其他运输方式	①适合内陆地区大宗低值货物的中、长距离运输 ②适合大批量、时间性强、可靠性要求高的一般货物和特种货物的运输 ③适合大批量货物一次高效率运输 ④适合散装货物、罐装货物的运输	适合长距离、运量大、时间性不太强的各种大宗货物的运输，特别适合使用集装箱进行运输以及国际贸易远洋大批量物资的运输	①适合国际运输 ②特殊货物的运输（一是适合于高附加值、低质量、小体积物品的运输；二是鲜活易腐物、时令性产品、邮件等时间限制较强的特殊货物的运输）	适合单向、定点、量大的流体状且连续不断货物的运输

第三节　专业运输模式

一、多式联运

如前所述，由于各种运输方式具有不同的物理性质和经济性能，其适用范围也各不相同。因此，在实际物流运作过程中，越来越多的货物开始采用联合运输方式，以发挥各方式的优势，获得最佳的效益。

多式联运（Multi-Modal Transportation），本书中是指国际多式联运，是在集装箱运输的基础上产生发展起来的现代运输方式。多式联运是按照多式联运合同，以至少两种不同的运输方式，由多式联运经营人将货物从一国境内接管货物的地点运至另一国境内指定交付货物的地点。在经济全球化的当今时代，多式联运在国际贸易运输中发挥着举足轻重的作用。

（一）多式联运的优势

多式联运的主要优越性表现在以下几方面：①降低了传统分段运输的时间损失以及

破损、盗失风险。②减少了分段运输的有关单证和手续的复杂性。③降低了全程运输的各种相关费用。④货主只需与多式联运经营人一方联系，多式联运经营人对托运人的货物负全程责任。⑤多式联运经营人提供的全程运费更便于货主就运价与买方达成协议。⑥运输成本的降低有助于产品总物流成本的降低，从而提高产品的市场竞争力。

一般而言，物流运作过程中所采用的具体运输联合方式受多方面因素影响，包括销售形式、合同条款、营销策略、客户服务水平、运输目的地、运输线路、中转地、货物特性、可用的运输方式及其特性等。

（二）几种常见的多式联运方式

1. 海—空（Sea-Air）联运

这种联运方式兼有海运的经济性和空运的速度，在远东—欧洲的国际贸易中的运用越来越广泛，适用于电器、电子产品、计算机和照相器材等高价值商品以及玩具、时装等季节性需求较强的商品。

2. 海—铁（Sea-Train）联运

这是一种铁路和海运联合的运输方式，最初产生于美国。它类似于滚装运输系统，所不同的是滚装的工具是火车车厢，这种方式将不同大陆的铁路系统通过海上运输工具连接起来，适于重型货物的运输。

3. 航空—公路（Air-Road）联合

长途运输（尤其是国际长途运输）中，航空与公路的联合十分常见，行包运输和件杂货运输就经常使用该种联合方式。在欧洲和美国，很多航空货物由卡车经长途运输到达各大航空公司的基地，再由飞机运往目的地。欧洲的许多大型航空公司为此建立了卡车运输枢纽作为公路运输经营的据点。

4. 铁路/公路—内河（Train/Road-Inland）与海上—内河（Sea-Inland）联合

在内河运输较方便的地区，将内河运输方式与公路/铁路运输方式联合可以利用内河运输廉价的特点。例如，我国的北煤南运就经常使用该种联运方式。

公路—内河联运的方式是一些内河运输网发达的国家或地区（例如，欧洲莱茵河流域、北美五大湖区）在国际物流运作时使用的联运方式。通常，出口货物首先使用内河运输方式从内陆地区运到出口港口，通过海运方式再由港口运输到目的国。目前，欧洲已有一些国家使用一种河海两用的船舶，使货物无须经过海港中转就可直接从内河港口运到海上，出口各国。

二、成组运输

成组运输是采用一定的办法，把分散的单件货物组合在一起，成为一个规格化、标准化的大运输单位进行运输。成组运输便于进行机械化、自动化操作，提高运输、装卸效率，减少货损，降低运输和搬运成本，使运输速度大幅度提高。货主亦可从中得到好处，譬如享受对成组运输货物的特别优惠运费等。

（一）成组运输的优势

与普通散件运输相比，成组运输在操作、搬运过程中的优势包括：①减少了所需的人工。②可使用机械化装卸工具。③降低了车辆的周转时间。④方便了装卸和积载。⑤操作更为安全。⑥运输过程中的破损和盗失的可能性大为降低。⑦简化了托运标记和标签的使用。

成组运输的突出优点使其成为物流运输过程中货物搬运和运输的重要形式和未来方向。为了推动成组运输方式的广泛使用，各行各业的大型企业纷纷建立起适合本企业产品的标准包装系列，每种可供包装一定数量的产品，同时又可以与成组运输的托盘或集装箱的标准尺寸相匹配。这样，企业在收到订单时，可以立即根据订单数量选择合适的包装，不仅使货物能够更适合成组运输，而且可以快速地预订运输舱位。

（二）成组运输的主要形式

目前，世界各国最常用的成组运输形式包括托盘运输和集装箱运输。本书即对这两种运输形式进行简单介绍。

1. 托盘运输

欧洲海关大会将国际运输中所使用的托盘定义为："一种装置，一定数量的货物码放在其层板上，形成一组货物以供运输或用机械化设备对其进行搬运、码放。该设备一般包括被托架分开的两个层板或由支脚支撑的单层。其总高度恰好适于利用叉车和托盘车对其进行搬运；可以有或没有上层结构。"托盘运输的优势主要表现在加速货物搬运和降低运输成本方面。使用托盘，货物可以充分利用叉车搬运，并与集装箱配合完成远洋运输，带来时间和成本的大量节约。然而，在推广货物的托盘化运输过程中，也存在许多问题。其中一个问题就是托盘的所有权与回收问题。通常，每个使用托盘的货主或货运公司都拥有自己的托盘，在运输结束后要将这些托盘全部返回，所需的成本相当巨大。对此，曾经有人提出使用"低成本的一次性托盘"（LCNR 托盘）。然而由于这种托盘的制作成本较低，往往难以达到可供装载货物和叉车移动的坚固程度。在实际运用中，通常还需要用塑料对其进行加固，因此其实用性大打折扣。另有人提出组建托盘共用库的办法，即所有的使用者将自己的托盘贡献给托盘库，并根据其贡献大小享有使用托盘库中的托盘的权利。但该办法的作用也十分有限。

迄今为止，托盘化在运输中的运用远未达到人们预期的广泛程度。究其原因，除了上述托盘使用中的问题外，还有托盘自身的局限性。与集装箱相比，托盘的缺陷包括：①托盘对货物的保护有限；②搬运托盘仍需要较多的劳动；③托盘货物不密封，因而不能捆绑运输；④单个托盘运输起来不经济。

此外，各国之间还未能达成托盘的统一标准。各国不同标准也是限制托盘在国际运输中使用的重要原因之一。

2. 集装箱运输

"集装箱"是运输包装货或无包装货的成组运输工具（容器）的总称。它产生于英国，发展于美国。20 世纪 60 年代开始的运输集装箱化，被人们称为国际运输业的一次革命。此前，国际航运中的班轮经营者面临着提高效率的难题。虽然使用快速的船舶可以使航行时间大大缩短，但这一优势却由于船舶在港口的滞留、不断上涨的装卸搬运费用而丧失了许多。集装箱运输是以大型容器将货物集合组装起来，方便大型运输机器装卸搬运，从而更好地实现货物"门到门"运输的一种新型、高效率和高效益的运输方式。集装箱的产生和发展使这些问题带来的损失降到最低。

国际标准化组织（International Standards Organization，ISO）对集装箱进行了详细的定义。他们将货运集装箱描述为一种运输设备，应满足以下要求：①具有足够强度，能长期反复使用；②中途转运无须移动箱内货物，可直接换装；③可进行快速装卸，并可以从一种运输工具方便地换装到另一种运输工具；④便于货物的装满或卸空；⑤内容积达到 $1m^3$ 或 $1m^3$ 以上。

在集装箱运输中，集装箱是运输设施的一个组成部分，普通的货运集装箱是长方体，能不受天气影响运输和存储一定数量的货物（包括包装物或散装物料）；能保护其中的货物不受灭失、毁损；能与运输工具分开，以箱为单位对货物进行搬运，转运时其中货物无须重新装卸，从而确保货物不受中途干扰地运送到收货人手中。

集装箱的特点使其在国际货物运输中具有独一无二的优越性。然而，在集装箱使用之初，各国的集装箱大小标准不一，大大影响了集装箱在运输中优势的发挥。为了推动集装箱在国际货物运输中的使用，在西方国家的强烈倡导和越来越多国家的响应下，国际标准化组织终于就国际运输中使用的标准集装箱达成了方案。目前，国际标准化组织 ISO/104（技术委员会）规定的集装箱国际标准为：第一系列共 13 种，其宽度均为 2438mm，长度有 4 种（12192mm、9125mm、6058mm、2991mm），高度有 4 种（2896mm、2591mm、2438mm、2438mm）。国际标准集装箱长度关系如图 2-1 所示。

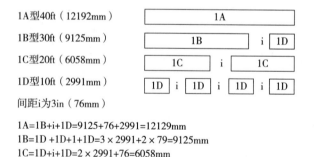

图 2-1　国际标准集装箱长度关系

资料来源：https://wenku.baidu.com/view/c41906dd53d380eb6294dd88d0d233d4b04e3f13.html.

目前，世界上大多数国家已将国际标准化组织确定的这个标准确认为国家标准，同时该标准也被劳埃德船级社（Lloyds Register of Shipping）接受。近年来，为使集装箱适应不同条件下的不同类型货物，在集装箱的设计和制造方面有了许多改进，出现了许多专门类型的集装箱，包括：

杂货集装箱，又称通用集装箱，适用于各种干杂货，例如，日用百货、食品、机械等，是最为常用的集装箱。

冷藏集装箱。这种集装箱附带制冷设备，在运输过程中可根据所运输货物的需要调节温度，适于运输新鲜蔬菜、水果等需冷藏的货物。

散货集装箱。这种集装箱适于装载谷物及其制品、水泥、化学制品等粉状货物，可以节约包装费用，提高装卸效率。

开顶集装箱。这种集装箱适于装运玻璃板、钢制品、机械等重货，可以使用起重机从顶部装卸货物。运输过程中，为防止货物发生移动，一般在箱内两侧各埋入几个索环，绳索可以穿过索环捆绑箱内货物。

框架集装箱。这种集装箱用来装载不适于装在干货集装箱或开顶集装箱的长大货物、超重货物、轻泡货物、重型机械、钢管、裸装机床和设备，既可从顶部用起重机装卸货物，也可从侧面用铲车进行装卸。

罐装集装箱。这种集装箱专门用于酒类、油类、化学品等液体货物，并为此设计特殊的结构和设备。

此外，还有许多专用的集装箱。例如：专门用于运输汽车，可多层装货的汽车集装箱；可通风且带有喂养装置的活牲畜集装箱；专用于运输生皮等渗漏性货物的兽皮集装箱；专供挂运成衣的挂衣集装箱；等等。

三、驮背运输

驮背运输是一种公路和铁路联合的运输方式，在北美和欧洲已经十分普遍。它既有铁路在长距离运输中的速度与可靠性，又具有公路运输在货物集散中的门到门和灵活性优势，因此是高效物流运作的最佳运输备选方案。

驮背运输在实际运作中主要有以下三种形式：

其一，拖车（Tractor）与挂车（Trailer）：货物装在挂车里用拖车运到火车站。在火车站，挂车被运上火车的平板车厢，拖车则与挂车分离。在目的地车站，再使用拖车将挂车拖运到收货人的仓库。

其二，挂车列车（Trailer）：是一种公路和铁路两用的挂车，这种公铁两用的挂车在公路上用自己的轮子挂在公路拖车后面行驶，到达火车站时，将其在公路上行驶时使用的轮子收起来，放上火车轮架，就可以在铁轨上行驶。到达目的地后，又可以还原成公路运输工具，用公路拖车将其运到客户的仓库。该技术在一些亚太地区的发展中国家（如印度）也有使用。

其三，铁公路：是20世纪90年代引人注目的一项联运新技术。所谓"铁公路"就是自己有动力，能够行驶和自动装货的火车车厢，它不需要机车、吊车和转辙装置，而是自带一套独特的装货设备。由于"铁公路"的出现，铁路公司已能直接进行"门到门"运输，而不必依赖于卡车。在800千米运距以内，"铁公路"系统比公路系统更优越，因为它不但可靠，而且费用低。"铁公路"目前在美国初步试运行情况良好，预计将在21世纪的物流运作中大显身手。

四、散货运输

散货是没有具体形状和特定包装的货物。在运输过程中，散货的装卸、搬运都具有不同于其他货物的特点，包括：

其一，其搬运需使用专用设备，如气泵、挖斗、传送带等，一般不能用于其他货物的搬运。

其二，其体积因包装或容器而变化，在运输过程中，是否能最大程度地利用货舱，节约成本，取决于其具体包装和容器。

其三，使用空气压缩设备或浆质输送设备运输货物（如水泥、煤浆），还需将散货粉碎至统一大小的颗粒。

散货可以使用卡车、火车、船舶、管道等多种方式进行运输。卡车的散货运载量在几种方式中最小，通常为3~5吨。火车的散货运载量大于卡车。最大运载量的铁路散货运输是使用单元列车进行运输。单元列车运输散货提高了车厢利用率，可以用传送带搬运货物，因此，运输服务更廉价、可靠。目前世界上大多数国家的煤炭运输都使用单元化列车。水上运输因其低成本、大运量的特点成为最适合散货运输的运输方式。目前，世界各国大多数的内河运输网络每天穿梭往返着许多散货运输船。在美国，内河驳船运输货物中，约36%是石油及其制成品，28%为煤炭。内河运输的其他主要散货有：谷物及其制品、化工原料、铁矿石及钢材、木材及其制品、水泥、化肥、纸制品、沙砾等。国际大宗散货运输几乎全部通过海上运输。液体散货运输常常使用管道运输系统。目前世界各发达国家和产油大国的石油管道运输都十分发达。有些国家还兴起了运输固体粉状散货的水浆管道。

五、陆桥运输

陆桥系统是通过海—陆或海—陆—海路线运输集装箱跨越大陆。这里，铁路运费也是由签发全程提单的海运承运人按集装箱支付的。

陆桥系统常见于以下重要的国际集装箱运输线：①欧洲或中东与远东之间经西伯利亚大陆桥或新亚欧大陆桥。②欧洲与远东之间经大西洋到达美国或加拿大太平洋沿岸，使用北美陆桥。

第四节　不合理运输形式及运输合理化途径

一、运输合理化的概念

运输合理化是指从物流系统的总体目标出发，按照货物流通规律，运用系统理论、系统工程原理和方法，选择合理的运输路线和运输工具，以最短的路径、最少的环节、最快的速度和最少的劳动消耗，组织好货物的运输与配送，以获取最大的经济效益。由于运输是物流中重要的功能要素之一，物流合理化在很大程度上依赖于运输合理化。

二、合理运输的五要素

（一）运输距离

运输过程中，运输时间、运输运费等若干技术经济指标都与运输距离有一定的关系，运距长短是决定运输是否合理的一个最基本的因素。

（二）运输环节

每增加一个运输环节，势必要增加运输的附属活动，如装卸、包装等，各项技术经济指标也会因此发生变化，所以减少运输环节有一定的促进作用。

（三）运输工具

各种运输工具都有其优势领域，对运输工具进行优化、选择，最大限度地发挥运输工具的特点和作用，是运输合理化的重要一环。

（四）运输时间

在全部物流时间中，运输时间占绝大部分。因此，运输时间的缩短对整个流通时间的缩短起决定性的作用。此外，运输时间缩短，还有待加速运输工具的周转，充分发挥运力效能，提高运输线路通过能力。

（五）运输费用

运费在全部物流费用中占很大的比例，运费高低在很大程度上决定整个物流系统的竞争能力。实际上，运费的相对高低，无论对货主还是对物流企业而言，都是运输是否达到合理化的一个重要标志。运费的高低也是各种合理化措施是否行之有效的最终判断依据之一。

三、不合理运输的表现形式

（一）返程或起程空驶

空车无货载行驶，可以说是不合理运输的最严重形式。但在实际运输组织中，有些时候必须调运空车，从管理上不能将其看成不合理运输。

（二）对流运输

对流运输亦称"相向运输""交错运输"，是指同一种货物或彼此间可以互相代用而又不影响管理、技术及效益的货物，在同一线路上或平行线路上做相对方向的运送，而与对方运程的全部或一部分发生重叠交错的运输。已经制定了合理流向图的产品，一般必须按合理流向的方向运，如果与合理流向图指定的方向相反，也属对流运输。

（三）迂回运输

迂回运输是舍近取远的一种运，是原本可以选取短距离运输，但却在实际中选择路程较长的路线进行运输的一种不合理形式。迂回运输有一定的复杂性，不能简单处之，只有当计划不周、地理不熟、组织不当而发生的迂回，才属于不合理运输。如果最短距离有交通阻塞、道路情况不好或有对噪声、排气等特殊限制而不能使用时发生的迂回，不能称不合理运输。

（四）重复运输

本来可以直接将货物运到目的地，但是在未达目的地之处或目的地之外的其他场所将货卸下，再重复装运送达目的地，这就是重复运输的一种形式。另一种形式是，同品种货物在同一地点运进，同时又向外运出。重复运输的最大毛病是增加了非必要的中间环节，这就延缓了流通速度，增加了费用，增大了货损率。

（五）倒流运输

倒流运输是指货物从销地或中转地向产地或起运地回流的一种运输现象。其不合理程度要甚于对流运输，原因在于，往返两程的运输都是不必要的，形成了双程的浪费。倒流运输也可以看成是隐蔽对流的一种特殊形式。

（六）过远运输

过远运输是指调运物资舍近求远，近处有资源不调而从远处调，这就造成可采取近程运输而未采取，拉长了货物运距的浪费现象。过远运输占用运力时间长，运输工具周转慢，物资占压资金时间长，远距离自然条件相差大，又易出现货损，增加了费用支出。

（七）运力选择不当

未根据各种运输工具的优势而进行合理选择，并且不正确地利用运输工具造成的不合理现象，即为运力选择不当，常见的有以下若干形式：

1. 弃水走陆

在同时可以利用水运及陆运的情况下，不利用成本较低的水运或水陆联运，而选择成本较高的铁路运输或汽车运输，使水运优势不能发挥。

2. 铁路、大型船舶的过近运输

不适用铁路及大型船舶的经济运行里程却利用这些运力进行运输的不合理做法。其主要不合理之处在于，火车及大型船舶起运及到达目的地的准备、装卸时间长，并且机动灵活性不足，在过近距离中利用，发挥不了运速快的优势。相反，由于装卸时间长，反而会延长运输时间。另外，与小型运输设备相比，火车及大型船舶装卸难度大，费用也较高。

3. 运输工具承载能力选择不当

未能根据承运货物数量及重量选择，而盲目选择不合适的运输工具，造成过分超载、损坏车辆及货物不满载、浪费运力的现象。尤其是"大马拉小车"现象发生较多。由于装货量小，单位货物运输成本必然增加。

（八）托运方式选择不当

对于货主而言，在可以选择最好的托运方式的情况下而未选择，造成运力浪费及费用支出加大的一种不合理运输，即为托运方式选择不当。

（九）空驾

依靠自备车送货提货，单程空驶的不合理运输即为空驾。例如，由于工作失误或计划不周，造成货源不实，由于车辆过分专用，无法搭运回程货物。

四、运输合理化措施

所谓合理化运输，是指合理地组织物质资料的运输，以节省运力、缩短运输时间、节约运输费用、提高运输效率，一般可采取以下措施：

（一）提高运输工具实载率

实载率有两个含义：一是单车实际载重与运距之乘积和标定载重与行驶里程之乘积的比率，这在安排单车、单船运输时，是判断装载合理与否的重要指标；二是车船的统计指标，即一定时期内车船实际完成的货物周转量（以吨公里计）占车船载重吨位与行驶公里之乘积的百分比。在计算时车船行驶的公里数，不但包括载货行驶，也包括空驶。提高实载率的意义在于：充分利用运输工具的额定能力，减少车船空驶和不满载行驶的时间，减少浪费，从而求得运输的合理化。

在铁路运输中，采用整车运输、合装整车、整车分卸及整车零卸等具体措施，都是提高实载率的有效措施。

（二）采取减少动力投入，增加运输能力

这种合理化的要点是，少投入、多产出，走高效益之路。运输的投入主要是能耗和基础设施的建设，在设施建设已定型和完成的情况下，尽量减少能源投入，是少投入的核心。做到了这一点就能大大节约运费，降低单位货物的运输成本，达到运输合理化的目的。

国内外在这方面的有效措施如下：

1. 满载超轴

其中超轴的含义就是在机车能力允许的情况下，多加挂车皮。我国在客运紧张时，也采取过加长列车、多挂车皮的办法，在不增加机车的情况下增加运输量。

2. 水运拖排和拖带法

竹、木等物资的运输，利用竹、木本身的浮力，不用运输工具载运，采取拖带法运输，可省去运输工具本身的动力消耗从而求得合理化；将无动力驳船编成一定队形，一般是纵列，用拖轮拖带行驶，能够发挥其比船舶载乘运输运量大的优势，求得合理化。

3. 顶推法

这是我国内河货运采取的一种有效方法，是将内河驳船编成一定队形，由机动船顶

推前进的航行方法。其优点是航行阻力小，顶推量大，速度较快，运输成本很低。

4. 汽车挂车

汽车挂车的原理和船舶拖带、火车加挂基本相同，都是在充分利用动力能力的基础上，增加运输能力。

（三）发展社会化的运输体系

运输社会化的含义是发展运输的大生产优势，按实际专业分工，打破一家一户自成运输体系的状况。

一家一户的运输小生产，车辆自有，自我服务，不能形成规模，而且一家一户运量需求有限，难以自我调剂，因而经常容易出现空驶、运力选择不当（因为运输工具有限，选择范围太窄）、不能满载等浪费现象，并且配套的接、发货设施，装卸搬运设施也很难有效运行，所以浪费颇大。实行运输社会化，可以统一安排运输工具，避免对流、倒流、空驶、运力不当等多种不合理形式，不但可以追求组织效益，而且可以追求规模效益，所以发展社会化的运输体系是运输合理化非常重要的措施。

当前火车运输的社会化运输体系已经较完善，而在公路运输中，小生产方式非常普遍，是建立社会化运输体系的重点。

我国在利用联运这种社会化运输体系时，创造了一条龙货运方式，对产、销地及产、销量都较稳定的产品，事先通过与铁路、交通等社会运输部门签订协议，规定专门收、到站，专门航线及运输路线，专门船舶和泊位等，有效保证了许多工业产品的稳定运输，取得了很大成绩。

（四）开展中短距离铁路公路分流，以公代铁的运输

这一措施的要点是，在公路运输经济里程范围内，或者经过论证，超出通常平均经济里程范围，也尽量利用公路。这种运输合理化的表现主要有两点：一是对于比较紧张的铁路运输，用公路分流后，可以得到一定程度的缓解，从而加大这一区段的运输通过能力；二是充分利用公路从门到门和在中途运输中速度快且灵活机动的优势，实现铁路运输服务难以达到的水平。

（五）尽量发展直达运输

直达运输是追求运输合理化的重要形式，其对合理化的追求要点是通过减少中转过载换载，从而提高运输速度，省却装卸费用，降低中转货损。直达的优势，尤其是在一次运输批量和用户一次需求量达到了一整车时表现最为突出。此外，在生产资料、生活资料的运输中，通过直达建立稳定的产销关系和运输系统，也有利于提高运输的计划水平，考虑用最有效的技术来实现这种稳定运输，从而大大提高运输效率。

特别需要一提的是，如同其他合理化措施一样，直达运输的合理性也是在一定条件下才会有所表现，不能绝对认为直达一定优于中转。这要根据用户的要求，从物流总体出发做综合判断。如果从用户需要量看，批量大到一定程度时直达是合理的，批量较小时中转是合理的。

（六）配载运输

这是充分利用运输工具载重量和容积，合理安排装载的货物及载运方法以求得合理化的一种运输方式。配载运输也是提高运输工具实载率的一种有效形式。

配载运输往往是轻重商品的混合配载，在以重质货物运输为主的情况下，同时搭载一些轻泡货物，如海运矿石、黄沙等重质货物，在仓面捎运木材、毛竹等，铁路运矿石、钢材等重物上面搭运轻泡农、副产品等，在基本不增加运力投入的情况下，以及基本不减少重质货物运输的情况下，解决了轻泡货的搭运，因而效果显著。

（七）四就直拨运输

四就直拨是减少中转运输环节，力求以最少的中转次数完成运输任务的一种形式。一般批量到站或到港的货物，首先要进分配部门或批发部门的仓库，然后再按程序分拨或销售给用户。这样一来，往往出现不合理运输。

四就直拨，首先是由管理机构预先筹划，然后就厂或就站（码头）、就库、就车（船）将货物分送给用户，而无须再入库了。

（八）发展特殊运输技术和运输工具

依靠科技进步是运输合理化的重要途径。例如：专用散装及罐车，解决了粉状、液状物运输损耗大、安全性差等问题；袋鼠式车皮，大型半挂车解决了大型设备整体运输的问题；滚装船解决了车载货的运输问题，集装箱船比一般船能容纳更多的箱体，集装箱高速直达车船加快了运输速度等。这些都是通过利用先进的科学技术实现运输合理化的重要途径。

（九）通过流通加工，使运输合理化

有不少产品，由于产品本身形态及特性问题，很难实现运输的合理化，如果进行适当加工，就能够有效解决合理运输问题。例如：将造纸材在产地预先加工成干纸浆，然后压缩体积运输，就能解决造纸材运输不满载的问题；轻泡产品预先捆紧包装成规定尺寸，装车就容易提高装载量；水产品及肉类预先冷冻，就可提高车辆装载率并降低运输损耗。

 项目实操

BENQ 运输项目解决方案

一、客户运输需求

（1）从苏州到安徽省、河南省的配送，从苏州到西安 RDC 的移库。

（2）从苏州到浙江、山东、福建、江西、武汉的配送，从苏州到北京、武汉、成都、广州、沈阳的中转运输。

二、运输运作管理要求

（1）从客户工厂将产品分发到客户的经销商处，提供门到门服务。
（2）所有产品的运输时间控制、运输破损和运输回单及时等。
（3）第三方应确保按客户认可的送货路线在客户指定的卸货地点和到货时间安全送达。
（4）装货的箱式车或卡车应确保卫生整洁，无油污、无异味。

三、BENQ 项目成功的衡量标准

PGL 承诺的运输运作 KPI 考核指标如表 2-2 所示。

表 2-2　PGL 承诺的运输运作 KPI 考核指标

序号	KPI 指标	指标率
KPI T1	运输准时率（每月）	98%
KPI T2	书面回单（POD2）准时率（每月）	98%
KPI T3	货物损坏率（每月）	0.05%
KPI T4	发送的准确率（每月）	99%
KPI T5	SOP 执行符合率（不定期）	99%

四、BENQ 项目方案制定策略

（1）根据订单线路的合理分析设计各条线路合理的运输模式，满足运作质量和成本的最佳平衡。
（2）根据各种运输模式设定合理的流程节点控制，来满足运输实效及其他运作质量指标的达标或超标。
（3）通过线路批量的合理分析准备必需的运力方式和运力储备，保障运作的正常进行。
（4）通过标准化流程设计和管理，规范运输操作，提高运作效率和稳定性。

五、BENQ 项目解决方案

BENQ 项目的配送运输时间如表 2-3 所示。

表 2-3 BENQ 项目的配送运输时间

活动	时间	项目			
		做法	负责人	结果	地方
提货通知及信息	当天 18：00 前确认当天的订单信息	BENQ 提前一天电话通知宝供项目负责人次日的发货需求、所在城市等	BENQ 相关人员、宝供订单员	确定当天实发产品的数量、明细	苏州宝供基地
		宝供 BENQ 项目运作人员从 BENQ 开放给宝供的信息系统中查获详细订单情况			
提货	当天 20：00~20：30	根据 BENQ 的提货要求，根据货物品种、数量、立方数、重量、箱数、预计装车时间、预计到达时间信息调派车辆	宝供运输调度	派出符合要求的车辆去提货	苏州宝供基地—BENQ 苏州工厂
		安排车辆去提货			
装车	当天 21：30~22：00	宝供负责指挥装卸工在 BENQ 工厂对发运产品进行装车，并和 BENQ 相关人员清点核对品种、数量	BENQ 相关人员、宝供业务员	文明装车、准确装车	BENQ 苏州工厂
发运、跟踪	合肥经销商第二天送达，省内其他经销商第三天送达；郑州经销商第三天上午送达，省内其他经销商第三天下午送达	宝供业务员与司机确认装车无误，对车辆施封加固，发运	宝供运输调度	货物发运及运输信息跟踪	在途
		运输调度对在途情况进行跟踪			
签收	货物到达当天	货物到达客户处前一天电话通知；货物交付客户时需要清点到货数量；送货单须按要求签收	BENQ 经销商、宝供司机	货物送达，BENQ 经销商签收回单	BENQ 经销商
回单	每月在规定的时间内将汇总的签收回单 EMS 给 BENQ	宝供负责每月将所有签收回单在规定的时间内快递给 BENQ 相关人员	宝供统计员	每月将签收回单快递给 BENQ	苏州宝供基地—BENQ 苏州工厂

六、运输线路分析与设计

（一）运输模式类型

1. 单点整车直送

单台车装运一个经营单位（经销商/卖场）的订单货物进行一次运输直接送达收货点的运输调度模式（见图2-2）。

图2-2　单点整车直送模式

2. 整车直送多点卸货

按线路拼车，结合各送货点的卸货速度、收货截止时间等，将若干个送货点的订单拼成一个整车沿途多点进行一次送货的运输调度模式（见图2-3）。

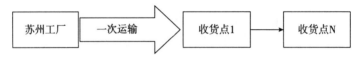

图2-3　整车直送多点卸货模式

3. DC二次分拨运输（一次干线+二次配送）（见图2-4）

图2-4　DC二次分拨运输模式

（二）运输线路的设计

1. 整车单点直送模式

适合单个经销商单次下单运输整合批量足够整车量而采取的直送单点的运输模式。

2. 整车多点送货模式

适合当同一个城市或片区的多个经销商下单的运输整合量足够采用一台整车进同城或同片区的多个送货点的运输模式。

3. DC二次分拨配送

适合当某个城市或片区的经销商较多，单个经销商下单量少但下单当日多个经销商下单的运输整合量足够采用一台整车时采用的先整合大批量一次运输至当地城市，通过当地城市的交叉理货的运输模式。

（三）运输线路的设置

本项目的运输线路设置情况如表2-4所示。

表 2-4 项目运输线路设置

线路序号	具体线路路径	运输模式
线路 1	苏州—西安	整车单点直送模式
线路 2	苏州—合肥	整车单点直送模式
线路 3	合肥—芜湖—马鞍山	DC 二次分拨配送
线路 4	合肥—安庆—铜陵	DC 二次分拨配送
线路 5	合肥—淮南—阜阳—淮北	DC 二次分拨配送
线路 6	苏州—郑州	DC 二次分拨配送
线路 7	郑州—开封—商丘	DC 二次分拨配送
线路 8	郑州—新乡—安阳—濮阳	DC 二次分拨配送
线路 9	郑州—洛阳—周口—驻马店	DC 二次分拨配送
线路 10	郑州—焦作	DC 二次分拨配送
线路 11	郑州—洛阳	DC 二次分拨配送
线路 12	郑州—平顶山—南阳	DC 二次分拨配送

(四) 回单时效的设计和保障

回单模式有如下两种：

模式一：司机返程送单，适合正程车运作或者专线回流对开的线路，司机在送货结束后很快返程（空载或很快组织到回程货源）的情况，或者回单时间比较长，足够时间组织货源返程（见图 2-5）。

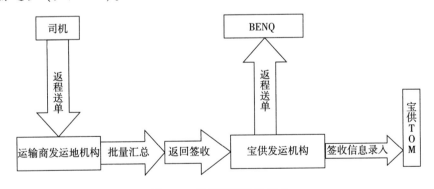

图 2-5 司机返程送单模式

模式二：EMS 邮寄返单，适合采用回程车运作且路程较远，不能及时组织回程资源运作的情况（见图 2-6）。

(五) 运输资源的保障

EMS 项目运输车型及车辆状况如表 2-5、表 2-6 所示。

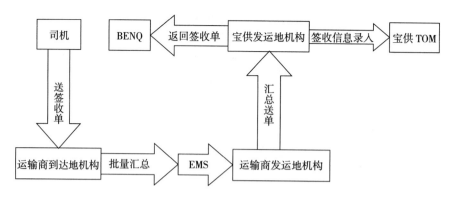

图 2-6 EMS 邮寄返单模式

表 2-5 项目运输车型

选用车型	可装立方数
5 吨厢车	32
2 吨厢车	18
40 尺集卡	55

表 2-6 项目运输车辆状况

运输车型	全厢车
运输工具要求	车厢整洁、外观完好，具有防风、防雨等功能
运输时限	据 BENQ 的配送时间
运输服务方式	门到门

七、运输操作流程

（一）目的

使 BENQ 公路运输业务标准化、规范化，保证公路运输作业各项指标达到或超过客户要求。

（二）责任

1. BENQ 项目负责人

（1）保证运力资源及人员满足运作的需要。

（2）及时处理公路运输中出现的各种问题，确保公路运输业务顺利进行，并对公路运输质量负责。

2. BENQ 现场负责人

（1）及时、准确地接受 BENQ 客户的单据，并认真核对单据，确保单据有效。

（2）合理调度现场作业人员。

（3）监督整个现场运作状况。

（4）检查车辆，保证提货车辆符合运作要求。

（5）安排车辆正常进行提货。

（6）记录现场运作情况。

3. 调度

（1）根据接单情况合理调度车辆。

（2）跟踪车辆在途和到货情况。

（3）跟踪回单签收情况。

（三）适用范围

适用于宝供 BENQ 业务运作。

（四）步骤

1. 接单

（1）BENQ 提前一天电话通知项目负责人次日的发货需求、所在城市等。

（2）接单后，项目负责人把出单信息反馈给调度，调度根据线路合理调度车辆。

2. 提货准备

（1）供应商应调度合格的车辆到 BENQ 工厂提货，客户要求的合格车辆是全厢车，需在 3 个小时之内到达仓库。

（2）车辆到工厂和仓库前，司机必须先对车辆进行整改，保证车况符合要求。

（3）接到提货车辆后，现场人员必须对车辆状况进行检查。

（4）全厢车要求车厢能够安全密封、没有漏洞，车门密封条完好，车门能够正常关闭，门把手完好可以正常上锁和施封。在检查全厢车的密封性的时候，要求现场人员必须进入车厢内部，关上车门进行检查。

3. 提货装车

（1）进入仓库库区后，言行举止必须文明有礼貌，遵守仓库的各项管理规定，如严禁吸烟、乱丢垃圾等，必须服从仓库调度。

（2）业务员安排车辆按照顺序进行装车。货物出库时，业务员需核对出库货物与单据上所列货物的型号、品种是否一致，检查是否有外包装残损、受潮、污染，成品如有托盘，在包装缠绕膜之前须按要求清点小箱数量并签署托盘清点单。BENQ 运输主管交付运输公司现场人员发运清单。BENQ 现场发运人员指示运输公司现场人员按照发运清单装车并在发运清单上签名，货物装好后，领取送货单并按要求签字（签收人姓名、日期）。

4. 发运和跟踪

（1）提货后，司机持单上路，途中严禁由于其他事而耽误送货，严禁私自在途中配货、换车。

（2）司机须每天电话汇报所处的位置和货物状况，遇有突发事件造成送货迟到或使货物受损的，必须及时反馈给苏州办事处。

（3）调度在车辆出发后，每天把跟踪表传真给供应商，由供应商填写当日车辆在途情况并回传，调度根据回传的跟踪表了解和记录车辆与货物的在途情况，同时不定时直接联系司机了解情况，核实供应商反馈信息的准确性和真实性。

5. 到货

货物到达客户处前一天电话通知。到达当天提前2~3小时通知具体时间。

6. 签收

（1）货物交付客户时需要清点到支数（通常一个托盘的货需要清点0.5~2小时）。

（2）送货单须按要求签收［货物数量及状态，收货人或代签人的姓名，身份证号（代签人），收货日期，送货车号等］。

（3）如在货物到达前一天电话通知客户时，发现送货地址与实际不符，须马上联系BENQ负责人重新确认。

（4）如遇拒收或退货，请先通知我司，经我司同意并按照程序操作。

7. 回单

（1）签收后，由司机寄回或带回到苏州公司。

（2）宝供每月将实签的回单整理一次，在规定的时间内快递返还BENQ。

八、运作异常情况处理

（一）货物在途运输

1. 运输异常情况

（1）交通事故。

（2）货物被盗。

（3）自然灾害（如洪水冲毁道路等）。

（4）司机中途换车。

（5）司机中途改变路线。

（6）司机盗卖货物。

（7）公路运输超过预到达时间但无法确定车辆所在位置。

2. 应急处理程序

发生交通事故、货物被盗、自然灾害（如洪水冲毁道路等）造成货物损失时，要求司机在1小时内通知运输调度人员，运输调度员马上通知客户服务经理，由其通知明基总部，根据明基的意见进行处理。不能按预定时间到达时，司机须在阻滞超过4小时内向公路调度报告情况，与公路调度重新确认到达时间，并且在超出预到达日期后的每4个小时报告一次所在方位。

发生公路运输超过预到达时间但无法确定车辆所在位置；运输员在与收货客户确认未到后立即与供应商车队负责人联系，要求其追查货物位置，并同时通知客户服务经理，由其与明基公司联系。

发生司机中途换车、司机中途改变路线、司机盗卖货物时，在接到事故通知后1小时内通知业务运作负责人和分公司经理，并在6小时内通知客户服务经理，客户服务经理在1小时内通知明基，取得明基对事件处理的要求和建议，并成立事故处理小组，确定符合明基要求的处理方案。

在事故处理完结后，由客户服务经理尽快向明基提交书面的事故报告，并与客户进行回顾会议，取得客户的意见和建议。

（二）签收

1. 签收异常情况

（1）货物出现残损，司机欲当场赔偿以作完好签收，但客户拒绝接受。

（2）产品质量出现问题、生产日期达不到客户的要求，客户拒收。

（3）客户无理由拒收。

2. 应急处理程序

（1）司机即与相关宝供明基业务运输主管联系，反馈真实情况，待通知处理。

（2）宝供明基业务运输主管接反馈后即通知当地明基分公司相关业务负责人，由其与经销商处理。

（3）如当地明基分公司协调无效，即通知明基客户服务经理，由其与明基公司进行协商解决。

九、运作准备计划表

项目运作准备环节各个相关负责人员如下：项目督导：×××；项目支持：×××；销售协调：×××。另外，项目运作准备计划如表 2-7 所示。

表 2-7 项目运作准备计划

项目	内容	时间	负责人	执行情况
流程	根据客户要求等制定初步运作流程	20××.4.15	×××	已完成
方案	根据客户要求及会议准备情况制定运作方案	20××.4.15	×××	已完成
会议	召开运作前准备会议	20××.4.18	×××	已完成
人员	1.1 项目负责人：××× 1.2 现场人员：××× 1.3 跟踪、客服：×××	20××.4.18	×××	已完成
需求	1.1 了解每订单的下单量 1.2 了解车型要求 1.3 了解发运的方向及时间 1.4 联系客户提前到 BENQ 工厂仓库了解产品、发运情况	20××.4.18~ 20××.4.19	×××	待完成
资源	1.1 调查配送运作资源 1.2 落实运输资源 1.3 确定供应商运作	20××.4.22	×××	正在进行

续表

项目	内容	时间	负责人	执行情况
培训	项目运作前运作人员培训	20××.4.25	×××	待完成
试运作	开始试运作	20××.5.9	×××	待完成
小结	首次试运作小结	20××.5.12	×××	待完成

资料来源：宝供物流企业实操案例。

本章小结

本章阐述了运输的概念、特点和作用，并在此基础上比较分析了几种主要的运输方式，探讨了几种专业的运输模式，最后给出了几种不合理运输的表现形式和合理化运输的措施。

复习思考

1. 什么是运输？运输的特点有哪些？
2. 管道运输的特点是什么？
3. 不合理运输的表现形式有哪些？
4. 运输合理化的影响因素有哪些？
5. 实现运输合理化的措施有哪些？

 案例分析

通用汽车公司（General Motors）的运输业务外包

通用汽车公司通过采用业务外包策略，把运输和物流业务外包给里斯维（Leaseway Logistics）公司。里斯维公司负责通用汽车的零部件到31个北美组装厂的运输工作，通用汽车则集中力量于核心业务——制造轿车和载货汽车上，始于1991年的合作节约了大约10%的运输成本，缩短了18%的运输时间，裁减了一些不必要的物流职能部门，减少了整条供应链的库存，并且在供应链运作中保持了高效的反应能力。理斯维在克力夫兰（Cleveland）设有一个分销中心，处理交叉复杂的跟踪装运情况，并且根据实际需求实现 Just-In Time 方式运输。理斯维的卫星系统可以保证运输线路的柔性化，并迅速调整运输线路的组合。

资料来源：http：//info. 10000link. com/newsdetail. aspx？ doc＝2010053190068.

思考：

1. 结合案例，如何理解第三方物流的作用？

2. 从通用汽车公司的业务外包模式看，业务外包为什么能提高企业的核心竞争力？

3. 从通用汽车公司运输外包业务获得启发，你认为业务外包策略有哪些作用？

第三章 仓储管理

- 理解仓储的概念和作用
- 掌握仓库的概念和类型
- 掌握仓库的作业流程
- 掌握库存管理的不同方法

仓储管理决策与物流系统的其他决策密切相关，它不仅对仓储系统具有重要意义，而且对整个物流系统都起着十分重要的作用。仓储管理的核心目标是提高仓库的运作效率和生产率，充分、有效地利用现有空间，这一点已成为普遍共识。

第一节 仓储概述

一、仓储的概念

"仓"也称为仓库（Warehouse），为存放、保管、储存物品的建筑物和场地的总称，可以为房屋建筑、大型容器、洞穴或者特定的场地等，具有存放和保护物品的功能；"储"表示将储存对象收存以备使用，具有收存、保护、管理、贮藏物品、交付使用的意思，也称为储存（Storing）。"仓储"则为利用仓库存放、储存未即时使用物品的行为。简言之，仓储就是在特定的场所储存物品的行为。

仓储的形成显然是出于社会产品出现剩余之后的产品流通的需要，当产品不能被即时消耗掉，需要专门的场所存放时，就产生了静态的仓储。将物品存入仓库以及对于存放在仓库里的物品进行保管、控制、提供使用等的管理，就形成了动态仓储。可以说，仓储是对有形物品提供存放场所、物品存取过程并对存放物品进行保管、控制的过程，是人们的一种有意识的行为。仓储的性质可以归结为：仓储是物质产品的生产过程的持续，物质的仓储也创造着产品的价值；仓储既有静态的物品储存，也包含动态的物品存取、保管、控制的过程；仓储活动发生在仓库等特定的场所；仓储的对象既可以是生产资料，也可以是生活资料，但必须是实物动产。

二、仓储的功能

（一）仓储是社会生产顺利进行的必要过程

现代社会生产的一个重要特征就是专业化和规模化生产，劳动生产率极高、产量巨大。然而绝大多数产品都不能被即时消费，需要经过仓储的手段进行储存。一方面，能避免生产过程被堵塞，保证生产过程能够继续进行；另一方面，只有对生产所使用的原料、材料等进行合理的储备，才能保证及时供应，满足生产的需要。

仓储本身是生产率提高的产物，但同时仓储的发展又促进了生产效率的提高。良好的仓储条件能确保生产规模的进一步扩大，促进专业化水平的进一步提高，从而进一步提高劳动生产率。

（二）能够调整生产和消费的时间差别，维持市场稳定

人们的需求所具有的持续性与产品季节性、批量性生产的集中供给之间存在着供需时差的矛盾。通过仓储将集中生产的产品进行储存，并持续地向消费者提供，才能不断满足消费需求。

另外，集中生产的产品如果即时推向市场销售，必然会造成市场短时期内产品供给远远大于需求，造成产品价格大幅降低，甚至无法消费而被废弃；而在非供应季节，市场供应量少、产品价格，通过将产品仓储，均衡地向市场供给，才能稳定市场，有利于生产的持续进行。

（三）具有保存劳动产品价值的作用

生产出的产品在消费之前必须保持其使用价值，否则将会被废弃。这项任务就需要由仓储来承担，在仓储过程中需要对产品进行保护、养护、管理，甚至处理、加工，以防止损坏而丧失使用价值。

同时，仓储是提供产品消费的最后一道作业环节，可以根据市场对产品消费的偏好，对产品进行最后的流通加工，提高产品的附加值，以促进产品的销售，增加产品收益。

（四）仓储是对流通过程的衔接

产品从生产到消费，不断经过分散、集中、分散的过程，还可能需要经过不同运输工具的转换运输，为了有效利用各种运输工具，降低运输过程中的作业难度，实现经济运输，物品需要通过仓储进行候装、配载、包装、成组、疏散等。为了满足销售的需要，商品需要在仓储中进行整合、分类、拆除包装、配送等处理和存放。

（五）仓储是开展物流管理的重要环节

仓储是物流的重要环节，物品在物流过程中相当一部分时间处在仓储之中，在仓储中进行运输整合，在仓储中进行配送准备，在仓储中进行流通加工，也在仓储中进行市场供给调节。仓储的成本是物流成本最重要的组成部分。开展物流管理必须特别重视对仓储的管理，有效的仓储管理才能实现物流管理的目标。

三、仓储的作用

（一）仓储的积极作用

1. 仓储是现代物流不可缺少的重要环节

关于仓储对物流系统的重要意义我们还可以从供应链的角度来进一步认识。从供应链的角度来看，物流过程可以看作是由一系列的"供给"和"需求"组成的，当供给和需求节奏不一致，也就是两个过程不能够很好地衔接，出现生产的产品不能即时消费或者存在需求却没有产品满足的情况的时候，就需要建立产品的储备，将不能即时消费的产品储存起来以备满足后来的需求。供给和需求之间既存在实物的"流动"，同时也存在实物的"静止"，静止状态即是将实物进行储存，实物处于静止状态是为了更好地衔接供给和需求这两个动态的过程。

2. 仓储能对货物进入下一个环节前的质量起保证作用

在货物的仓储环节对产品质量进行检验能够有效防止伪劣产品流入市场，既保护了消费者权益，也在一定程度上保护了生产厂家的信誉。通过仓储来保证产品质量有两个方面需要注意：一是在货物入库时要进行质量检验，看货物是否符合仓储要求，严禁不合格产品混入库场；二是在货物的储存期间内，要尽量使产品不发生物理以及化学变化，尽量减少库存货物的损失。

3. 仓储是保证社会再生产过程顺利进行的必要条件，是加快商品流通、节约流通费用的重要手段

货物的仓储过程不仅是商品流通过程顺利进行的必要保证，也是社会再生产过程得以进行的保证。虽然货物在仓库中进行储存时，是处于静止的状态，似乎会带来时间成本和财务成本的增加，但事实上从整体上而言，它不仅不会带来时间的损耗和财务成本的增加，相反它能够帮助加快流通，并且节约运营成本。因为仓储能够有效降低运输成本和生产成本，从而带来总成本的降低。

4. 仓储可以创造时间价值

仓储是物流系统功能的两个主要的基本功能要素之一。物流系统的作用，归根结底就是要保障社会经济生产、生活的顺利进行，也就是在需求、供给都存在的情况下，实现供给与需求的平衡，也就是要改变货物的空间、时间状态，帮助货物实现其价值与使用价值。

5. 仓储是"第三利润源"的重要组成部分

供求关系的改变必然影响产品的价格。在供不应求时，产品价格将比供过于求时高得多。事实上，有了仓储的保证，就能做到在适当的时机以高于正常价格的情况下销售出去，或在低于正常价格的情况下购买进来，由此增加企业的销售利润，或减少企业的购买成本。从利润获取的角度看，它也常常成为企业"第三利润源"的重要组成部分。

（二）仓储的消极影响

仓储是一种必要的活动。但由其特点决定，也经常存在冲减物流系统效益，恶化物流系统运行的趋势。所以甚至有人明确提出，仓储中的"库存"是企业的癌症，主要原因在于存储代价太高。

1. 固定费用与可变费用支出

仓储要求企业在仓库建设、管理、仓库工作人员工资及福利等方面支出大量费用。这会大大增加物流成本，这样的物流成本支出就如同大海中的冰山一般，显露出来的只是冰山一角，很容易被忽视。

2. 机会损失

储存的物资并非流动物资，所以会涉及资金的占用。如果这些资金及利息被用于其他方面或许会有更大的收益。

3. 仓储作业费

仓储作业费包括进货、验货、保管、发货、搬运等工作花费的费用等。

4. 仓储与物流运输环节的矛盾

众所周知，物流是由运输、储存、装卸搬运、包装、流通加工、配送、信息处理等基本功能组成的。各个环节之间相互联系、相互影响。仓储环节与运输环节的效率曲线不是同向趋势。例如仓储，仓储货物数量越多，则效率越高；再如运输，要想其效率越高就要保证每次运送的货物要越多。两者之间就必然存在矛盾，如果仓储货物数量多效率高的话，相应的运输量就必然减少，效率也会下降。反之亦然。

由此可见，仓储在现代物流活动中既有积极作用也有消极影响。只有综合考虑其两面性，才能有利于物流活动的高效展开。

第二节 仓库概述

一、仓库的概念

仓库，一般是指以库房、货场及其他设施、装置为劳动手段的，对商品、货物、物资进行收进、整理、储存、保管和分发等工作的场所，在工业中则是指储存各种生产需用的原材料、零部件、设备、机具和半成品、产成品的场所。

从传统管理的角度看，仓库在物流系统中是主要承担保管功能的场所，是物流网络中以储存为主要功能的节点。从现代物流观点看，大型的、多功能的仓库往往作为区域分拨的基地，是区域内物流运作的中心。

储存物资场所的种类很多，如车站站台、港口码头以及货站、货栈甚至是配送中心的备货场等。仓库与这些场所的主要区别在于：仓库对物资的储存，带有防护性、保护性，需配合一系列维护保养工作，并且具有独立功能，储存时间也比在站、港、栈等处要长，其他储存物资的场所则只是暂存性的，而且附属性很强。

二、仓库的种类

仓库按不同的标准可进行不同的分类。按用途、结构、保管方式、仓库功能及仓库选址等方面的情况，可将仓库分类如下：

（一）按用途分类

1. 自有仓库

自有仓库，是指各企业为了保管本公司的物品（原料、半成品、产成品）而建设的仓库。仓库的建设、保管物品的管理以及出入库等业务均处于本公司管理责任范围内。所保管物品确定后，企业可选择适合这些物品的仓库结构和装卸设备。

2. 营业仓库

按照仓库业管理条例取得营业许可，保管他人物品的仓库称为营业仓库。营业仓库是社会化的一种仓库，面向社会，以经营为手段、以盈利为目的。与自有仓库相比，营业仓库的使用效率要高一些。

3. 公共仓库

国家或公共团体为了公共利益而建设的仓库称公共仓库，即为公共事业配套服务的仓库。

4. 保税仓库及保税堆货场

根据有关法律和进出口贸易的规定取得许可，专门保管国外进口而暂未纳税的进出口货物的仓库，称保税仓库。堆货场是指为了销货、中继作业等临时放置货物的设施。保税堆货场是为了搬运进出口货物、通关，进行临时保管货物的建筑物。

（二）按结构和构造分类

1. 平房仓库

平房仓库是指仓库建筑物是平房，结构很简单，有效高度一般不超过 5~6 米的仓库。这种仓库建筑费用很低，可以广泛采用。

2. 多层仓库（或楼房仓库）

多层仓库为两层以上的建筑物，是由钢筋混凝土建造的仓库。仓库楼房各层间依靠垂直运输机械联系，也有的楼层间以坡道相连，称为坡道仓库。多层仓库，虽然有使货物上下移动的缺点，但在土地受到限制的港湾、都市等，建造多层仓库可以扩大仓库实际使用面积。

3. 高层货架仓库（或立体仓库）

高层货架仓库的建筑物本身虽是平房结构，但高层棚的顶很高，内部设施层数很多，具有可以保管 10 层以上的托盘的仓库棚。这是一种自动化程度较高，存货能力较强的仓库。它可根据库房高度使用高 9 米、12 米或 22 米的货架，使货物堆放立体化。在作业方面，它主要使用电子计算机控制，由堆码机、吊机等装卸机械自动运转，货物可以自动进出仓库，进出仓库方便省力，能实现机械化和自动化。因此这种仓库也称自动化仓库，或称无人仓库。

4. 散装仓库

散装仓库是指专门保管散粒状或粉状物资的容器式仓库，如谷物、饲料、水泥等颗粒状、粉状货物。散装货物的进出效率很高，可以配备空气输送等特殊装置。此类仓库大多是混凝土结构，近年来由钢板建造的散装仓库也越来越多。

5. 罐式仓库

这是指储存各种罐体的大型容器型仓库，如球罐库、柱罐库等。

（三）按仓库功能分类

1. 生产仓库

为企业生产或经营储存原材料、燃料及产品的仓库，称生产仓库，也有的称为原料仓库或成品仓库。一般来讲，在制造工业产品的工厂中，把原料搬进生产过程以前，进行暂时保管的仓库称为原料仓库，把已经制造完成的产品在发货以前进行保管的仓库称为成品仓库。今天，生产线的自动化装置已相当普遍，在包装输送带上流动的成品，可以自动地装在托盘上，然后流到仓库。保管自动化成品的仓库也在不断增加，而且，因工厂不同，从原料到成品化的途中，还有暂时保管的在制品仓库。

2. 储备仓库

专门长期存放各种储备物资，以保证完成各项储备任务的仓库称为储备仓库，如战略物资储备、季节物资储备、备荒物资储备、流通调节储备等。

3. 集配型仓库

以组织物资集货配送为主要目的的仓库称为集配型仓库。

4. 中转分货型仓库

中转分货型仓库以中转储备为主要目的，其中转作用类似配送型仓库中的单品种、大批量型仓库，其储备作用又类似于储备型仓库。

5. 加工型仓库

以流通加工为主要目的的仓库称为加工型仓库。一般的加工型仓库可以集加工厂和仓库两种职能于一体，将商品的加工业务和仓储业务结合在一起。

6. 流通仓库（配送中心）

专门从事中转、代存等流通业务的仓库称为流通仓库。这种仓库以物流中转为主要职能。在运输网点中，也以转运、换载为主要职能。流通仓库作为物流服务的节点，在流通过程中发挥着重要的作用，它将不再以储存保管为主要目的。流通仓库可以进行拣选、配货、检验、分类等作业，并具有多品种、小批量、多批次等收货配送功能，以及附加标签、重新包装等流通加工功能。流通仓库由于能实现货物的快速发送，因而日益受到人们的重视，它代表着仓库业发展的一个重要趋势。

三、仓库的规划

（一）仓库选择

如何为存货安排仓储空间，大多数的厂商在自有仓库、公共仓库和合同仓库中进行选择。一般来说，自有仓库和合同仓库可以被用来满足企业年度的基本需求，而公共仓库则可被用来应付旺季之需。是选择自建仓库，还是选择租赁公共仓库，企业需要根据自身的特点和条件，在对成本权衡分析的基础上作出合理选择。

（二）仓库数量

单一市场的中小规模的企业通常只需一个仓库，而产品市场遍及全国各地的大规模企业，要经过仔细分析和慎重考虑才能决定合适的仓库数量。

仓库数量对物流系统各项成本都有重要影响。一般来说，随着系统仓库数量的增加，运输成本和失销成本会减少，而存货成本和仓储成本将增加，在某一点上总成本将达到最低。

仓库数量的决策也要与运输方式的决策相协调。例如，一个或两个具有战略性选址的仓库结合空运就能在全国范围内提供快速服务，尽管空运的成本相对较高，但却降低了仓储和库存成本。由于运输方式的多样性，需要与其他仓储决策结合起来考虑，这使仓库数量决策变得非常复杂。

（三）仓库规模与选址

与仓库数量决策密切相关的是仓库的规模与选址。如果企业租赁公共仓库，那么仓库规模相对重要，而选址决策的重要性相对小一些，可以根据需要随时改变。如果企业自建仓库，尤其对于市场遍及全国甚至全球的大型企业来说，仓库的规模与选址就变得极为重要。

仓库选址也需要对成本进行权衡分析，必须根据仓库在分销渠道中的作用来确定仓库的具体位置。例如，服务功能强的仓库设在市场附近，而保管功能强的仓库靠近生产线。仓库选址不仅必须综合考虑许多因素，如运输条件、市场状况和地区特点等，而且还需要评估设备安装和作业费用，如铁路旁轨、公用中继电台、税金、保险费率，以及公路通道等。这些费用在不同的地点之间差异很大。此外，在确定仓库的选址之前，还必须满足其他几个要求，例如：该地点必须提供足以扩充的空间；该地点必须提供必要的公用设施；地面必须能够支撑仓库结构；该选址必须有充分的排水系统；等等。另外一些要求须视具体情况而定，主要取决于建设的结构。

概括地说，最终的选择必须基于广泛的分析。对自有仓库来讲，决策一旦实施，变动成本将相当高。因此，综合考虑所有因素是非常重要的。

（四）仓库布局

仓库布局决策是对仓库内部通道空间、货架位置、配备设备及设施等实物布局进行决策，其目的是充分利用存储空间，提高存货的安全性，有效利用搬运设备，提高仓库运作效率和服务水平。

1. 储位规划原则

（1）收集每个零件的入库存储状态的包装、码垛基础数据。

（2）根据零件入库原始包装的长、宽、高、标准码垛层数参数，确定零件储位宽度、深度、高度参数尺寸。

（3）以零件的储位参数大小进行分类，确定零件的储位类型。

（4）根据安全库存量、零件的单位包装量、储位容量计算各种类型储位的需求数量。

（5）根据储位类型选择货架需求类型以及货架的搭建方式。

（6）按照人因工程理论定义储位的拣料难易程度，划分储位拣料难易程度比例，确定储位功能类别。

2. 仓库功能区规划

仓库布局取决于材料搬运系统以及所需发展的地面计划，应当为产品流程提供便利。仓库布局必须进行优化，以适合具体的仓储需要。根据库房的实际运作管理与需求情况，常见仓储运作管理可划分为以下功能区域，具体如图3-1所示。

图3-1　仓储功能区域划分

这些功能区域包括：①卸货平台：用于收发货的作业；②地面存储区：存储大型、异型、易碎件；③货架存储区：包装规则零件的存储；④收货区：用于到货零件的卸货、点检、临时存放；⑤包装区：用于收货零件的包装及标签张贴；⑥上架待规划区：新零件上架暂存；⑦存储区：用于零件的存储；⑧合并拣料区：用于合并拣料，提高拣料效率；⑨发货区：用于零件的装箱；⑩发运区：用于零件的装车；⑪质检区：用于零件的质检工作；⑫经销商退货区：用于存放退货零件；⑬危险品存放区：用于存放危险品；⑭包装材料存放区：用于存放包装材料；⑮锁存件区：用于独立存储高价值、易盗件；⑯充电区：用于电瓶叉车充电；⑰设备放置区：用于设备定置定位存放；⑱收货办公区：用于收货作业的现场办公；⑲发货办公区：用于发货作业的现场办公；⑳IT机房：规划在办公楼内的恒温室里，用于放置服务器、IT设备。

四、仓库作业流程

仓库作业流程主要分为收货、包装（商品化）、上架、储位规划、补库、订单处理、拣货、装箱、上车发货和盘点十个部分，整体流程示意图和操作流程图如图3-2、图3-3所示。

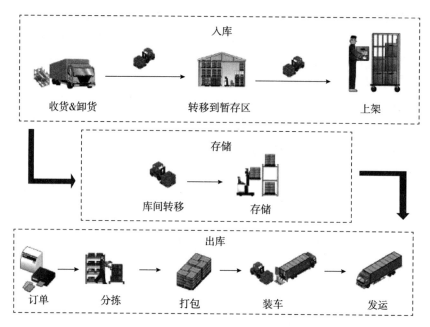

图 3-2　入库流程示意图

（一）入库

入库是仓储作业流程的第一个环节，也是物资进入库房的重要关口，是产生物资差异的关键环节之一，因此，对商品接收环节的严格控制和规范管理，有利于后续操作流程的进行。库房将严格按照以下流程确保零件安全准确入库：

1. 收货

（1）送货车辆到达后，卸货工接收送货单或箱清单，并将相关单据与信息反馈给收货管理人员。

（2）卸货作业前若是集装箱车辆，检查铅封并对铅封、车厢进行拍照，车厢开启后对车辆内货物情况进行拍照，未发现异常情况下在卸货平台使用叉车按照卸货管理办法将零件移入收货区。

（3）收货数量确认及系统收货结清。

（4）收货人员打印出收货清单、路径标签交给库管工，库管工对收货区的零件进行实物清点，如发现零件有数量差异、实物错误、品质问题时，进行拍照、做好相关记录，填写差异报告并立即上报等待处理通知。

（5）收货工将实际收货数量的记录清单提交给收货管理人员，按照实际收货数量进行收货系统结清。

2. 包装

部分到库零件需要库房进行商品化包装，包装操作内容为：

（1）按照客户的包装要求对收入库房的零件进行包装信息查看。

（2）对于无包装信息的商品库房立即上报包装工艺师，待包装信息完善后再进行包装作业。

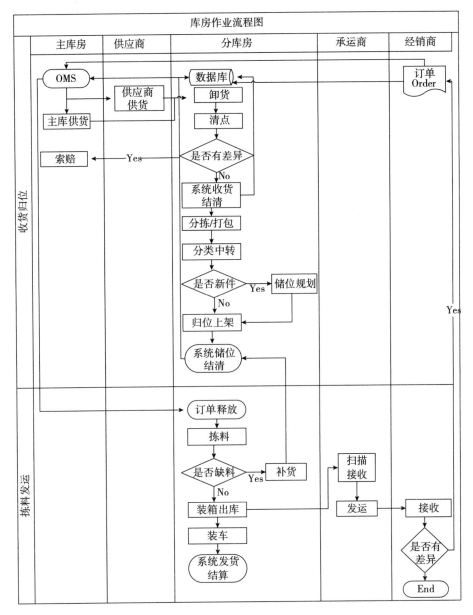

图 3-3 入库操作流程

（3）对于包装信息为张贴标签的零件，开箱检查零件包装是否符合包装要求，将符合包装要求的张贴标签移入上架区，不符合要求的上报包装工艺师等待处理通知。

（4）对于需要包装的零件，按照包装作业指导书进行包装后移入上架区。

3. 上架

（1）零件包装完成后进入上架区，储位规划工生成、打印出归位路径标签并提交给上架工，无须包装的零件直接收货张贴路径标签后进入上架区。

（2）无储位信息的零件，上架工上报储位规划人员进行储位规划后，按规划后的储位上架。

（3）上架工核对路径标签与包装标签是否一致，核对一致后将零件搬运至存储区域。

（4）主储位不能全部存放的零件，上报储位规划人员，另行指定副储位，按照给定的副储位信息进行上架。

（5）核对标签上零件号与储位上零件是否一致，核对一致后将零件上架存储并清点上架零件数量。

（6）上架完成后填写上架记录单，并签字确认路径标签信息。

（7）上架完成后将路径标签提交收货组，收货组在系统中完成上架结清，结清数量必须与实际上架数量相等。

（二）出库

仓库负责经销所有订单的出库操作，当日内按照客户的操作规范完成订单释放、拣料、装箱、补库和发运一系列出库作业。

1. 订单处理作业

（1）每天订单释放前将经销商通过邮件、传真或者电话提交的异常订单录入系统。

（2）协助经销商查询指定订单的处理状态。

（3）按照订单释放规则进行订单释放，同时完成系统订单数据的导出和条码系统订单数据的导入。

（4）订单释放后打印出拣料单，并待拣料装箱发货结清后，进行财务发运结清。

2. 拣料装箱作业

（1）在订单释放处领取拣料工单，了解要拣取的备件的大致位置和体积等信息，再根据这些情况选取拣料工具并确定拣货路线，拣到相应数量实物则在单子上打钩，并在实物上贴上标签。

（2）拣货完毕后返回包装区域，根据波次信息、经销商标识进行分货操作，完成该次拣料工单后，把拣料工单交回取单处，填写工单完成情况。

（3）根据拣料情况选择合适的箱型进行装箱，装箱完成后注明经销商名称及装箱日期，搬运至发运区。

3. 零件交接装车

（1）将零件搬运至发运区后与承运商一起完成清点工作和交接数量的记录工作。

（2）装车完成后与承运商一起完成相关运输文件的签署。

（3）交叉转运零件直接从收货区搬运至发运区。

4. 补库

（1）拣料员根据主库位的零件消耗数量填写补库单，提交给收货组。

（2）将补库单提交给补库员，补库员按照补库单信息进行补库，并将实际的补库零件信息、数量填写在补库单上，将补库单返还给库管员。

（3）根据补库单上的实际补库结果在系统中完成库存数据转移和结清。

（三）盘点

盘点是仓储管理的重要环节，为了确保零件的账务管理安全，应在库房建立有效的盘点机制，严格按照规定的时间节点完成循环盘点任务以及日常的抽查、核查盘点任务，对每次的盘存差异进行分析并形成盘点报告定期提交给客户。

（四）破损处理

针对破损零件要建立破损零件清单，记录零件破损原因；设置破损件存放区集中存储破损件，并在区域内张贴破损件标识。

第三节　库存管理

库存管理是企业物流管理的重要内容，也是现代物流管理成败的关键。通常来讲，库存管理应解决这样几个问题：什么时候订货，订多少货。根据不同的思路，理论研究者建立了一些数学模型来解决这些问题。这些模型是实际现象的抽象模拟，因而总是存在着这样或那样的缺陷。实践中人们往往根据企业的不同情况选择适合自身特点的库存管理模型，并结合实践经验进行修正，以期达到优化客户服务、降低总成本的物流管理目标。

一、库存的性质

（一）库存的种类

1. 原材料库存（Raw Material Inventory）

这是企业已经买入，但尚未投入生产的存货。

2. 在制品库存（Work-In-Process Inventory）

这是指那些经过一定的加工过程，但尚未完成加工过程的半成品存货。

3. 维修库存（Repair Inventory）

这是为维护或维修设备所储备的零配件存货。

4. 制成品库存（Finished Goods Inventory）

这是指已经完成制造过程，正在等待装运的存货。

（二）按库存所处状态划分

1. 在库库存

这是指存储在企业仓库中的库存，是存货的主要形式。

2. 在途库存（Transit Inventory）

这是指在生产地或储存地之间的库存，这些物资或者正在运载工具上，处于运输状态，或者在中途的临时储存地，暂时处于待运状态。如果运输距离长，运输速度慢，在途库存甚至可能超过在库库存。随着企业物流管理水平的提高，企业一方面越来越多地采取小批量、多批次的订货方法，以减少在途货物对资金的占用，减少与其相关的不确定性，从而导致在途库存的减少；另一方面，随着货物跟踪技术、车辆定位技术等相关技术的发展，在途货物信息服务体系逐步完善，企业对在途货物的控制有所加强，因此也有一些企业对货物在途时间加以充分利用以在途库存替代部分在库库存，减少企业库存总量。

（三）按存货的目的划分

1. 周转库存（Cycle Inventory）

周转库存是为了满足两次进货期间市场的平均需求或生产经营的需要而储存的货物。存货量受到市场平均需求、生产批量、运输中的经济批量、资金和仓储空间限制、订货周期、货物特征等多种因素的影响。

2. 安全库存（Safety Stock）

这是指为防止需求波动或订货周期的不确定而储存的货物。安全库存与市场的需求特性、订货周期的稳定性密切相关，并与企业期望达到的客户服务水平有直接联系。市场需求波动越小或者说需求预测越准确，订货周期越确定，所需的安全库存就越少。在理想状态下企业能对市场作出完全准确的预测，并且订货周期固定，那么可以不必保有这部分库存。当前，物流管理者大多致力于降低安全库存，以减少存货总量。

3. 促销库存（Promotional Stock）

在企业促销活动期间，销售量一般会出现一定幅度的增长，为满足这类预期需求而建立的库存称作促销库存。

4. 投机性库存（Speculative Stock）

这是指以投机为目的而储存的物资。对一些原材料如铜、黄金等，企业购买它们的目的常常不是经营需要，而是作价格投机。投机库存的管理不包括在物流管理内容之列。

（四）其他种类的库存

1. 仓耗（Obsolete, Dead or Shrinkage Stock）

有的存货有一定的质量保证期限，随着时间的推移，这些存货逐渐变质，超出有效期，则按规定无法再销售，有的时尚产品会逐渐落伍，有的产品会由于技术发展、产品升级换代而不再有销路，以上原因形成的库存都可以称作仓耗。对高价值、易腐烂变质、有效期短、产品生命周期短的商品要尽量减少存货，避免因积压库存过大带来损失。

2. 季节性库存（Seasonal Stock）

以农产品加工企业（如水果罐头加工厂）为例，由于农产品的节令性特征，为满足全年生产的需要就要在农产品收获季节大量收购原材料，储存在仓库中，形成季节性库存。为满足市场的季节性需求（如夏天所需的空调）而建立的产成品库存也可归为此类。

二、库存的重要性及缺陷

现代经济社会中生产与消费往往存在着一定程度的脱节，这种脱节不仅表现在生产地与销售地、消费地之间的地域分离，还表现在生产时间、销售时间与消费时间上的不同步（典型的服务行业除外）。为解决这一问题，首先就要发展运输业，但是由于运输本身也需要消耗一定的时间，也就是说，从需求产生到产品生产、运送到所需的地区要经过一定的时间间隔，而需求产生后往往需要立即得到满足，否则就会转向其他供给者，或者转为消费其他替代品。为了解决供给与需求之间的时间间隔问题，企业需要保有一定量的库存来平衡供求之间的矛盾，满足预期的需求，同时将生产过程和销售过程分开，这也可以看作是仓储的时间效用。

库存的出现还有助于实现生产、采购和运输中的规模经济效益。运输成本的特性决定了大型的运输工具可以实现较低的单位运价，大批量待运的货物也容易向承运人争取较为优惠的运费，类似情况同样出现在生产和采购等环节。生产线的调整、人员的培训、零部件的配备都决定了大批量生产的低成本，大批量的采购往往对应更为低廉的买价，或者享受到一定数量的折扣，所有这些对总成本的降低都无疑有积极作用。

库存还有利于企业生产运作的平稳进行。生活中许多产品的生产或消费都有一定的周期性，如果这种周期是以一年为一个循环周期，该产品就被称作季节性产品，农产品往往就带有很强的季节性。由于生产原料或产成品在很短时间内集中供应，但生产消耗或制成品的消费却分散在各个季节，这时就需要库存作为缓冲，这类似于水库的调节作用，减少生产设施的闲置，使产品能持续供应市场。库存的设置同时提高了产品的现货供应比例，满足了客户越来越强烈的即时服务的要求，对提高客户服务水平有积极作用，同时为企业赢得市场奠定基础。此外，储存在供应链各个环节上的库存还对缓解上下游企业间供需矛盾起一定作用。一定量的库存也可以提高企业应对价格波动、质量问题、自然灾害等突发事件的能力，使生产、销售受到的冲击降到最低。

总之，由于存在供求之间时间上的不同步，由于生产、经营中存在不稳定因素，由于规模经济的存在，对于绝大多数的企业而言就需要库存来减缓这些因素对企业造成的消极影响，同时使企业享受规模经济带来的成本节约，提高客户的满意程度，最终提高企业的经济效益，提高企业竞争能力。

库存在起到积极作用的同时，也日益暴露出其消极的一面，主要包括：

（一）占用资金，降低了资产的流动性

随着社会经济的进一步发展，企业之间的竞争越来越激烈，经营成本的压力越来越大。为满足消费者日益增长的多样化、个性化、时尚化的需求，许多企业的经营品种在成倍增加，产品经营周期越来越短，库存水平却在不断上升，库存积压越来越严重，库存成本所占资金越来越多，成为许多企业背负的沉重包袱。据统计，在美国，生产商总资产的40%要用于库存，批发商、零售商的比例更高，达到50%，库存成为生产商、批发商、零售商占用资金最大的单项资产。

（二）库存掩盖了许多产品质量上的缺陷

由于产品生产出来不是立即投入使用，而是先经过或长或短的存储期，生产中的质量问题就与仓储保管的问题相混淆，不利于生产质量的提高。同时，由于生产、消费有一定的时间差，质量问题不能得到及时纠正，导致更多缺陷产品的出现，从而造成浪费。

（三）库存更容易造成物流管理的困难

过分强调库存的重要性往往使得人们以孤立的观点看待物流管理的各个环节，这与

现代物流所倡导的一体化管理理念是背道而驰的。正因为如此，现代的物流管理更侧重于将库存看成是暂时静止的生产过程和生产的延续，将库存资金看成是企业的一项投资，将库存管理与运输管理、生产管理、营销战略、客户服务等各方面结合起来追求企业整体经济效益的最大化。

三、库存相关成本

简单来讲，与库存相关的成本主要有：订货成本或采购成本、库存持有成本、缺货成本和相关的风险成本，这些成本之间有一定的收益背反（Trade-Off）特征，具体如图 3-4 所示。当我们为享受采购、运输中的规模经济效益而大批量订购时，采购成本减少；但由于大量货物同时到达，库存压力加大，库存持有成本增加。相反，如果我们采取小批量订购，库存持有成本减少，但采购、运输的成本又会增加，运输与库存持有成本之间的反向关系依然存在。类似关系也存在于库存持有成本与缺货成本、物流成本与缺货成本之间。因此确定企业合适的库存水平就是要平衡各项相关成本，平衡库存成本与其他物流成本，平衡总物流成本与企业收益以确定最佳点。

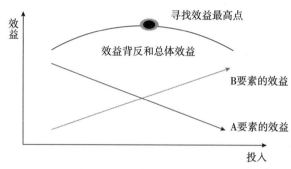

图 3-4　物流效益背反

1. 订货成本或采购成本（Procurement Costs）

采购成本是指为补货而产生的各项成本。这些成本中有的可以记为××元/订单，即成本只和订货次数有关，与订单的大小无关，如为进行采购而产生的差旅费、通信费用、订单传输成本等。随着电子商务的发展，网上订货、电子支付之类的做法可以有效降低这部分订货成本。还有一些成本不仅与订货次数有关，还与每次订货的数量，即订单的大小有关，如采购价格，接货点所产生的装卸、搬运、检验、处理的费用等。

如果制造企业自己为自己进行生产，那么在下达补货订单后，还需要考虑为自制零部件而投入的生产启动成本（Setup Costs），就是为生产零部件而准备机器或工序的成本，如生产线改产成本。由于规模经济效益的存在，生产批量越大，生产启动成本分摊在单位产品价格中的部分就越少，自制就越经济。供货商同样也会投入生产启动成本，因此订购批量越大，采购者越容易和供货商达成较优惠的采购价格。反之，采购价格会越高。通常，准备时间与准备成本是高度相关的。因此，与生产部门配合，尽量减少准备时间是降低库存、提高生产率的有效途径。

2. 库存持有成本

库存持有成本，顾名思义是指为保有存货所实际支出或应当支出的成本。库存持有成本分为固定成本和可变成本。其中，固定成本与库存量的大小无关，可变成本与平均的库存水平成一定比例关系。库存持有成本主要由仓库占用成本、资金占用成本（如利息和机会成本）、相关服务成本（如保险）和库存风险成本（如积压和损耗）组成。

3. 缺货成本

理想状态下，企业不存在缺货现象，自然也就不会有缺货成本，但通常维持百分之百的现货供应水平所需的成本过高，企业无力承担，所以就需要在维持一定的现货供应水平与允许一定程度的脱销之间寻找平衡。

脱销会产生几种不同的后果：顾客依旧订货，只是交货时间推后；顾客购买替代商品；顾客暂不购买，但会在将来的某一时间再来光顾、购买；顾客暂不购买，将来也不会来购买等。这些情形又可以简单地划分为补交货（Back Order）和失销（Lost Sales）两种结果。补交货与普通订货的订单处理、运输、搬运过程不同，会产生额外的成本，这些额外成本就构成缺货成本的一部分。失销的情形则更加复杂，因为失销后实际产生的后果不同，可能丧失了本能赚取的利润，更可能由此失去以前的客户，并给公司声誉造成消极影响，所以很难确切计算。不同的产品，缺货成本相差悬殊。特殊商品或客户忠诚度高的产品缺货成本相对较低，通用商品缺货成本相对较高。

四、库存管理目标

（一）降低成本

前文已经谈到库存所涉及的成本。现代物流管理的观点是降低库存管理的成本要从总成本的角度考虑，降低采购成本、库存持有成本与缺货成本的总和，而不是降低某一单项成本。它需要分析采购成本、缺货成本与库存持有成本之间的收益背反规律，寻找使总成本最低的库存量，并据此确定库存周转率、需要占用的仓库面积等。

（二）提高客户服务水平

在库存管理方面，一方面通过提供库存货物的时间效用与空间效用，另一方面通过在库房存储环节为客户提供接收入库、仓储保管、出库管理等一系列活动，满足市场需求，帮助客户提供市场响应度，提供客户服务水平。

第四节　库存控制管理方法

有效的管理首先需要的是合理的分类。ABC 分类法和关键因素分类法（Critical Value Analysis，CVA）就是其中较常见的两种。

一、ABC 分类法

经济学家帕累托（Pareto）在研究财富的社会分配时曾得出一个重要结论，即 80% 的收入掌握在 20% 的人手中，或者称少数人掌握着多数的社会财富，即所谓关键的少数和次要的多数规律。后来，人们发现这一现象普遍存在于经济社会的各个领域，就称之为帕累托现象（Pareto Phenomenon）。ABC 分类法又称帕累托分析法，它是根据事物在技术或经济方面的主要特征，进行分类排队，分清重点和一般，从而有区别地确定管理方式的一种分析方法。由于它把被分析的对象分成 A、B、C 三类，所以又称为 ABC 分析法。

（一）ABC 法则与效率

面对纷繁杂乱的处理对象，如果分不清主次，鸡毛蒜皮一把抓，可想而知，其效率和效益是不可能高起来的。只有分清主次，抓住主要的对象，才可以事半功倍。比如，在库存管理中，这一法则的运用就可以使工作效率和效益大大提高。

在一个大型公司中，库存存货的种类通常会很多，动辄可能是十几万种甚至几十万种。鸡毛蒜皮一把抓的管理思想会让管理者累得直不起腰，其收效却甚微，而且可能出现以下混乱，进而造成重大损失：

其一，盘点清查非常困难，而且难以确保准确性。

对于非重要的材料，比如低值易耗品，可能影响还不大，但对于重要材料，如产品关键部件，如果计数错误，就可能导致缺料，生产自然也就不可避免地受到影响，进而不能满足市场需求，丧失市场机会，失去客户。

其二，存量控制困难。

重要材料的存量应该作为重点进行监控，确保不断料又不积压，非重要材料由于其重要性不高和资金占用量少，则可以按一定的估计量备货。如果实行一把抓式的管理，就可能将目光集中在大量非重要材料上，而疏忽了对重要材料的控制。

有一句俗话，是"捡了芝麻，丢了西瓜"，说的就是不会应用 ABC 法则的人。在我们处理日常事务时，ABC 法则的效率和高回报也是显著的。面对众多的问题，如果进行 ABC 分类，然后处理主要问题，次要的和不重要的问题常常也会迎刃而解。

（二）如何进行 ABC 分类

我们面临的处理对象，可以分为两类，一类是可以量化的，一类是不能量化的。对于不能量化的，我们通常只有凭经验判断。对于能够量化的，分类就要容易得多，而且更为科学。现在我们以库存管理为例来说明如何进行分类。

第一步，计算每一种材料的金额。

第二步，按照金额由大到小排序并列成表格。

第三步，计算每一种材料金额占库存总金额的比率。

第四步，计算累计比率。

第五步，分类。累计比率在 0%～60%，为最重要的 A 类材料；累计比率在 60%～

85%，为次重要的 B 类材料；累计比率在 85%～100%，为不重要的 C 类材料。

（三）ABC 分类法的具体步骤

1. 收集数据

按分析对象和分析内容，收集有关数据。例如：打算分析产品成本，则应收集产品成本因素、产品成本构成等方面的数据；打算分析针对某一系统的高价值工程，则应收集系统中各局部功能、各局部成本等数据。

2. 处理数据

对收集来的数据资料进行整理，按要求计算和汇总。

3. 制作 ABC 分析表

ABC 分析表栏目构成如下：第一栏为物品名称；第二栏为品目数累计，即每一种物品皆为一个品目数，品目数累计实际就是序号；第三栏为品目数累计百分数，即累计品目数占总品目数的百分比；第四栏为物品单价；第五栏为平均库存；第六栏是第四栏单价乘以第五栏平均库存，为各种物品平均资金占用额；第七栏为平均资金占用额累计；第八栏为平均资金占用额累计百分数；第九栏为分类结果。

制表按下述步骤进行：将已求算出的平均资金占用额，以大排队方式，由高至低填入表 3-1 中第六栏。以此栏为准，将相应物品名称填入第一栏，将物品单价填入第四栏，将平均库存填入第五栏，在第二栏中按 1、2、3、4……进行编号，则为品目累计。此后，计算品目数累计百分数，填入第三栏；计算平均资金占用额累计，填入第七栏；计算平均资金占用额累计百分数，填入第八栏。具体情况如表 3-1 所示。

表 3-1　ABC 分类表

物品名称	品目数累计	品目数累计百分数（%）	物品单价	平均库存	物品平均资金占用额	平均资金占用额累计	平均资金占用额累计百分数（%）	分类结果
①	②	③	④	⑤	⑥=④×⑤	⑦	⑧	⑨

4. 根据 ABC 分析表确定分类

按 ABC 分析表，观察第三栏品目数累计百分数和第八栏平均资金占用额累计百分数，将品目数累计百分数为 5%～15% 而平均资金占用额累计百分数为 60%～80% 的前几个物品，确定为 A 类；将品目数累计百分数为 20%～30%，而平均资金占用额累计百分数也为 20%～30% 的物品，确定为 B 类；其余为 C 类，C 类情况正好和 A 类相反，其品目数累计百分数为 60%～80%，而平均资金占用额累计百分数仅为 5%～15%。

5. 绘制 ABC 分析图

以品目数累计百分数为横坐标，以平均资金占用额累计百分数为纵坐标，按 ABC 分析表第三栏和第八栏所提供的数据，在坐标图上取点，并联结各点曲线，绘制成 ABC 曲线。按 ABC 分析曲线对应的数据，以及 ABC 分析表确定 A、B、C 三个类别的方法，在图上标明 A、B、C 三类，则制成 ABC 分析图。

6. 实施管理

这是"分类管理"的过程。即根据 ABC 分类结果，权衡管理力量和经济效果，制定 ABC 分类管理标准表，对三类对象进行有区别的管理。

二、关键因素法（Critical Value Analysis，CVA）

对有的企业来讲，ABC 分类法并不适用。因为虽然某些物资价值很低，被归为 C 类，如拉链、螺母之类，但它们却是生产过程中所不可缺少的，一旦缺货将导致生产的停顿。此时，可以借用关键因素分析法加以弥补。

与许多物流管理技术一样，CVA 分析法也是军事后勤管理中最早采用的。根据库存产品的重要性将其分为最高优先级、高优先级、中等优先级和低优先级四个级别，再分别制定不同的库存管理策略。其中，优先级别越高的产品，对生产经营的影响越大，缺货成本越高，要求的现货供应比率越高；优先级别越低的产品，缺货成本越低，相应的客户服务水平就可以略低。

在很多时候，企业单独采用 ABC 分析法或关键因素分析法，并不能达到理想的库存管理目标，这就需要将两者有机地结合在一起，既保证生产经营中关键材料、产品的供应，又可以有针对性地对经济效益高的产品加强管理，从整体上提高资源的利用水平，提高客户满意程度。

第五节　库存订货策略

一、经济订货批量

对于订货企业来说，订货批量都会遇到两个相互矛盾的成本因素：储存费（利息、损耗、保管费、保险费等）和订货费（订货手续费、运费、采购费等）。如果订货批量小，则订货次数多，订货费用高，但储存费用低；反之订货次数少，可以减少订货费，但要增加储存费用（见图 3-5）。

经济订货批量（Economic Order Quantity，EOQ），就是通过平衡采购进货成本和保管仓储成本核算，实现总库存成本最低的最佳订货量。经济订货批量是固定订货批量模型的一种，可以用来确定企业一次订货（外购或自制）的数量。当企业按照经济订货批量来订货时，可实现订货成本和储存成本之和最小化。

订货批量概念根据订货成本来平衡维持存货的成本。了解这种关系的关键是要记住，平均存货等于订货批量的一半。因此，订货批量越大，平均存货就越大，相应地，每年的维持成本也越大。然而，订货批量越大，每一计划期需要的订货次数就越少，相

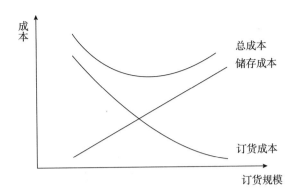

图 3-5　订货批量、储存费用和订货费用之间的关系

应地，订货总成本也就越低。把订货批量公式化可以确定精确的数量，据此，对于给定的销售量，订货和维持存货的年度联合总成本是最低的。使订货成本和维持成本总计最低的点代表了总成本。上述讨论介绍了基本的批量概念，并确定了最基本的目标。简单地说，这些目标是要识别能够使存货维持和订货的总成本降低到最低限度的订货批量或订货时间。

经济订货批量模型是目前大多数企业最常采用的货物定购方式。该模型适用于整批间隔进货、不允许缺货的存储问题，它假设某种物资单位时间的需求量为常数 R，存储量以单位时间消耗数量 R 的速度逐渐下降，经过时间 T 后，存储量下降到零，此时开始定货并随即到货，库存量由零上升为最高库存量 Q，然后开始下一个存储周期，由此形成多周期存储模型。

二、经济订货批量公式

经济订货批量的基本公式是：

$$TC(Q) = PR + \frac{CR}{Q} + \frac{PFQ}{2}$$

$$\frac{dTC(Q)}{dQ} = \frac{d}{dQ}\left(PR + \frac{CR}{Q} + \frac{PFQ}{2}\right) = 0$$

$$\frac{PF}{2} - \frac{CR}{Q^2} = 0 \quad \frac{PF}{2} = \frac{CR}{Q^2}$$

$$Q^2 = \frac{2CR}{PF}$$

$$Q^* = \sqrt{\frac{2CR}{PF}} = \sqrt{\frac{2CR}{H}}$$

其中，Q^* 为经济订货批量；C 为单次订货成本；R 为年总需求量；P 为货物单价（元/件）；F 为每件存货的年保管费用占其价值的百分比；H=PF 为单位产品的库存成本，即每件存货的年平均库存保管费用（元/件·年）。

三、定期订货法

（一）定期订货法的思路

定期订货法是按预先确定的订货时间间隔按期进行订货，以补充库存的一种库存控制方法。其决策思路是：预先确定一个订货周期 T 和最高库存量 Q_{max}，周期性地检查库存，根据最高库存量、实际库存、在途订货量和待出库商品数量，计算出每次订货批量，发出订货指令，组织订货。具体如图3-6所示。

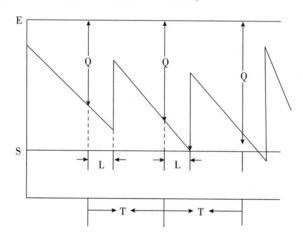

图3-6　定期订货法示意图

注：图中 T 为检查周期；在定期库存制中，检查周期是预先确定的检查库存量和发出订单间隔时间；E 为最高库存量，它是预先确定的库存量允许达到的最高水平；L 为前置时间；Q 为订货量。在定期库存制中，每次的订货数量是可变的，具体订货数量的多少取决于当检查库存量时现有库存量的多少。

（二）定期订货法的优缺点

1. 优点

（1）由于订货间隔期确定，因而多种货物可同时进行采购，这样不仅可以降低订单处理成本，而且可以降低运输成本。

（2）周期盘点比较彻底、精确，不必像定量订货法那样每天盘存，减少了工作量，提高了工作效率。

（3）库存管理的计划性强，有利于工作计划的安排，实施计划管理。

2. 缺点

（1）安全库存量设置较大。因为它的保险周期（T+L）较长，因此，（T+L）期间的需求量比较大，需求标准偏差也较大，因此需要较大的安全库存量来保证库存需求。

（2）每次订货的批量不固定，无法制定出经济订货批量，因而运营成本较高，经济性较差。

（3）不经常检查和盘点库存，对货物的库存动态不能及时掌握，遇到突发性的大量需求，容易造成缺货现象并带来损失。

四、定量订货法

(一) 定量订货法思路

所谓定量订货法，是以经济批量和再订货点为基础的库存控制方法。在定量订货法中，订货点是固定不变的，而检查时间和订货间隔时间是可变的。如图 3-7 所示，它是当库存量下降到预定的最低库存数量时，按规定数量（一般以经济批量）进行订货补充的一种库存管理方式。当库存量下降到订货点 R 时，即按预先确定的订购量 Q 发出订货单，经过交纳周期（订货至到货间隔时间）LT，库存量继续下降，到达安全库存量 S 时，收到订货 Q，库存水平上升。

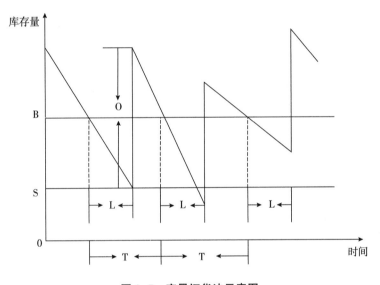

图 3-7　定量订货法示意图

B 为再订货点。当库存量降至再订货点时就必须发出订单补充库存。

L 为前置时间。它是从发出订单到订货到达、验收入库之间的间隔时间，前置时间由订货时间、运输时间和验收时间三部分组成。

T 为间隔时间即连续两次订货之间的间隔时间。

Q 为订货量即经济批量。

(二) 定量订货法的优缺点

1. 优点

每天检查库存，能及时了解和掌握库存的动态，每次订货量是经济批量，方法简便。

（1）控制参数一经确定，则实际操作就变得非常简单了。

（2）当订货量确定后，商品的验收、库存、保管和出库业务可以利用现有规格化器具和方式，可以有效地节约搬运、包装等方面的作业量。

（3）充分发挥了经济批量的作用，可降低库存成本，节约费用，提高经济效益。

2. 缺点

工作量大，费时间，该方法要求对每个品种单独进行订货作业，从而增加了订货成本和运输成本。

（1）要随时掌握库存动态，严格控制安全库存和订货点库存，占用了一定的人力和物力。

（2）订货模式过于机械，不具有灵活性。

（3）订货时间不能预先确定，对人员、资金、工作计划的安排不利。

（4）受单一订货的限制，如果实行多种联合订货，那么采用此方法时还需灵活掌握处理。

 项目实操

吉利北仑工厂仓储管理项目

一、仓储服务范围概述

北仑贵阳对拉总包业务涉及的业务范围是以零部件在北仑基地生产线边为起点至货物到贵阳基地生产线边为终点的零件转运、包装、仓储和运输等业务。因此，本项目涉及的仓储服务范围就是北仑基地与贵阳基地的两个库房的仓储运作服务。

二、宁波北仑仓储服务

（一）仓库选址与租赁

1. 库房租赁

丰百物流将根据北仑贵阳对拉业务的具体需求，在现有资源中遴选出符合项目需求标准的库房进行租赁，并充分考虑遴选库房面积的拓展性要素。

2. 库房选址

（1）地理位置。①仓库地址以吉利贵阳基地为中心半径 30km 内。②仓库周边道路通畅，能满足 24m 长卡车或者货车通行要求。③仓库周边无交通管制等影响物流操作的因素。④仓库所在地具有良好的排水性，能避免灾害性气候造成积水、滑坡或泥石流等不可抗力风险。⑤仓库四周 100m 范围内无火灾隐患。

（2）交通条件。库房位置交通更便利，库位位于贵阳交通便利的观山湖区，拥有广昆、广明等多条出省高速，可抵达贵阳和重庆市中心区域，4.5 小时内可抵达周边各大城市，方便零部件配套企业进出。

（3）库房参数。①库房空高 10m，净高 9m。②库内柱网间距为 11.5m×23.5m，柱间离地 4m 高度内无影响叉车通行的交叉支撑。③地面可承重 3T/m²，平整度为 2 类地坪标准，表面层为金刚砂耐磨地面。④库房消防分区为 5000m²，各区域之间两端配置有 4.5m×4.5m 的物流门；库房配置有带雨篷的卸货平台，卸货平台长 120m，宽 6m，高 1.3m。⑤每个区域配置有 4 个物流门，同时对应物流门处的卸货平台安装有升降平台，升降平台载重 5t。⑥每个升降平台可以独立工作，满足 17.5m、24m 集装箱车装卸货要求，9.6m 及以下厢式货车装卸货要求。⑦仓库外围有车辆周转场地，长 280m，宽 50m，主要道路宽 12m，能满足 17.5m、24m 集装箱车通行和停放。⑧库房带有办公楼能满足吉利、丰百员工的办公室、会议室需求。⑨库房已经预留有外接电源、IT 网络需求的端口，可以满足吉利外接电源，以及电信、联通双网络的接入。

（二）库房服务内容

北仑贵阳对拉总包业务中北仑仓储服务主要包含车身、车身总成的下线接收转运、入库管理、包装管理、循环盘点、出库管理等（见图 3-8）。

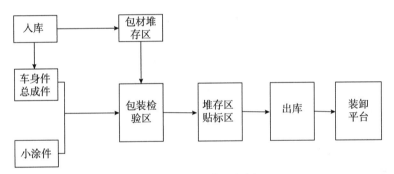

图 3-8　仓储中心规划

1. 下线接收

北仑基地将按照计划生产好车身与车身总成，临时存放在生产线边，北仑仓库根据已知的下线生产计划，采用短驳车辆，将这些车身与总成运送至北仑仓库。

2. 入库

运至北仑的车身、车身总成件到达仓库后，由丰百按照标准作业完成入库操作。首先将零件卸载到指定暂存区，然后再将这些零件移至打包作业区。

3. 包装

完成入库后，由操作人员负责叉取货物至暂存区，再使用吊具将其放置到打包区完成 CKD 包装，再张贴扫描条码，最后存储在库房存储区。

4. 循环盘点

丰百物流根据盘点计划进行库房货物循环盘点，并保证盘点结果的真实可靠性。

5. 出库

丰百根据贵阳吉利生产计划处理所有订单，确保打包成托的车身、车身总成的发运。

6. 库房管理

丰百合理管理库房，确保库内零件按照规定库位存储、零件做到先进先出，设备设施状态良好，整个库房按照既定流程有效运作。

7. 行政管理

丰百物流做好库房的行政管理工作，确保各项作业都能在一个清洁、安全、有序的环境中完成，库房的各项指标符合国家、行业与客户要求。

8. 其他事务

执行客户提出的一些非常规事务，如检查指定货物状态。

（三）库房规划与设计

1. 库存规划与策略

丰百物流将对北仑仓库内的车身零件按照生产计划、体积大小进行分类管理，对分类零件设定不同的安全库存量，实现零件的高速流动，降低库存的积压资金。

2. 仓储中心规划构想

北仑仓储中心的规划构想如图 3-9 所示。

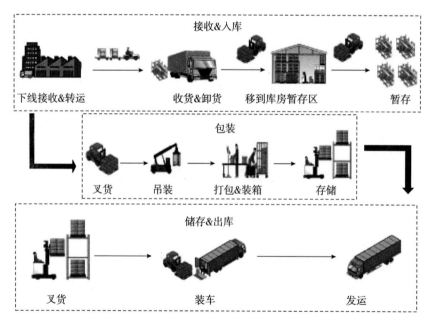

图 3-9 吉利北仑工厂仓储服务示意图

3. 储存库位规划

收集每个入库零件的存储状态的包装、码垛基础数据。根据入库车身零件入库原始包装的长、宽、高、标准码垛层数参数，确定零件储位宽度、深度、高度参数尺寸。以零件的储位参数大小进行分类，确定零件的储位类型。根据安全库存量、零件的单位包装量、储位容量计算各种类型储位的需求数量。

4. 库区及线路规划

（1）功能区域规划。丰百物流根据零件流转程序，结合北仑仓库库房的实际运作管理与需求情况，划分以下功能区域用于仓储运作管理：

卸货平台：用于收取北仑工厂车身零件的作业平台。

收货区：用于到货零件的卸货、点检、临时存放。

入库存储区：用于零件入库后暂存车身与总成零件。

包装区：用于收货零件的包装及标签张贴。

存储区：用于已经完成 CKD 包装的零件存储。

发运区：用于零件的装车。

质检区：用于零件的质检工作。

不合格品存放区：用于存放运输过程中、质损退货零件暂时存储。

包装材料存放区：用于存放包装材料。

充电区：用于电瓶叉车充电。

设备放置区：用于设备定置定位存放。

收货办公区：用于收货作业的现场办公。

发货办公区：用于发货作业的现场办公。

IT 机房：规划在办公楼内的恒温室里，用于放置服务器、IT 设备。

盛具存放区：用于车身总成件 CKD 转包后，周转盛具暂存。

（2）库房布局与物流线路图。①仓储布局规划。北仑库房内部布局面积 1600㎡，其中车身存储区域 1200㎡，其他 400㎡。②仓储物流路径规划。北仑仓库物流路线主要路径为：收货卸货平台→收货区→CKD 包装区→存储区→发运区→发运卸货平台，具体运作如图 3-10 所示。

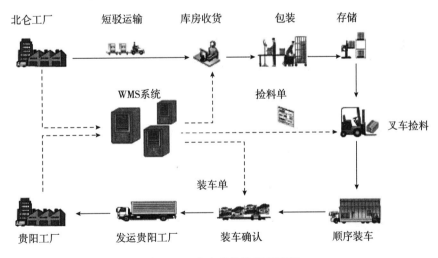

图 3-10 仓库整体流程示意图

三、人力资源架构

北仑仓储的人力资源架构如图 3-11 所示。

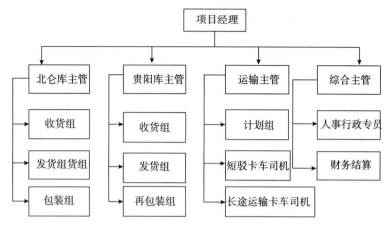

图 3-11　北仑仓储人力资源架构

四、设备需求计划

丰百物流根据项目在北仑仓储服务的设备需求提供包含但不限于库房设施设备、物流搬运设备、安全监控设备、电力保障设备、办公设备及生活设备在内的设施设备。

丰百为仓库运作提供相关的设备，包含但不限于包装设备等，并且按照设备需求明细负责手动叉车、机械式叉车、电动搬运车采购，以及叉车维修、保养，叉车充电区和充电机布置。

在 IT 的配置及使用方面，丰百提供系统和系统操作使用的网络，不仅负责提供库房在网络布置过程中需求的线路管网改造，承担相关费用，而且网络系统的电源也由丰百负责布置到库房网络需求处。

（1）丰百提供仓储管理与订单管理的 WMS 软件等，并负责软件和硬件的维护与支持。

（2）丰百提供全部包装材料，包括但不限于托盘、料架、辅材缠绕膜、打包带、胶带、填充物。

（3）丰百提供用于报告、条码、箱号打印的各类纸张。

资料来源：吉利北仑工厂仓储管理实操项目。

 **本章小结**

仓储管理在物流管理中占据着重要的地位。本章主要对仓储和仓库的概念、特点和作用等内容进行了详细介绍，着重阐述了库存管理的成本和重要性，重点介绍了库存控制管理方法和库存订货策略。

复习思考

1. 仓储的概念和作用是什么？
2. 仓库的类型有哪些？
3. 仓库的作业流程是怎样的？
4. 如何实现库存 ABC 分类管理？
5. 库存订货策略有哪些？

案例分析

绝大多数的物流成本核算系统还处于初期阶段，并且严重依赖于成本分摊来决定每部分（包括产品、客户、区域、部门或岗位）的绩效。某公司所使用的分摊方法导致了错误的决策，并使公司的利润遭受了损失。

某公司是一个多部门的企业，主要生产和销售高利润的药物产品及包装物。这个公司在许多地方拥有现场仓库，由员工管理。这些带有温控的仓库是为药品设计的，要求的安全和管理技术超过包装物产品的储存要求。为了充分利用这些仓库设备，公司鼓励非药品部门将他们的产品储存在这些仓库里。运营这些仓库费用的部门是固定的，但如果产量增加就需要增加额外的工作人员或加班。这个公司的政策是把成本按照在仓库中的占地面积来分摊的，药品仓储的要求使这项费用相对很高。此外，公司各个部门是在分散的利润中心的基础上管理的。

一个经营相对笨重、价值较低的消费品的部门副总裁认识到，类似的服务能够以更便宜的价格在公共仓储服务中获得。他将本地区的产品从公司的仓库中撤出，开始采用公共仓库来储存产品。尽管公司配送中心仓库处理和储存的货物量大大减少了，但节约的成本却很少，这是因为这些设施的固定成本比例太高了，几乎同样的成本额被分摊到了更少的使用者头上，使得其他部门也开始使用公共仓库来降低成本。结果，整个公司的仓储成本不是降低了，而是增高了。

公司的仓储成本是固定的，所以无论仓库是空的还是满的，都不能大幅度改变成本。当非药物产品转移到公共仓库时，公司为其建设的仓库设施依旧要承受几乎一样的成本总额，而且还额外增加了公共仓库的成本。实际上，这个成本系统促使部门物流经理的行为以本部门利润的最大化为原则，而不是以整个公司利润的最大化为原则。因而，整个公司成本增加了，利润减少了。

资料来源：http：//www.shangxueba.com/ask/10513768.html.

思考：

1. 为什么该公司整体成本增加了，利润减少了？
2. 从这个案例中你认为降低仓储成本的途径有哪些？

第四章 配送和配送中心

- 掌握配送的概念和作用
- 掌握配送中心的概念和类型
- 理解配送的基本方式和配送线路选择
- 理解配送的合理化

第一节 配送概论

一、配送的含义与特征

（一）配送的含义

所谓配送就是按照用户的订货要求和配送计划，在物流据点（仓库、商店、货运站、物流中心等）进行分拣、加工和配货等作业后，将配好的货物送交收货人的过程。从货物的位移特点来看，配送多表现为短距离、多品种、小批量的货物位移，因而，也可以将配送理解为描述运输中某一指定部分的专用术语。配送作业也不等同于送货。

（二）配送的特征

其一，配送是从物流据点到用户之间的一种特殊的送货形式。这种特殊形式表现在：配送的主体是专门经营物流的企业；配送是中转环节的送货，与通常的直达运输有所不同。

其二，配送连接了物流其他功能的物流服务形式。在配送（分拣、加工、配货、送货）中所包含的那种部分运输（送货）作业在整个运送的过程中处于"二次运送""终端运送"的地位。

其三，配送体现了配货与送货过程的有机结合，极大地方便了用户，体现了较高的物流服务水准。配送是完全按用户对货物种类、品种、数量、时间等方面的要求而进行的运送作业。

其四，配送是复杂的作业体系，它通常伴随较高的作业成本。配送成本较高，就既要提高物流服务质量，又要采用降低配送成本的措施，因此，提高配送作业设计等组织管理水平就显得十分重要。在配送中心大量采用各种传输设备、分拣设备，可以实现一些环节的专业分拣或流水作业，降低有关的成本费用。

其五，配送在固定设施、移动设备、专用工具组织形式等方面都可形成系统化的运作体系。

二、配送的功能和作用

（一）配送的功能

1. 备货

它是配送的准备工作或基础工作，备货工作包括筹集货源、订货或购货、集货、进货及有关的质量检查、结算、交接等。配送的优势之一，就是可以集中用户的需求进行一定规模的备货。备货是决定配送成败的初期工作，如果备货成本太高，会大大降低配送的效益。

2. 储存

配送中的储存有储备及暂存两种形态。

配送储备是按一定时期的配送经营要求形成的对配送的资源保证。这种类型的储备数量较大，储备结构也较完善，视货源及到货情况，可以有计划地确定周转储备及保险储备结构及数量。配送的储备保证有时可以在配送中心附近单独设库解决。

暂存具体分为两种。第一种形式的暂存，是具体执行日配送时，按分拣配货要求，在理货场地所做的少量储存准备。由于总体储存效益取决于储存总量，所以，这部分暂存数量只会对工作方便与否造成影响，而不会影响储存的总效益，因而在数量上控制并不严格。第二种形式的暂存，即是分拣、配货之后，形成的发送货载的暂存，这个暂存主要是调节配货与送货的节奏，暂存时间不长。

3. 分拣及配货

这是配送不同于其他物流形式的有特点的功能要素，也是决定配送成败的一项重要支持性工作。分拣及配货是完善送货、支持送货的准备性工作，是不同的配送企业在送货时进行竞争和提高自身经济效益的必然延伸，所以，也可以说是送货向高级形式发展的必然要求。有了分拣及配货，就会大大提高送货服务水平，所以，分拣及配货是决定整个配送系统水平的关键要素。

4. 配装

在单个用户配送数量不能达到车辆的有效载运负荷时，就存在如何集中不同用户的配送货物，进行搭配装载以充分利用运能、运力的问题，这就需要配装；和一般送货不同之处在于，通过配装送货可以大大提高送货水平及降低送货成本，所以，配装也是配送系统中有现代特点的功能要素，也是现代配送不同于以往送货的重要区别之处。

5. 配送运输

配送运输属于运输中的末端运输、支线运输，和一般运输形态的主要区别在于：配送运输是较短距离、较小规模、额度较高的运输形式，一般使用汽车作为运输工具。与干线运输的另一个区别是，配送运输的路线选择问题是一般干线运输所没有的，干线运输的干线是唯一的运输线，而配送运输由于配送用户多，一般城市交通路线又较复杂，如何组合成最佳路线，如何使配装和路线有效搭配等，是配送运输的特点，也是难度较大的工作。

6. 送达服务

配好的货物运输到用户还不算配送工作的完结，这是因为送达货物和用户接货往往还会出现不协调，使配送前功尽弃。因此，要圆满地实现运到之货的移交，并有效地、方便地处理相关手续、完成结算，还应讲究卸货地点、卸货方式等。送达服务也是配送独有的特殊性。

7. 配送加工

在配送中，配送加工这一功能要素不具有普遍性，但是往往是有重要作用的功能要素。主要原因是通过配送加工，可以大大提高用户的满意程度。配送加工是流通加工的一种，但配送加工有它不同于一般流通加工的特点，即配送加工一般只取决于用户要求，其加工的目的较为单一。

（二）配送的作用

（1）通过集中仓储与配送可以实现企业组织的低库存或零库存的设想，并提高社会物流经济效益。配送服务水准的提高，尤其是采用定时配送或准时配送方式，可以满足企业准时生产制的需要，生产企业依靠配送中心的准时配送，就可以减少库存或只保持少量保险库存。这样，有助于实现"库存向零进军"的目标。

（2）通过配送也可因减少库存而解脱出大量储备资金用来开发新业务、改善财务状况。配送总是和集中库存相联系的，集中库存的总量远远低于各企业分散的总量，则可以从整个社会角度提高市场调节物资的能力，增强了社会物流效益。采用集中库存还可以使仓储与配送环节建立和运用规模经济的优势，使单位存货的配送成本下降。

（3）配送提高了物流服务水准，简化了手续、方便了用户，并相应提高了货物供应的保证程度。使用配送服务方式，用户简化订货手续，节约了有关环节的时间；同时，由于配送中心物资品种多、储备量大，在一定时间内，可以有效利用企业的供需时间差上，故提高了供货保证程度，也相应减少了各企业单位由于缺货而影响生产正常进行的风险。

（4）善于发挥干线运输中的社会物流功能体系。配送活动与干线运输有许多不同特点，配送活动可以将灵活性、适应性、服务水准高等优势充分发挥出来，从而使运行成本过高的问题得以解决。采用配送作业方式，可以在一定范围内，将干线、支线运输与仓储等环节统一起来，使干线输送过程及功能体系得以优化和完善。

三、配送的类型

在不同的市场环境下，为适应不同的生产和消费需要，配送表现出多种形式。这些配送形式各有优势，同时也有各自的适应条件。

（一）按配送服务的范围划分

1. 城市物流配送

城市物流配送即向城市范围内的众多用户提供服务的配送。其辐射距离较短，多使用载货汽车配送，机动性强、供应快、调度灵活，能实现少批量、多批次、多用户的"门到门"配送。

2. 区域物流配送

区域物流配送是一种辐射能力较强，活动范围较大，可以跨市、省的物流配送活动。它具有以下特征：经营规模较大，设施齐全，活动能力强；货物批量较大而批次较少；区域配送中心是配送网络或配送体系的支柱。

（二）按配送主体不同划分

1. 配送中心配送

这是指配送的组织者是专职从事配送业务的配送中心。配送中心配送的数量大、品种多、半径大、能力强，可以承担企业生产用主要物资的配送及向商店补充性配送等。它是配送的主体形式，但由于需要大规模的配套设施，投资较大，并且一旦建成则机动性较差，因此也有一定的局限性。

2. 商店配送

这是指配送的组织者是商业或物资经营网点，主要承担零售业务，规模一般不大，但经营品种齐全，容易组织配送。商店配送实力有限，但网点多，配送半径小，比较机动灵活，可承担生产企业非主要生产用物资的配送，是配送中心配送的辅助及补充形式。

3. 仓库配送

这是指以一般仓库为据点进行配送的形式，在仓库保持原有功能的前提下，增加配送功能。仓库配送规模较小，专业化程度低，但可以利用仓库的原有资源而不需要大量投资，可以较快投入使用。

4. 生产企业配送

这是指配送的组织者是生产企业，尤其是进行多品种生产的企业，可以直接由企业配送，而无须再将产品发运到配送中心进行中转配送。这种配送由于避免了一次物流的中转，因此具有一定的优势，但无法像配送中心那样依靠产品凑整运输取得优势。

（三）按配送时间及数量划分

1. 定时配送

定时配送是指按规定时间或时间间隔进行配送。每次配送的品种及数量可按计划进行，也可在配送前由供需双方商定。定时配送有以下几种具体形式：

（1）小时配。这是指接到配送订货要求 1 小时内将货物送达。它适用于一般消费者突发的个性化配送需求，也经常用作应急的配送方式。

（2）日配。这是指接到订货要求 24 小时之内将货物送达。日配是定时配送中较为广泛采用的方式，可使用户获得在实际需要的前半天得到送货服务的保障，基本上无须保持库存。

（3）准时配送方式。这是指按照双方协议时间，准时将货物配送到用户的一种方式。这种方式比日配的方式更为精密，可实现零库存，适用于装配型、重复、大量生产的企业用户，往往是一对一的配送。

（4）快递配送方式。这是一种在较短时间内实现货物的送达，但不明确送达的具体时间的快速配送方式。一般而言，其覆盖地区较为广泛，服务承诺期限按不同地域会有所变化。快递配送面向整个社会企业型和个人型用户，如美国的联邦快递、我国邮政系统 EMS 快递都是运作得非常成功的快递配送企业。

2. 定量配送

这是指按事先协议规定的数量进行配送。这种方式货物数量固定，备货工作有较强的计划性，容易管理。

3. 定时定量配送

这是指按规定的配送时间和配送数量进行配送，兼有定时、定量两种方式的优点，是一种精密的配送服务方式。

4. 定时定路线配送

这是指在规定的运行路线上，按配送车辆运行时间表进行配送，用户在指定时间内到指定位置接货。

5. 即时配送

这是指完全按用户突发的配送要求随即进行配送的应急方式，是对各种配送服务的补充和完善，方式灵活但配送成本很高。

（四）按配送品种和数量不同划分

1. 单（少）品种大批量配送

这种方式配送的商品品种少、批量大，不需要与其他商品搭配即可使车辆满载。

2. 多品种少批量配送

这是按用户要求将所需各种物资配备齐全，凑整装车后由配送据点送达用户的一种配送方式。

3. 配套成套配送

这是按生产企业的需要，将生产每台产品所需的全部零部件配齐，按生产节奏定时送到生产线装配产品。

（五）按配送企业业务关系划分

1. 综合配送

这是指配送商品种类较多，在一个配送网点中组织不同专业领域的产品向用户配送的配送方式。

2. 专业配送

这是指按产品性质、形状的不同适当划分专业领域的配送方式。其重要优势在于可以根据专业的共同要求来优化配送设施，优选配送机械及配送车辆，制定适用性强的工艺流程等，从而提高配送各环节的工作效率。

3. 共同配送

这是指为提高物流效率，由多个配送企业联合在一起共同进行的配送方式。

（六）按加工程度划分

1. 加工配送

这是指在配送据点中设置流通加工环节，当社会上现成的产品不能满足用户需要或用户提出特殊的工艺要求时，可以经过加工后进行分拣、配货再送货到户。流通加工与配送的结合，使流通加工更有针对性，可取得加工增值收益。

2. 集疏配送

这是只改变产品数量组成形态而不改变产品本身的物理、化学形态，与干线运输相配合的一种配送方式。例如，大批量进货后小批量、多批次发货，零星集货后以一定批量送货等。

（七）按配送的方式划分

1. 直送

这是指生产厂商或供应商根据订货要求，直接将商品运送到客户的配送方式。其特点是需求量大，每次订货往往大于或接近一整车，并且品种类型单一。

2. 集取配送

集取配送又称往复配送，是指与用户建立稳定的协作关系，在将用户所需的生产物资送到的同时，将该用户生产的产品用同一车运回。这样不仅充分利用了运力，也降低了生产企业的库存。

3. 交叉配送

这是指在配送据点将来自各个供应商的货物按客户订货的需求进行分拣装车，并按客户规定的数量与时间要求进行送货。这样有利于减少库存、缩短周期、节约成本。

四、配送的基本环节

如图4-1所示，配送是由备货、储存、理货、配装和送货五个基本环节组成的，而每个环节又包括若干项具体的作业活动。①备货是配送的准备工作和基础环节，其目的在于把用户的分散需求集合成规模需求，通过大规模的采购，来降低进货成本，在满足用户要求的同时也提高了配送的效益；②储存是进货的延续，是维系配送活动连续运行的资源保证；③理货是区别于一般送货的重要标志，是配送活动中必不可少的重要内容；④配装是送货的前奏，是根据运载工具的运能，合理配载的作业活动；⑤送货则是配送活动的核心，也是配送的最终环节，要求做到确保在恰当的时间，将恰当的货物，恰当的数量，以恰当的成本送达恰当的用户。

（一）备货

备货是配送的准备工作或者说是基础工作，备货包括筹集货源、定购以及相关的质量检查、结算、交接等子功能。第三方共同配送的优势之一，就是可以集中用户的需求

图 4-1　配送的基本环节

进行一定规模的备货。备货是决定配送成败的基础工作，备货成本对整个配送系统的运作成本有极大的影响，过高的备货成本必然导致配送效率的降低。

（二）储存

配送中的储存有储备及暂存两种形态。第一种储存形态是配送储备，是按一定时期的客户经营要求而存储，这种要求主要是消费者对客户的商品资源需求，这种类型的储备数量大，储备结构也比较完善，视货源及到货情况，可以有计划地确定周转储备及保险储备的结构及数量。配送的储备保证更多可以选择在设定区域配送中心外另立仓库单独设置解决。第二种储存形态是暂时存放，具体分为两种：一种形式的暂存是在具体执行短期配送计划时，按配送要求在理货场地所做的少量储存准备。由于总体储存效益取决于储存总量，所以，这部分暂存数量仅对配送效率产生影响，而不会影响储存的总效益，因而在数量上不必过于严格控制。还有一种形式的暂存是在出库指令已经下达，而且经过分拣、配货之后，装车之前所形成的发送货载的暂存，其目的主要是调节配送与送货的时间节奏，暂存时间不长。

（三）理货

分拣与配货是配送有别于其他物流形式的独特的功能要素，也是决定配送成败的一项重要支持性工作。分拣及配货是完善送货、支持送货的准备性工作，是不同配送企业在送货时进行竞争和提高自身经济效益的必然趋势，所以，也可以说是送货向高级形式发展的必然要求。有了分拣及配送，就会大大提高送货服务水平，尤其对于面对非单一客户，且种类繁多的共同配送模式而言更是如此，所以，分拣及配货是决定整个配送系统水平的关键要素。

（四）配装

在单个用户配送数量不能达到车辆最有效载运负荷时，就存在如何集中不同用户的配送货物进行搭配装载以充分利用运能、运力的问题，这就需要配装。和一般送货的不同之处在于，通过配装送货可以大大提高送货水平，更重要的是对于为多个客户提供配送服务的配送企业来说极大地降低了送货成本，所以，配装也是配送系统中有现代特点的功能要素，也是共同配送区别于一般配送、单一送货的具有现代物流特点的功能要素。

（五）送货

配送运输属于运输中的末端运输，是与干线运输完全不同的概念。配送和一般运输的区别就在于：配送是较短距离、较小规模、频率较高的运输形式，一般选择汽车作为运输工具；配送与干线运输的另外一个区别是，配送运输的路线选择问题及时间窗口问题是一般干线运输所没有或无须重视的，干线运输的干线是唯一的运输线，而配送运输由于配送用户多，一般由城市交通路线负责，而且由于配送终端的资源配置问题所决定的时间窗口单一性，使得如何组合最佳配送路线、如何使配装和路线与配送终端客户有效衔接等成为配送中难度最大的工作，对配送效率及配送成本会产生直接影响。

（六）流通加工

流通加工是物流系统的构成要素之一，但是流通加工与一般的生产活动不同，生产是使一件物品产生某种形态或具有某种使用功能的活动，但是流通阶段的加工即物流加工，处于不易区分是生产还是物流的中间领域，而且其目的在于提高物流系统的效率。当然，流通加工环节的功能并不是配送系统必须考虑的要素，但是，流通加工是为了提高物流运转率而进行的活动，而且，消费市场的多样化需求决定了流通加工对增加服务内容、提高客户服务水平具有一定的推动作用。

五、配送的基本方式

（一）定时配送方式

这是指在规定的时间间隔进行物品配送，每次配送的品种和数量可按计划执行，也可按事先商定的联络方式下达配送通知，按用户要求的品种及数量和时间进行配送。这种配送方式在配货作业时往往具有一定的难度。例如，配套定时配送就是其中的一种形式，它可以使所服务的生产企业实现"零库存"的设想，达到多品种、少数量、准时配送的效果。

（二）定量配送方式

定量配送是指按客户规定的数量在一个指定的时间范围内配送物品。这种配送方式每次配送的品种、数量基本固定，备货作业也较为简单，可以按托盘、集装箱等方式或按车辆的装载能力规定配送的数量，这种配送方式的工作方式比较接近于干线批量运输，因此也相对比较简单。

（三）定时定量配送方式

这是指按客户规定的时间、品种数量进行配送作业，这种方式结合了定时配送和定量配送两种方式的特点，服务质量水平较高，但同时也使配送组织工作的难度加大，通常这种模式的配送终端客户相对比较稳定，因此配送路线的设定也相对比较固定，使用范围有限。

（四）集中共同配送方式

这是指由几个配送起始点共同协作制定配送计划，共同组织配送车辆，对某一区域用户进行配送。由于这种配送方式更多地呈现出动态性和不稳定性，所以这种配送方式对配送计划、提前期以及配送路线规划都提出了更高的要求，也是难度最大的一种配送形式。

六、配送线路选择

配送线路合理与否，对配送效率、成本、效益的影响都很大，采用科学的方法确定配送线路是配送活动中非常重要的一项工作。确定配送方案涉及车辆、货物、线路等多种因素，因而需要设计较合理的配送方案。为此，首先要确定试图达到的目标，根据特定目标下的约束条件，利用数学模型或结合定性分析确定配送方案。

（一）配送方案目标的选择

配送方案目标的选择可从以下几个方面考虑：

1. 配送效率最高或配送成本最低

效益是企业追求的主要的综合性的目标，可以简化为利润来表示或以利润最大化作为目标值；成本对企业效益有直接的影响，选择成本最低化作为目标值，与前者有直接的联系；具体操作中内容有所简化，也可以作为设计方案的一种目标选择。

2. 配送里程最短

如果配送成本与配送里程相关性较强，而与其他因素相关性较弱时，配送里程最短的实质就是配送成本最低。所以，可考虑将配送里程最短作为目标值，这样可以大大简化线路选择方法。当配送成本不能通过里程来反映时，如道路收费、道路运行条件严重地影响成本，单以最短路程为目标就不适宜。

3. 配送服务水准最优

当服务水准，如准时配送要求成为第一位时，或者需要牺牲成本来确保服务水准时，则应该在成本不失控的情况下，以服务水准为首选目标。这种成本的损失可能从其他方面弥补回来，如优质服务可采用较高的价格策略。

4. 配送劳动的消耗最少

即以物化劳动和活劳动消耗最少为目标，在许多情况下，如劳动力紧张、燃料紧张、车辆及设备较为紧张的情况下，限制了配送作业的选择范围，就可以考虑以配送所需的劳力、车辆或其他有关资源作为目标值。

虽然，配送方案目标实际上是多元的，但是，考虑到制定方案所选择的目标值应当是容易计算的。所以，要尽可能选择单一化的目标值，这样容易求解，实用性较强。

（二）配送方案的约束条件

配送目标的实现过程受很多条件的限制，即约束条件。因而必须在满足约束条件下取得成本最低，或路线最短，或消耗最少等目标，在一般的配送情况下，常见的约束条件主要有：①收货人对货物品种、规格和数量的要求。②收货人对货物送达时间或时间范围的要求。③道路运行条件对配送的要求，如城区的部分道路不允许货车或中型以上货车通行。④配送车辆容量的限制。⑤其他的制约条件。

（三）配送方案的形成

配送方案的形成可采用多种方法分析求得。常用的方法有线性规划法、车辆运行计划法等。下面主要介绍车辆运行计划法。

车辆运行计划法（Vehicles Scheduling Program，VSP），又称节约里程法，适用于实际工作中需要求得较优解或最优的近似解，而不一定需要求得最优解的情况。它的基本原理是三角形的一条边之长必定小于另外两条边长之和（见图4-2）。

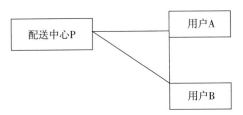

图4-2 节约里程法原理

当配送中心与用户呈三角形关系时，由配送中心P单独向两个用户A和用户B往返配货的车辆运行距离必须大于以配达中心P巡回向两用户发货的距离。那么，所节省距离的计算结果：2Lpa+2Lpb－（Lpa+Lpb+Lab）＝Lpa+Lpb－Lab。

可根据用户要求、道路条件等设计几种巡回配送方案，再计算节约里程，则以其中节约里程最大者为优选的配送方案。可见VSP方法可对所有发送地点计算其节约里程，按节约量大小的顺序，优选并确定配送路线。

第二节 配送中心概述

一、配送中心的概念

配送中心是为了实现物流中的配送作业，而设立的一个专门从事配送作业中的一系列操作的场所。目前，国内外学者对配送中心的界定不完全相同。配送活动是在物流发展的客观过程中产生并不断发展的，这一活动过程伴随着物流活动的深入和物流服务社会化程度的提高，在实践中不断演绎和完善着其经济机构。配送中心具有集货、分货、送货等基本职能，配送中心是物流中心的一种主要形式，是在实践中产生并发展的。其功能基本涵盖了所有物流的功能要素。它是以组织配送进行销售或供应，实行实物配送为主要职能的流通型物流节点。在配送中心，为了能做好送货的编组准备，需要进行零星售货、批量进货等种种资源搜集和备货等工作，因此配送中心也有销售中心、分货中心的职能。为了更有效、更高水平地送货，配送中心还有较强的流通加工能力。此外配送中心还必须承担备好货后送达客户的工作，这是与分货中心只管分货的重要区别。由此可见，配送中心的功能是比较全面和完整的，或者说配送中心是销售中心、分货中心、加工中心功能的总和，兼有了"配"与"送"的功能。

对配送中心的定义，国内外学者有着不同的解释，日本《物流手册》将配送中心定义为："从供应者手中接收多种大量的货物进行倒装、分类、保管、流通加工和情报处理等作业，然后按照众多需求者的要求备齐货物，以令人满意的服务水平进行配送的设施。"

我国的国家标准《物流术语》对配送中心的定义是：从事配送业务具有完善的信息网络的场所或组织，应基本符合下列要求：主要为特定的用户服务；配送功能健全；辐射范围小；多品种、小批量、多批次、短周期；主要为末端客户提供配送服务。

二、配送中心的形成及发展

产品的流通过程必须要经过原材料采购阶段、生产阶段及销售阶段三个紧密相连的环节。在原材料采购阶段，生产企业面对的是一个广阔的市场，它会在众多的供应商中寻求合作伙伴，尤其是跨国公司，它的原材料供应商甚至会分布在世界各地，在此过程中会不断地发生装卸搬运、入库保管、分拣包装和运输送货过程等。

在产品销售阶段，生产企业需要将所生产的产品分销往分布于各地的批发商、零售商或是最终客户，在此过程中发生的作业包括：产品在进入企业成品库的过程中所发生的搬运装卸、入库保管、流通加工、出库装车等作业，产品在送往分销商过程中的运输作业，以及在分销过程中发生的再次储存保管、最终送往末端客户的运输或配送作业等。在实际的运作过程中发生的相关物流作业次数会更多。

（一）配送中心的形成

生产企业为了发挥核心竞争力，同时也为了降低物流成本，必然会寻找经营流通业务的专门组织——配送中心进行物流中的相关业务操作。因此配送中心是社会生产发展和社会分工专业化及现代化的必然结果。

（二）配送中心的发展

配送中心的发展大体上经历了三个阶段：

1. 形成阶段（第二次世界大战后到 20 世纪 60 年代末）

第二次世界大战中美军凭借高效、快捷的"军事后勤"流作业，有效地支援了盟军的作战，同时也促进了物流的形成。第二次世界大战以后资本主义世界进入了经济发展的黄金时期，但是随之而来的是落后的物流作业不能保证经济发展的高速需求，居高不下的物流成本阻碍了生产力的进一步发展。据当时美国"20 世纪财团"的调查，"以商品零售价格为技术进行计算，流通费用所占的比例多达 59%，其中大部分为物流费"。由于流通结构分散和物流费用的上升，严重阻碍了生产的发展和企业利润率的提高。因此美国和日本企业把第二次世界大战中的"军事后勤"引入到了企业管理当中，不少公司由政府部门投资组织设立了新的流通机构，将独立、分散的物流统一、集中，推出了新型的送货方式，成立了配送中心。此时的配送制是一种粗放型、单一性的活动，规模小、活动范围小，配送货物的种类少，其主要的作用是作为促销的手段。据介绍，20 世纪 60 年代美国的许多公司将原来的老式仓库改造成了配送中心，使老式仓库减少了90%以上，这不仅减少了流通费用，而且节约了劳动成本。

2. 发展阶段（20 世纪 60 年代末至 80 年代初）

20 世纪 60 年代末，随着工业全球化的发展，企业在世界范围内的贸易往来日益增多，企业间的供应链变得更长、更复杂、更昂贵。特别是第一次世界能源危机后，能源价格飞涨，更加使得物流成本急剧增加。这就迫使生产制造企业开始致力于物流费用的节省方法的寻求，以提高自身产品的竞争力。因此物流进一步成为人们关心的焦点，这也推进了物流中心合理化进程的发展。这一时期配送的货物种类日渐增多，不仅包括种类繁多的产成品，也包括不少生产资料，而且配送服务的范围在不断扩大，同时，不少公司还开展了城际和市内的集中配送、路线配送的措施，大大提高了物流的服务水平。在这一时期"共同配送"得以试行并且建立了相应的配送体系。

3. 成熟阶段（20 世纪 80 年代至今）

20 世纪 80 年代后期，受经济、环境、社会、科技水平等因素的影响，配送中心开始有了较快的发展，配送逐步演化成为了以高新技术为支持的系列化、多功能的供货活动。这主要表现在：

（1）配送区域进一步扩大。例如，荷兰货物的配送区域范围已扩大到了当时的欧共体各国。

（2）作业手段日益先进。普遍采用了自动分拣、光电识别等先进技术和手段，极大地提高了作业效率。

（3）配送集约化程度逐渐提高。1986 年，美国 GPR 公司共有送货点 3.5 万个，但到 1988 年经过整合，送货点减少至 0.18 万个，减少幅度为 94.85%；美国通用食品公司用新建的 20 个配送中心取代了原有的近 200 个仓库，逐步以配送中心形成了规模经济优势。

（4）配送方式、配送手段日趋多样化。随着我国市场经济的发展和加入 WTO 后面临的激烈竞争，它客观上要求人们用科学的方式和方法组织各种经营活动。在此过程中，我国的配送中心出现了配送中的直送化、信息化、自动化、机械化等趋势，或者是将上述各种配送方式进行最优化的组合，以求有效地解决配送过程中配送对象、配送手段的复杂化问题，从而寻求配送过程中的最大利益和最高效率。小批量速递配送、准时配送、分包配送、托盘配送、分销配送、柔性配送、往复式配送、巡回服务式配送、按日（时）配送、定时定路线配送、厂家到家门口的配送、产地直送等配送方式正随着现代物流的发展在实践中不断优化。

三、配送中心的类型

（一）按配送中心的配送对象分类

1. 生产资料配送中心

这种配送中心主要负责向生产企业配送能源、原材料、零部件等物品，是专门为生产企业组织供应的配送中心。该种类型的配送中心多设在交通比较便利的地区，如重要的交通枢纽或铁路沿线、沿海地区，距离原材料产地或离生产资料需求企业较近的地区。我国的煤炭配送就属于上述类型。

2. 生活资料配送中心

这种配送中心所采用的配送模式属于配销模式，即其配送功能是作为促进产品销售的主要手段而存在的。例如，生产企业为本身产品的直接销售而建立的配送中心，商品批发企业为促进商品的分销而建立的配送中心，其目的都是扩大市场的销售能力。

3. 特殊商品销售中心

这种配送中心的主要功能是配送特种商品，如易燃、易爆、有毒、生鲜易腐、贵重物品等。这种配送中心在设施与设备的设计上，为了保护特种商品通常采用较特殊的设计，因此其初期建设费用较高；在商品的储存及进出库作业上，也要采用特殊商品所要求的作业方法，因此其配送成本较高。另外，对于剧毒、易燃、易爆等商品配送中心而言，在配送中心选址时，应该将其选在远离人群的地区。

（二）按配送中心的经济功能分类

1. 供应型配送中心

供应型配送中心是以向客户供应商品、提供后勤保障为主要特点的配送中心。这种配送中心大多是为大型生产企业或大型连锁制零售企业供应原材料、零配件和其他商品，并与这些生产企业或零售企业建立紧密稳定的合作关系。由于供应型配送中心需要向众多用户供应商品，为保证生产和经营的正常运行，这类配送中心一般都建有大型现代化仓库并储备一定数量的商品，占地面积一般也较大。

2. 销售型配送中心

这种配送中心主要以销售商品为目的，借助配送这一手段来开展经营活动。这类配送中心多为商品生产者或销售者为促进商品销售，降低物流成本，以高效甚至是免费的物流配送服务吸引客户，由此而采用各种物流技术，装备各种物流设施，运用现代配送理念来组织配送活动而形成的配送中心。这种配送中心是典型的配销经营模式，在国外都以销售型配送中心为主要的发展方向。在具体实践中销售型配送中心具体分为三类：①生产企业为了直接销售自己的产品以及扩大自己的市场份额而设立的销售型配送中心；②专门从事商品销售活动的流通企业为了扩大销售而自己或与他人合作建立起来的销售型配送中心；③流通企业和生产企业联合建立的销售型配送中心。

3. 储存型配送中心

储存型配送中心是充分强化商品的储备和储存功能，在充分发挥储存作用的基础上开展配送活动的配送中心。在买方市场下，生产企业的配送中心通常需要有较强的储存功能，以支持企业的产成品销售的供应；在卖方市场环境下，企业的原材料和零部件供应需要有较大的库存支持，这种配送中心也可称为储存型的配送中心。配送服务范围较大的区域性配送中心，为了保证库存物资的及时供应也需要具备较强的存储功能，这也可称为储存型配送中心。这种配送中心通常需要有较大规模的仓库和储存场地，在资源紧缺条件下，能形成储备丰富的资源优势。例如，美国赫马克配送中心的储存区拥有16.3 万个储存货位，瑞士 GIBA-GEIGY 公司的配送中心拥有世界上规模居于前列的储存库，可储存 4 万个托盘，可见储存能力之大。我国目前建设的配送中心，多为储存型配送中心，库存量较大。

4. 流通型配送中心

流通型配送中心包括通过型或转运型配送中心，这种配送中心基本上没有长期储存的功能，仅以暂存或随进随出方式进行配货、送货，通常用来向客户提供库存补充。其典型方式为：大量货物整批进入，按一定批量零出。一般采用大型分货机，其进货直接进入分货机传送带，分送到各用户货位或直接分送到配送车辆上，货物在配送中心仅作短暂停滞。因此流通型配送中心应充分考虑市场因素，在地理上定位于接近主要的客户地点。

5. 加工型配送中心

加工型配送中心是以配送加工为主要业务的配送中心，其主要功能是对商品进行清洗、下料、分解、集装等加工活动，以流通加工为核心展开配送活动。因此在其配送作业流程中，储存作业和加工作业居主导地位。由于流通加工多为单品种、大批量的加工作业，并切实是按照用户的要求安排的，因此对于加工型配送中心，虽然进货量比较大，但是分类、分拣工作量并不太大。此外，因为加工的产品品种较少，一般都不单独设立拣选、配货等环节。通常，加工好的产品（特别是生产资料产品）可直接运到按用户户头划定的货位区内，并且要进行包装、配货。在我国生产和生活资料配送活动中有许多加工型配送中心。例如，深圳市菜篮子配送中心，就是以加工肉类为核心开展配送业务的加工型配送中心。另外，水泥等建筑材料以及煤炭等商品的加工配送也属于加工型配送中心。

（三）按配送中心的辐射范围分类

1. 城市配送中心

城市配送中心是只向城市范围内众多用户提供配送服务的物流组织。城市范围内货物的配送距离较短，运输距离一般都处在汽车的经济里程内，因此配送中心在送货时，一般选择用汽车送货，可以充分发挥汽车的机动性强、供应快、门到门运输等特点。这种配送中心往往和零售经营相结合，由于运送距离短、反应能力强，因而从事多品种、少批量、多用户的配送较有优势，也可以开展门到门式的送货业务。其服务对象多为城市范围内的零售商、连锁店或生产企业，所以一般其辐射能力不是很强，在实践中多与区域性配送中心相连。目前我国一些城市所建立或正在建立的配送中心绝大多数属于城市配送中心。

2. 区域配送中心

这是一种辐射能力强、活动范围大，可以跨省市、全国乃至在国际范围内对用户进行配送的配送中心，其经营规模较大、配送批量也较大，其服务对象往往是下一级的城市配送中心、零售商或生产企业用户。虽然也进行零星的配送，但不是主体形式。这种配送中心的形式在国外已经非常普遍，国外一般采用大型连锁集团建设区域配送中心，负责某一区域范围内部分商品的集中采购，再配送给下一级配送中心的形式。例如，美国沃尔玛的配送中心建筑面积12万平方米，投资7000万美元，它每天可为分布在6个州的100多家连锁店配货，经营的商品有4万多种。

四、配送中心的地位和作用

配送中心是连接生产与生产、生产与消费的流通场所或组织，在现代物流活动中的地位和作用是十分明显的，从社会角度看，其地位和作用可以总结为以下几方面：

（一）使供货适应市场需求变化

配送中心不以储存为目的，但是配送中心保持一定的库存起到了一定的调节市场需求的作用。各种商品的市场需求在时间、季节、需求量上都存在大量的随机性，而现代生产、加工无法完全在工厂、车间来满足和适应这种情况，必须依靠配送中心来调节、适应生产与消费之间的矛盾与变化。例如，在节假日，商品的销售及需求量会比平时有成倍的增加，配送中心的库存对确保销售起到了有力的调节作用。

（二）实现储存的经济和高效

无论是从原材料供应企业到生产企业还是从生产企业到销售市场都存在复杂的储运环节，要依靠多种交通、运输、库存手段才能满足需求。由于传统的以产品或部门为单位的储运体系明显存在不经济和低效率的问题，而区域、城市配送中心，通过批量进发货物，组织成组、成批、成列直达运输和集中储运，可以提高流通的社会化水平，实现规模经济所带来的规模效益。例如，大型连锁制超市通过电子订货系统汇总下属各个门店的订单，再统一向供应商订货，再统一配送到配送中心，然后集中配送到各门店，这样可以实现从订货到配送的全过程的规模效应。

（三）实现物流的系统化和专业化

由于物流系统在企业的生产和销售经营中起的作用越来越大，当今世界上的企业要想取得低成本、高经营绩效、较高的顾客满意度，就必须具有一个高效率的物流系统。然而配送中心在物流系统中占有重要的地位，配送中心能够提供专业化的储存、包装、加工、配送、信息等系统服务。由于现代物流活动中物质的物理、化学性质的复杂多样化，交通运输的多方式、长距离、长时间、多起点、多终点，地理气候的多样性，对保管、包装、加工、配送、信息提出了很高的要求，因此，只有建立配送中心，才可能提供更加专业化、系统化的服务。

（四）促进地区经济的快速增长

配送连接了国民经济的各个部门和各项经济功能，使整个国民经济能够顺利快速地发展。所以，配送中心连接了国民经济各地区，沟通了生产和消费、供给与需求，保障了经济的发展和经济的快速增长，同时也是吸引投资的外部条件之一。因此，配送中心的建设可以带动经济的健康快速发展。

（五）完善连锁经营体系

配送中心对连锁制经营的作用巨大。连锁制企业可以通过配送及配送中心实现配送作业的经济规模，降低流通费用，降低分店的库存，加快商品周转，促进业务的发展和扩散。有了配送中心，零售商可以省去亲自去批发商处采购物资的麻烦，而将这些业务完全委托于配送中心，自己可以专心致力于店铺的销售和利润的增长等核心业务，不断开发外部市场，拓展新的业务领域。例如，配送中心的流通加工作业可减轻门店的工作量；拆零作业有利于商场增加销售产品的花色和规格，给顾客以足够挑选产品的选择余地。此外，配送中心还加强了连锁店与供货商的关系。

五、配送中心的功能

配送是一种特殊的综合的物流活动形式，使商流与物流紧密结合，既包含了商流活动的物流活动，也包含了物流中的若干功能要素，因此配送中心是一种多功能、集约化的物流节点。作为现代物流方式和优化销售体制手段的配送中心，它把接货验收、储存保管、装卸搬运、拣选、分拣、流通加工、配送、结算和信息处理，甚至订货等作业，有机地结合起来，形成多功能、全方位、集约化的供货枢纽。作为一个多功能、集约化的配送中心，通常应具备以下功能：

（一）备货功能

备货是配送中心根据客户的需要，为配送业务的顺利进行所从事的组织货源的活动。它是配送的准备工作或基础性工作。备货工作包括订货、集货进货、合理配货及有关的质量检查、结算、交接等活动。配送的优势之一就是可以集中多个用户的需求进行大规模的订货等备货作业，以取得规模经济效应。备货是决定配送成败的初期工作，如果备货成本太高，会大大降低配送的效益。

（二）储存功能

配送中心的主要职能就是按照用户的要求及时将各种配装好的货物在规定的时间内送到指定的地点，以满足生产和消费的需求。因此，为了顺利有序地完成向用户配送商品的任务，更好地发挥保障生产和消费的作用，通常配送中心都建有现代化的仓储设施，如仓库、堆场等，以储存一定数量的商品，形成对配送的资源保证。同时，配送中心还可以按照网点反馈的信息，及时组织货源，始终保持最经济的库存量，从而既保证生产和消费的需求，将缺货率降到最低点，又减少了流动资金的占用和利息的支付。

（三）组配功能

由于每个用户（企业）对于商品的品种、规格、型号、数量、质量、送达时间和地点等的要求不同，配送中心就必须按用户的要求对商品进行分拣和组配。配送中心的这一功能是其与传统仓储企业的明显区别之一。可以说，没有组配功能，就没有配送中心。

（四）分拣功能

分拣是依据可获得订货要求或配送中心的送货计划，迅速、准确地将商品从起储位或其他区域拣取出来，并按照一定的方式进行分类、集中，等待配装送货的作业过程。作为物流节点的配送中心，其为数众多的客户中，彼此之间存在着很大的差别，不仅各自的性质不同，其经营规模也各不相同。因此在订货或进货时，不同的用户对货物的种类、规格、数量都有不同的要求，因此为了满足不同客户的不同要求，配送中心必须组织对货物的分拣。因此，分拣作业是配送作业的各环节中非常重要的一环，是完善送

货、支持送货的准备性工作。

（五）集散功能

配送中心是重要的物流节点，它可以凭借其特殊的地位和拥有的各种先进的设备、完善的物流管理系统，将分散在各个企业的产品集中起来，再通过分拣、配货、配装等环节向多家用户进行发送。同时，配送中心也可以把各个用户所需要的多种货物有效地组合或配装在一起，形成经济、合理的批量，来实现高效率、低成本的商品流通。另外，配送中心在选址时也应该考虑其集散功能，将地址选在商品流通发达、交通便利的中心城市或地区，以便于发挥其集散功能。

（六）衔接功能

通过开展货物配送活动，配送中心能够把各种生产资料和生活资料直接送到用户手中，从而起到了衔接生产和消费的作用。另外，配送中心通过储存和货物的发送，配送中心又起到了调节市场需求、平衡供求关系的作用。配送中心不断地通过进货、送货、快速周转，有效地解决了产销不平衡，缓解了供需矛盾。配送中心通过发挥储存和发散货物的功能，实现了供需、产销双方的衔接。

（七）流通加工功能

配送中流通加工的存在可以大大提高顾客的满意度，配送中心应该注意提高其配送加工能力，保证有能力按照客户的要求进行配送加工，以便提高物流效率和顾客满意度。配送中的流通加工除了为了满足客户要求外，有时还为了方便进行配送作业以提高物流效率。销售型配送中心有时也会根据市场需求来进行简单的流通加工。

（八）信息处理功能

配送中心作为衔接供应和需求的终结，需要同双方保持信息上的及时沟通。随着现代物流配送的效率及实效性的增强，以及库存产品资金占用的提高，配送对信息处理的速度和传输的效率的要求也越来越高，为此配送中心必须有高效的信息处理和传递系统。另外，配送中心内部作业的高效率也离不开信息系统的支持。

六、配送中心设立需求分析

需求分析的目的在于，为配送中心建设提供物流能力供给以不断满足物流需求，以保证物流服务的供给与需求之间的相对平衡，使社会物流活动保持较高的效率与效益。物流需求是物流能力供给的基础，配送中心需求分析的社会经济意义亦在于此。有效的需求分析，将有利于合理规划、能有效引导投资，避免重复建设，减少浪费，使我们的配送中心建设能多一份收益，少一份失误。

（一）配送中心需求规模分析

在确定配送中心的数量布局和规模标准时，应对当地各种物流需求量数据如运输量、仓储量、配送量、流通加工量等进行系统分析，主要考虑以下几方面现实和潜在的物流需求量：

1. 工业企业在供销环节对物流服务的需求量

随着市场需求环境的变化，工业企业的生产经营方式也发生了相应的改变。生产主导型的推动式生产经营方式将会被市场主导型的拉动式生产经营方式取代。在物流外包成为有利于企业集中资源投入核心事业，提高核心竞争力的有效手段的认识下，工业企业将产生越来越多的第三方物流服务需求。这种需求首先会在汽车、电子等加工组装企业、外资企业产生。

2. 连锁商业企业对配送服务的需求量

连锁商业的发展是流通业的发展方向，大力推动连锁经营的发展已列入国家发展规划。连锁经营的重要目的是要通过集中进货、集中配送形成规模效益，以降低流通费用，提高竞争力。连锁经营会对配送中心和配送服务产生旺盛需求。

3. 一般消费者的物流服务需求量

随着居民生活水平的提高，消费者对服务需求的比重也将增大。这一需求的内容主要是搬家服务、包裹速递、商品配送、个人物品储存等。

4. 区域间货物中转运输的需求量

首先，是制造企业和流通企业将本区域作为商品的分拨中心所产生的运输需求量；其次，是国内大型物流企业将本区域作为物流网络的节点所产生的运输需求量；再次，是国际物流公司将本区域作为物流基地所产生的运输需求量；最后，是货主利用本区域的运输基础设施，实现货物的快速发送、配装和接收所产生的运输需求量。

（二）配送中心需求类型分析

在对配送中心进行类型定位时（综合/专业、国际性/区域性/市域性等），应结合城市地理位置、城市经济情况等对当地物流需求结构进行全面分析，主要分析以下指标：①区域内城市居民的社会化物流需求量占全社会区域的物流需求的比率；②区域内各类批发市场的运行产生的物流需求量占全社会区域物流需求量的比率；③区域内生产企业的社会物流需求量占全社会区域物流需求量的比率；④区域内各类商业企业的运行产生的物流需求量占全社会区域的物流需求量的比率；⑤区域内与区域外的物流需求比率，指区域内物流需求总量与区域外的物流需求总量，主要指物流需求源与物流产生源均在区域之外，在区域内要进行中转的物流需求量的比率。要通过分析这些指标，来确定物流园区类型定位。

（三）配送中心需求层次分析

物流需求的层次按其提供的服务可以分为三个层次：第一层次，也就是初级层次，只向需求方提供仓储、存货管理、发送、运输和分拨；第二层次，除提供第一层次的服务外还可以参与订货处理、采购和生产计划；第三层次，除提供第一、二层次的服务外，还可帮助实现生产控制、质量控制和信息通信系统。在规划物流园区提供物流服务的质量档次时，不能盲目"求新、求全"，而应充分考虑当地经济发展水平及对社会物流需求的层次，循序渐进。

（四）配送中心需求决策准备

1. 提出项目建议书

项目建议书是在配送中心建立前有关部门对整个项目的轮廓设想与构思的重要体现形式，主要从宏观上来衡量项目的必要性，看其是否符合市场需求及行业规划和地区规划等方面的要求，同时初步分析配送中心建立的可能性。

2. 市场调研

市场调研的主要任务是应用科学的方法和手段，系统地搜集、整理有关的市场情报资料，对市场现象进行深刻分析，了解现有的市场和未来市场的发展趋势，为配送系统的建设规划和经营决策提供科学依据。

3. 进行可行性研究

这是指聘请物流咨询专家以及物流策划人员，根据调研人员所收集到的资料和信息以及企业的发展规划与目标，对投资项目在技术、工程、经济、社会和外部协作条件等方面的可行性和合理性进行全面分析论证，通过多方案比较选择，推荐最佳方案，为项目决策提供可靠的依据。

七、配送中心规模和数量的确定

（一）配送中心的规模确定

1. 配送中心的规模含义

配送中心的规模选择包括三个方面的含义：与店铺规模相适应的总规模，即需要总量为多少平方米的配送中心；建立几个配送中心，即这些配送中心的布局；每个配送中心的规模。

2. 配送中心总规模确定原则

配送中心总规模确定的基本原则是在服务和成本之间找到最佳平衡点。通常配送规模越大，其服务能力越强；而规模越大，投资成本也将会增加。

3. 配送规模与单位配送成本之间的关系

在一定配送规模范围内，随着投资建设规模的不断扩大，单位配送成本不断降低，而当规模扩大到一定程度时，单位配送成本则会开始随规模的扩大而上升，规模不经济开始发挥作用。"配送规模"与"服务能力"之间的关系为：随着配送规模的扩大，配送中心的服务能力不断增强，但当规模扩大到一定程度时，其服务能力受规模的影响不断减小，因此配送中心的建设和经营规模不是越大越好。从理论上来说，其规模最好在"服务能力曲线"与"单位配送成本曲线"的两个交点内决策，这样才能在最佳规模范围内获得较低的配送成本、较高的服务能力和服务水平。

4. 确定配送中心总体规模的方法

（1）测定配送及储存商品总量。配送中心的配送量和商品储存量直接受连锁企业各店铺商品经营总量的影响。商品经营量越大，所需要的配送中心规模就越大。商品经营量又与店铺面积有着正相关的关系，所以连锁店铺总面积与配送中心总规模也呈正相关关系。连锁店铺总面积与配送中心规模的的比例，因业态不同、流转速度的不同而不同。因而，必须充分考虑企业自身的特征，以确保决策无误。另外，在测定商品配送及储存商品总量的同时，还要掌握配送储存的具体品种及相应的数量情况和包装等。

（2）推算平均配送量。这个配送量既包括平均周转量，也包括平均储存量，前者决定运输规模，后者决定仓储规模。由于商品周转速度直接影响商品在配送中心停留的时间，配送速度越慢则产品在配送中心停留的时间就越长，需要配送中心的规模就越大；反之，则需要相对较小的配送中心。同时直送的货物越多，需要的配送中心的仓储面积就越少。所以在推算平均配送量时，应考虑商品的平均周转速度。商品平均储存量等于商品总储存量除以平均周转次数。对于季节性的商品，其储存量在各个时期的分布将有很大差异，因此不能考虑其平均储存量，而应该进一步考虑商品储存量在全年某个时期的平均分布情况，特别是高峰时期对商品空间的需求情况。

（3）计算储存空间需要量。由于不同商品的容量及包装不同，因而其在储存时所占的空间就不相同，这样储存的商品和其所占的储存空间之间就会有一个关系，这就是"仓容占用系数"。仓容占用系数是指单位重量或金额商品所占空间的大小。

（4）计算仓库的实际面积。在储存空间一定的条件下，所需储存面积的大小取决于仓库允许商品的堆码高度。影响允许堆码高度的因素有商品性能、包装、仓库建筑构造和设备的配备等。根据仓库所存放商品的特点和仓库的建筑设计等方面的条件，应合理地确定商品的堆码高度、仓库的储存面积。

（5）计算仓库的实际面积。仓库的实际面积要大于储存面积，因为仓库除储存商品外还要留出一定的空间留作他用，例如，为了保证商品储存的安全和适应库内作业的要求，需要留有一定的作业通道、作业区域等。在确定仓库的实际面积时要根据新建仓库的具体条件，确定仓库的面积利用系数，并以此为根据对仓库面积作最后的调整。

（6）确定仓库的面积。仓库的全部面积为仓库的实际面积与辅助面积之和。根据仓库本身的性质以及实际需要，确定辅助面积所占的比重，进而确定仓库的全部面积。

（二）配送中心数量的决策

一般来说，配送中心的数量取决于经营商品的类别和连锁店的分布状态，由此可得确定配送中心数量的两种方法：商品功能法和适当比例法。

1. 商品功能法

这种方法按照商品类别来设立配送中心，有利于根据商品的自然属性来安排储存和运输。例如，日本的大荣公司按照这种方法，分别建立了衣料和杂货中心、电器和家具中心、食品中心等。

2. 适当比例法

这种方法是按照连锁店铺分布状态或空间特征设立配送中心，其优点是有利于配送距离及效益达到理想状态。日本的家庭市场连锁店物流半径为 30 千米，在半径为 30 千米的范围内设有 70 家店铺，有一个配送中心负责配货，一个中心拥有四五辆货车，按照总部送货单送货，一辆车一次送货 10~15 家店铺，先装距离最远店铺的货物，送货时先送最近店铺的货物，后送最远店铺的货物。

事实上，许多连锁企业通常综合上述两种方法进行配送中心的设置，既按商品分类划分配送中心，又按店铺分布来安排位置。配送中心要求连锁店铺分布相对集中，一个配送中心至少能满足几家店铺的需要，因此，如果连锁制企业建立的分店过于分散，配送中心的效果就很难体现。

八、配送中心的投资决策

配送中心的投资决策是通过可行性研究与分析，计算出投资多少、效益怎样，从而对配送中心的建设提供科学依据。

（一）配送中心投资额的确定

1. 预备性投资

由于配送中心占地较大，又应处于与用户或市场接近的最优位置，因此在基本建设主体投资之前，需要有征地、拆迁、市政、交通等投资。这笔费用投资相对较大，尤其是在准黄金地段，这项投资可能超过总投资的50%。

2. 直接投资

这是指用于建设配送中心主体项目的费用，如配送中心各项主要建筑物的建设费用，配送中心的货架、叉车、分拣设备的购置及安装费，信息系统的购置安装费，配送中心自有车辆购置费等。

3. 相关投资

与基本建设及未来经营活动有关的一些活动都需要有一定的投资，诸如燃料、水、电、环境保护等，这些项目投资在某些地区，可能费用会较高，因此在考虑投资情况时还应该考虑相关投资。

4. 运营费用

这包括配送过程中所发生的人力、物力费用。配送中心的投资不仅要受前期投资的影响，还要受运营过程中运营费用的影响。如果是前期投资费用很低，但后期的运营费用较高，像远离市区的配送中心，配送效率就会很低，因此在建设配送中心时对此也应该有一个充分的估计。

（二）投资效果分析

投资效果分析就是对投资收益进行估算，由于配送中心是向各个店铺提供配送服务，这是一种无形产品，因此其收益的计算较模糊。同时，由于配送中心的各个作业环节也较模糊，因而对配送中心的分环节收益分析也较困难。较为合适的方法是：比较与没有配送中心、自建与租赁配送中心所产生的利益差，这个利益差是通过店铺效益反映出来的，诸如统一配送进货价格降低了多少，增加了多少销售额，取得了多少利润，或者说多少利润是由于自建配送中心取得的。

（三）投资与效益的比较

如果效益较理想，就可进行投资，否则只有放弃。理想效益的界定则与企业的整体发展战略有关，诸如目标是取得怎样的效果，投资多少年能够收回等。

效益是投资与效果的差额，在实际工作中，不能仅仅使用以上四项的投资进行分析，因为那仅仅是投资配送中心的会计成本。在衡量效益时，应使用完全成本，即在会计成本之上再加上因之而发生的机会成本。只有这样，才能真正计算出效益的大小。

第三节　配送合理化

一、不合理配送的表现形式

对于配送的决策优劣，不能简单处之，也很难有一个绝对的标准。例如，企业效益是配送的重要衡量标志，但是，在决策时常常考虑各个因素，有时要做赔本买卖。所以，配送的决策是全面、综合的决策。在决策时要避免由不合理配送出现所造成的损失，但有时某些不合理现象是伴生的，要追求大的合理，就可能派生小的不合理，所以，这里只单独论述不合理配送的表现形式，但要防止绝对化。

（一）资源筹措的不合理

配送是利用较大批量筹措资源，通过筹措资源的规模效益来降低资源筹措成本，使配送资源筹措成本低于用户自己筹措资源的成本，从而取得优势。如果不是集中多个用户需要进行批量筹措资源，而仅仅是为某一两户代购代筹，对用户来讲，就不仅不能降低资源筹措费用，相反却要多支付一笔配送企业的代筹代办费用，因而是不合理的。

资源筹措不合理还有其他表现形式，如配送量计划不准，资源筹措过多或过少，在资源筹措时不考虑建立与资源供应者之间长期稳定的供需关系等。

（二）库存决策不合理

配送应充分利用集中库存总量低于各用户分散库存总量的优势，从而大大节约社会财富，同时降低用户实际平均分摊的库存负担。因此，配送企业必须依靠科学管理来实现一个低总量的库存，否则就会出现单是库存转移，而未解决库存降低的不合理问题。配送企业库存决策不合理还表现在储存量不足，不能保证随机需求，失去了应有的市场。

（三）价格不合理

总的来讲，配送的价格应低于不实行配送时，用户自己进货时产品购买价格加上自己提货、运输、进货之成本总和，这样才会使用户有利可图。有时候，由于配送需要较高的服务水平，价格稍高，用户也是可以接受的，但这不能是普遍的原则。如果配送价格普遍高于用户自己进货时的价格，损伤了用户的利益，就是一种不合理的表现。价格制定得过低，使配送企业在无利或亏损状态下运行，会损伤配送企业，也是不合理的。

（四）配送与直达的决策不合理

一般的配送总是增加了环节，但是这个环节的增加，可降低用户平均库存水平，因此不但抵消了增加环节的支出，而且还能取得剩余效益。但是如果用户使用批量大，可以直接通过社会物流系统均衡批量进货，较之通过配送中转送货则可能更节约费用，所以，在这种情况下，不直接进货而通过配送，就属于不合理范畴。

（五）送货中不合理运输

配送与用户自提比较，尤其对于多个小用户来讲，可以集中配装一车送几家，这比一家一户自提，可大大节省运力和运费。如果不能利用这一优势，仍然是一户一送，而车辆达不到满载（即时配送过多过频时会出现这种情况），就属于不合理。

（六）经营观念的不合理

在配送实施中，有许多是经营观念不合理，使配送优势无从发挥，相反却损坏了配送的形象。这是在开展配送时尤其需要注意克服的不合理现象。例如：配送企业利用配送手段，向用户转嫁资金；在库存过大时，强迫用户接货，以缓解自己库存压力；在资金紧张时，长期占用用户资金；在资源紧张时，将用户委托资源挪作他用获利；等等。

二、配送合理化的影响因素

配送合理化的判断标志。对于配送合理化与否的判断，是配送决策系统的重要内容，目前国内外尚无一定的技术经济指标体系和判断方法，按一般认识，有以下若干标志：

（一）库存标志

库存是判断配送合理与否的重要标志。具体指标有以下两方面：

1. 库存总量

在一个配送系统中，库存从分散于各个用户转移给配送中心，配送中心库存数量加上各用户在实行配送后库存量之和应低于实行配送前各用户库存量之和。

此外，从各个用户角度判断，各用户在实行配送前后的库存量比较，也是判断合理与否的标准，某个用户上升而总量下降，也属于一种不合理。

库存总量是一个动态的量，上述比较应当是在一定经营量前提下。在用户生产有发展之后，库存总量的上升则反映了经营的发展，必须扣除这一因素，才能对总量是否下降做出正确判断。

2. 库存周转

由于配送企业的调剂作用，以低库存保持高的供应能力，库存周转一般总是快于原来各企业库存周转。

此外，从各个用户角度进行判断，各用户在实行配送前后的库存周转比较，也是判断配送合理与否的标志。

为取得共同的比较基准，以上库存标志，都以库存储备资金计算，而不以实际物资数量计算。

（二）资金标志

总的来讲，实行配送应有利于资金占用降低及资金运用的科学化。具体判断标志如下：

1. 资金总量

用于资源筹措所占用流动资金总量，随储备总量的下降及供应方式的改变必然有较大幅度的降低。

2. 资金周转

从资金运用来讲，由于整个节奏加快，资金充分发挥作用，同样数量资金，过去需要较长时期才能满足一定供应要求，配送之后，在较短时期内就能达此目的。所以资金周转是否加快，是衡量配送合理与否的标志。

3. 资金投向的改变

资金分散投入还是集中投入，是资金调控能力的重要反映。实行配送后，奖金必然应当从分散投入改为集中投入，以增加调控作用。

（三）成本和效益

总效益、宏观效益、微观效益、资源筹措成本都是判断配送合理化的重要标志。对于不同的配送方式，可以有不同的判断侧重点。例如，配送企业、用户都是各自独立的以利润为中心的企业，不但要看配送的总效益，而且还要看对社会的宏观效益及两个企业的微观效益，不顾及任何一方，都必然出现不合理。又如，如果配送是由用户集团自己组织的，配送主要强调保证能力和服务性，那么，效益主要从总效益、宏观效益和用户集团企业的微观效益来判断，不必过多顾及配送企业的微观效益。

由于总效益及宏观效益难以计量，在实际判断时，常以按国家政策进行经营，完成国家税收及配送企业及用户的微观效益来判断。

对于配送企业而言（投入确定了的情况下），企业利润反映了配送的合理化程度。

对于用户企业而言，在保证供应水平或提高供应水平（产出一定）的前提下，供应成本的降低，反映了配送的合理化程度。

成本及效益对合理化的衡量，还可以具体到储存、运输具体配送环节，使判断更为精细。

（四）供应保证标志

实行配送，各用户最担心的是供应保证程度降低，这是个心态问题，也是承担风险的实际问题。

配送的重要一点是必须提高而不是降低对用户的供应保证能力，才算实现了合理。供应保证能力可以从以下方面判断：

1. 缺货次数

实行配送后，对各用户来讲，该到货而未到货以致影响用户生产及经营的次数，必须下降才算合理。

2. 配送企业集中库存量

对每一个用户来讲，其数量所形成的保证供应能力高于配送前单个企业保证程度，从供应保证来看才算合理。

3. 即时配送的能力及速度

这是用户出现特殊情况的特殊供应保障方式，这一能力必须高于未实行配送前用户紧急进货能力及速度才算合理。

特别需要强调一点，配送企业的供应保障能力，是一个科学的合理的概念，而不是无限的概念。具体来讲，如果供应保障能力过高，超过了实际的需要，属于不合理。所以追求供应保障能力的合理化也是有限度的。

4. 社会运力节约标志

末端运输是目前运能、运力使用不合理、浪费较大的领域，因而人们寄希望于配送来解决这个问题。这也成了配送合理化的重要标志。

运力使用的合理化是依靠送货运力的规划和整个配送系统的合理流程及与社会运输系统合理衔接实现的。送货运力的规划是任何配送中心都需要花力气解决的问题，而其他问题有赖于配送及物流系统的合理化，判断起来比较复杂。可以简化判断如下：①社会车辆总数减少，而承运量增加为合理；②社会车辆空驶减少为合理；③一家一户自提自运减少，社会化运输增加为合理。

（五）用户企业仓库、供应、进货人力物力节约标志

配送的重要观念是以配送代劳用户；因此，实行配送后，各用户库存量、仓库面积、仓库管理人员减少为合理；用于订货、接货、搞供应的人应减少才为合理。真正解除了用户的后顾之忧，配送的合理化程度则可以说达到高水平了。

（六）物流合理化标志

配送必须有利于物流合理。这可以从以下几方面判断：①是否降低了物流费用；②是否减少了物流损失；③是否加快了物流速度；④是否发挥了各种物流方式的最优效果；⑤是否有效衔接了干线运输和末端运输；⑥是否不增加实际的物流中转次数；⑦是否采用了先进的技术手段。

物流合理化的问题是配送要解决的大问题，也是衡量配送本身合理化的重要标志。

三、配送合理化的措施

国内外推行配送合理化，有一些可供借鉴的办法，简介如下：

（一）推行一定综合程度的专业化配送

通过采用专业设备、设施及操作程序，取得较好的配送效果并降低配送过分综合化的复杂程度及难度，从而追求配送合理化。

（二）推行加工配送

通过加工和配送相结合，充分利用本来应有的这次中转，而不增加新的中转求得配

送合理化。同时，加工借助于配送，加工目的更明确，和用户联系更紧密，更避免了盲目性。这两者有机结合，投入不增加太多却可追求两个优势、两个效益，是配送合理化的重要经验。

（三）推行共同配送

通过共同配送，可以以最近的路程、最低的配送成本完成配送，从而追求合理化。

（四）实行送取结合

配送企业与用户建立稳定、密切的协作关系。配送企业不仅成了用户的供应代理人，而且承担了用户储存据点，甚至成为产品代销人，在配送时，将用户所需的物资送到，再将该用户生产的产品用同一车运回，这种产品也成了配送中心的配送产品之一，或者作为代存代储，免去了生产企业的库存包袱。这种送取结合，使运力充分利用，也使配送企业功能有更大程度的发挥，从而追求合理化。

（五）推行准时配送系统

准时配送是配送合理化的重要内容。配送做到了准时，用户才有资源把握，可以放心地实施低库存或零库存，可以有效地安排接货的人力、物力，以追求最高效率的工作。另外，保证供应能力，也取决于准时供应。从国外的经验看，准时供应配送系统是现在许多配送企业追求配送合理化的重要手段。

（六）推行即时配送

即时配送是最终解决用户企业担心断供之忧，大幅度提高供应保证能力的重要手段。即时配送是配送企业快速反应能力的具体化，是配送企业能力的体现。即时配送成本较高，但它是整个配送合理化的重要保证手段。此外，用户实行零库存，即时配送也是重要手段。

 项目实操

TCL 电器广西物流配送项目

一、项目背景

随着国内经济的进一步发展和中国加入 WTO 后全球经济一体化进程的加快，国内的家电行业市场竞争愈演愈烈，如何提高服务质量，降低成本，抢占国内市场的制高点成为了企业共同关心的课题。现在的企业竞争模式已经逐步转化为供应链之间的竞争，供应链上的企业共同合理地配备资源、提供高质量的服务是确保竞争优势的关键。针对南宁 TCL 电器销售有限公司的销售状况以及广西区的运输服务情况，特制定本运作方案。

二、项目目的

减少物流成本，降低整体物流费用；提高服务质量和客户满意度。

三、项目目标

到达准时率>95%；回单及时率>98%；客户投诉率<2%。

四、项目指导思想和采取的方法

（一）项目指导思想

以支持 TCL 电器广西区市场销售为目的；以降低物流总成本，减少库存，提高服务为导向；以物流系统优化调整和专业化管理为主要手段。

（二）项目采用的方法

全面分析，突出重点；系统优化方法；实地调研方法。

五、南宁 TCL 配送现状及发展策略

（一）TCL 电器广西区配送现状

南宁 TCL 电器销售有限公司的物流配送现状简述如下：销售公司下属有南宁、钦州、玉林、柳州、桂林 5 个经营部，其中南宁设有中心仓库 3500 平方米，负责对钦州、北海、防城港、百色地区及南宁地区的配送，现由南宁市的运输公司进行运作；桂林、柳州、玉林各设有配送仓库 200～450 平方米不等，现大部分由当地的邮政物流进行配送。2002 年，彩电销售近 250000 台，共有经销商 460 家。其中，南宁地区共有经销商 87 家，百色地区共 29 家，钦州、北海、防城港地区共 78 家，这三个地区销售量约占销售总量的 1/3；桂林地区共有经销商 61 家，柳州地区共有经销商 66 家，这两个地区的销售量约占销售总量的 1/3；河池地区共有 32 家；贵港、玉林地区共有经销商 80 家；梧州地区共有经销商 24 家；贺州地区共有 3 家。其中，梧州、贺州、河池、贵港现在设有销售代理商，经销商向代理商下单提货。其他各经销商向 TCL 各自区域的经营部下定单提货。

现在送到经销商的配送方式有三种，配送费用由经销商支付：①通过运输公司或者邮政物流送达经销商处；②由业务员临时派车送达经销商处；③经销商自提。

（二）南宁 TCL 电器销售有限公司的物流发展策略

1. 物流发展策略

在提高和维持现有的服务质量的前提下，逐渐取消各区域的代理商和各经营部的仓

库，由南宁的中心仓库向各地区的经销商直接配送（以下简称二次配送）。

2. 实施二次配送面临的问题

实施二次配送是企业降低物流成本，提高竞争力的重要管理方式，对企业的经营和生产管理具有非常深远的意义。我司的客户如飞利浦照明、宝洁公司等在 2000 年就开始了二次配送，在二次配送的管理上，我司积累了比较丰富的经验。针对本项目，实施二次配送将面临以下的问题：

（1）小订单及偏远地区的配送难度增加。解决小订单配送，是区域内配送的一项重要任务。在实施被动配送的运作下，由于小订单受配送量的限制，对我司来说，运作成本相对偏高。然而偏远地方的配送，由于受到区内资源的限制，配送时间会受到影响。解决这个问题的方法是进行二次配送的优化管理，经被动配送运作一段时间后，积累了一定的原始数据，通过收集和分析，逐渐向主动配送方向推进。

具体做法如下：从配送时间上来讲，建议贵司和经销商进行合理的安排，实现同一区域的多点配送；通过分析各个经销商的销售能力和配送时间，适当地改变部分经销商的运作习惯，如有的喜欢月底要货，有的要在断货以后才要货……和他们合作确定合理的库存水平和补货时间，统一安排配送，这样可能一次配送就可以同时完成对同一方向的多个点的补货，实现配送成本的下降。

（2）南宁中心仓库的出货能力的制约。中心仓库的出货能力将直接影响到配送时间和运作成本。出货能力一是指出货的速度，二是指出货的准确性。二次配送后，全区的配送都从南宁仓库提货，在没有增加仓库管理人员和优化流程以及装卸工的情况下，对仓库的出货能力将是严峻的考验。由于仓库和配送分开管理，故需要 TCL 公司进行协调。

针对这个问题，我司在运作方案中采用备货和定点提货的方法。具体做法如下：每天分 2~3 次进行订单处理，采用灵活的处理方法，当订单数达到一定的量，可通知运输商提前派车提货；常规运作是每天下午 4 点后，订单统计后，产生"仓库备货计划单"给到仓库管理人员，并按照计划时间提前备货，通知运输商准时提货，同时产生"各地区配送清单"，给到运输商，由运输商完成分货工作（故对运输商运作人员的培训和考核非常重要）。

（3）销售高峰期大量订单处理的考验。销售高峰期的订单处理的制约因素有两个：一是贵司的审单能力；二是我司的订单处理能力。已开始二次配送的点反馈的信息表明，一天的订单数最高达到了 300 张，以每单的审单和订单处理时间各自 1 分钟计，就需要 10 个小时。我司将就这个项目为南宁办事处做充足的人力资源准备，准备增加 2~4 名运输管理人员，以保证销售高峰期的顺利运作。

（三）南宁 TCL 电器的广西区配送方案

1. 配送的整体运作方式

直接送达：南宁市区及南宁地区；钦州、北海、防城港等地区；百色地区；贵港地区；贺州地区；梧州市，河池市（代理商）；桂林市；柳州市；玉林市。

和邮政物流对接：玉林地区；桂林地区；柳州地区；河池地区。

运作方案示意图如图 4-3 所示。

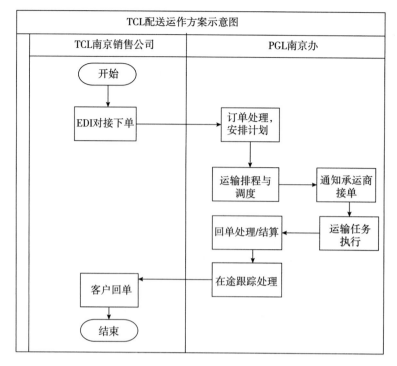

图 4-3　TCL 配送运作方案示意图

2. 各地区的运作方式

(1) 南宁市区的配送方案及运作。订单分类：将市内订单分为普通订单和加急订单。

普通订单采用定时（定量）发车的配送方式，每天固定时间或者达到一定的订货量后发车，如上午 11：00 以及下午 3：20（具体时间有待商议），要避开南宁市内交通管制时间。

加急订单采用即时包车配送的方式。这种方式的优点是：改变现有的找车难的局面，定量发车，有利于资源的合理使用，从而降低配送成本。其不足之处在于：不能满足现有的 2.5 个小时的配送时间要求。

(2) 南宁地区、百色地区、钦防北地区、贺州地区、梧州地区、贵港地区的运作流程。以上地区按照项目实施阶段进行运作，通过我司的供应商进行直达配送。第一个月开展对南宁地区、百色地区、钦防北地区、贵港地区的直达配送，贺州、梧州地区保持现有的运作方式（代理商制度）；第二个月开展到贺州、梧州地区的二次配送。

分阶段进行二次配送的运作是为了保障运作的顺利进行，从试运作的第一个月中总结出经验，用于后面的运作，从而最大限度地保证运作质量。

(3) 玉林、柳州、桂林地区、河池地区等对邮政物流对接的运作流程。该运作流程适用于和邮政物流对接完成配送的地区：玉林、柳州、桂林地区、河池地区等（见图 4-4）。河池地区的二次配送建议在运作后的第三个月进行，前两个月保持现有的运作方式。

该运作方式的要点是：充分利用邮政物流早上发车的特点，由干线运输商将配送到各县城的彩电从南宁在指定时间内送到各地的邮政物流仓库，并完成交接，大部分县城邮政物流当天送达，部分县城和乡镇（如桂林的资源县、玉林地区的乡镇）需要第二天才能送达。这样可以保证维持现有的配送时间要求。桂林市、柳州市、玉林市等的订单

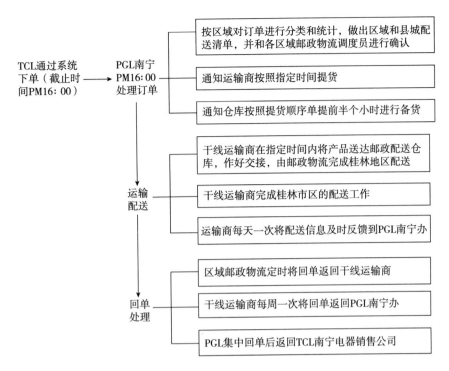

图 4-4 TCL 南宁配送项目流程图

由干线运输商直接送达各经销商。

这种方式的优点是：维持了现有的服务水平（配送时间），保证能配送到各个县城的经销商。其不足之处在于：桂林市、柳州市、玉林市等的配送时间无法满足当天下单当天到货的服务要求。

3. 订单的处理流程

（1）网上订单系统下单。通过 TCL 的订单系统直接在我司的南宁办事处下单，南宁办每 30 分钟打单一次。这种下单方式可以有效地保证单据的准确性和有效性，建议贵司尽可能采用订单系统下单。

（2）手工订单下单。通过传真方式可随时将单据传到我司南宁办事处。手工订单需要进行有效性确认，在运作前，贵司需要对我司运作人员进行单据的有效性培训，如授权人的签名等。同时，我司将每个月统计手工订单的有效性，并在双方回顾中反馈到贵司。

（3）订单的时间限制。我司建议当天的订单截止时间为 16：00，将 16：00 以后的订单视为第二天下单处理。原因是考虑到仓库的出货能力和对接配送的复杂性，我司需要对订单进行统计和处理，生产"仓库备货计划表""邮政物流配送计划预告表"以及"分货清单"等。订单处理的时间要求比较高，故建议贵司的订单截止时间为当天 16：00。

（4）回单。根据贵司的要求，按规定时间将客户的签收回单返回。建议一月回单两次。

（四）PGL 是如何保证运作质量的

PGL 作为国内领先的第三方物流供应商，为多家大型企业实施过国内及区域的物流配送管理，储备了许多专业的物流管理人才和积累了大量的运作经验。对于贵公司的广西配送的项目我司十分重视，对于保证配送的运作质量，我司从以下四个方面进行分析：

1. 重视配送方案的可行性和实用性

配送方案的可行性，关系到项目合作是否能够顺利进行；而方案的实用性，关系到运作质量的保障和物流费用的控制。从广西运输资源的调查到配送方案的可行性分析，我司总部的资深物流专家都一直给予指导和建议。同时，也非常感谢贵司各经营部对我司调查的大力支持和协助，提供了许多数据和建议，从而使我司顺利完成了配送方案，故该方案是双方人员共同的劳动成果，对贵司有较强的实用性。

2. 精心挑选运输的合作伙伴

我司作为第三方物流供应商，其核心价值在于专业的物流策划和物流运作管理。单纯的货物运输不是我司的优势，我司是通过精心挑选的运输公司（即我司的供应商）来完成运输运作的，故供应商的运作质量直接关系到我司的服务质量。供应商的选择是由我司用多年积累的运作经验编写的《供应商管理制度》来确定的。对于本项目，我司在洽谈的运输商都是省内具有较大规模和影响力的运输公司，如天宝物流、百色仔货运公司等。这些合作伙伴通过我司的培训和管理，有能力提供符合要求的高质量的运输服务。

3. 以科学、规范的运作管理和经验丰富的管理人员为保障

我司能作为领先的第三方物流供应商，为多家企业提供高质量的物流服务，是以科学、规范的运作管理和经验丰富的管理人员来保障的。我司的运作管理是严格按照《供应商管理制度》执行的。该制度包括供应商（运输商等）的采购制度、培训制度、考核制度、回顾制度等。例如，培训制度，在本项目的筹备工作中，我司要求运输商在各个运作点指定专人负责我司的配送业务，经指定的人员及公司的负责人必须经过我司培训和考核合格后，该运输商才可以启用。实践证明，对于物流配送这样的服务行业，事前必要的培训，可以大幅度地减少运输事故和产品残损，从而提高运输的质量。考核和回顾制度是用来支持和帮助供应商不断优化流程，规范化管理，提高自身的管理水平和服务质量，从而达到双赢的目的。同时，我司的运输管理人员有实施过多家企业的物流配送的经验，有能力处理和解决配送中存在的问题，保障物流配送的顺利进行。

4. 运输管理的专业性

在我司的运输管理中，运输的步骤包括以下四方面：发运，在途跟踪，到达，签单。完整签单的结束，才算发货任务的完成。相对于许多运输公司或者自己做的储运的生产企业来说，往往发货指的就是发运的第一个环节，在观念上觉得找到车辆或者找运输公司把货运走，就是完成了运输任务。所以经常等到客户打电话投诉了才知道货物没有及时送达，或者说是送错了货。这一点是我司在运输操作上跟其他运输公司的很重要的区别。我司的运输管理的专业性，是我司作为第三方物流供应商提供高质量物流服务的保障。

六、对项目开展的建议

为了保证该项目的顺利开展和缩短双方协调的时间，建议由贵司的物流配送负责人

和我司的项目负责人以及运作人员组成一个项目团队，共同协调和解决运作中碰到的新问题，特别是仓库的管理问题，不断优化运作流程，合理化运输，争取降低配送费用，达到双赢的目的。同时，借助于我司的专业物流管理（二次配送优化管理）的经验，可以帮助贵司进行销售数据收集和分析，进一步降低库存成本，提高库存周转率，从而降低贵司的物流成本和提高贵司的竞争力。

七、项目实施计划

若项目方案能在 5 月 31 日前顺利通过评估，双方达成工作意向，将在 6 月 1 日开始实施，具体实施计划如表 4-1 所示。

表 4-1　项目实施推进计划表

计划阶段	计划内容/实施步骤	完成时间	负责人	衡量标准	所需支持
项目评估阶段	向南宁 TCL 销售公司递交物流配送项目方案	5 月 22 日前	×××	通过评估，达成合作意向	资源调查报告、运作方案
	运作资源的有效确定	5 月 22 日前	×××	能保证运作的开展	在南宁进行资源调查
项目通过评估后，双方达成合作意向后，实施以下计划（时间根据客户的安排可提前也可顺延）					
运作准备	合同的签订	依客户安排	×××	形成书面合同	×××
	TCL 对我司运作人员的产品知识和运作要求的培训	6 月 10 日前	×××	熟悉掌握产品特性、类型	TCL 相关人员
	TCL 客户的操作手册	6 月 15 日前	×××	书面的操作手册	TCL 相关负责人指导
	运输商的确定和培训（培训计划、考核）	6 月 20 日前	×××	运输商相关人员通过考核合格	供应商管理系统、操作手册
	运作人员及资源的到位	6 月 20 日前	×××	资源能够满足运作的需要	×××
	仓库管理的协调和流程优化	6 月 25 日前	×××	消除运作的瓶颈	×××
	订单系统的对接	6 月 25 日前	×××	在南宁办直接订单	×××、IT 支持
	按《运作前检查清单》内容检查运作准备情况	6 月 28 日前	×××	确定各项资源到位，可以开始运作	×××
	下达运作指令：与 TCL 确定正式运作的日期	6 月 30 日前	×××	确定各项运作资源就绪	×××

续表

计划阶段		计划内容/实施步骤	完成时间	负责人	衡量标准	所需支持
试运作阶段（三个月）	第一个月	开展桂林地区、柳州地区、钦防北地区、百色地区、玉林贵港地区以及南宁地区的二次配送	7月31日前	×××	服务质量在考核指标之上	×××
	第二个月	开展梧州地区、贺州地区的二次配送	8月31日前	×××	服务质量在考核指标之上	×××
	第三个月	开展河池地区的二次配送	9月30日前	×××	服务质量在考核指标之上	×××
	运作回顾	每月进行一次回顾，协调运作中存在的问题，不断优化流程	每月的10日前	×××	回顾报告	×××
正常运作		开展全广西区的配送		×××	服务质量在考核指标之上	×××

资料来源：TCL 南宁物流配送实操案例。

本章小结

　　配送是指在经济合理区域范围内，根据客户要求，对物品进行拣选、加工、包装、分割、组配等作业，并按时送达指定地点的物流活动。本章主要阐述了配送及配送中心的概念和作业流程，介绍了配送线路的优化方法，重点分析了不合理配送的表现形式和合理化配送的措施。

复习思考

1. 什么是配送？配送的类型有哪些？
2. 配送中心有哪些功能？
3. 如何优化配送路线？
4. 不合理配送的表现形式有哪些？
5. 配送合理化的措施有哪些？

沃尔玛的配送中心

沃尔玛诞生于 1945 年的美国。在它创立之初，由于地处偏僻小镇，几乎没有哪个分销商愿意为它送货，于是不得不自己向制造商订货，然后再联系货车送货，效率非常低。在这种情况下，沃尔玛的创始人山姆·沃尔顿决定建立自己的配送组织。1970 年，沃尔玛的第一家配送中心在美国阿肯色州的一个小城市本顿维尔建立，这个配送中心供货给 4 个州的 32 个商场，集中处理公司所销商品的 40%。

沃尔玛配送中心的运作流程是：供应商将商品的价格标签和 UPS 条形码（统一产品码）贴好，运到沃尔玛的配送中心；配送中心根据每个商店的需要，对商品就地筛选，重新打包，从"配区"运到"送区"。

由于沃尔玛的商店众多，每个商店的需求各不相同，这个商店也许需要这样一些种类的商品，那个商店则有可能又需要另外一些种类的商品，沃尔玛的配送中心根据商店的需要，把产品分类放入不同的箱子当中。这样，员工就可以在传送带上取到自己所负责的商店所需的商品。在传送的时候，传送带上有一些信号灯，有红的，有绿的，还有黄的，员工可以根据信号灯的提示来确定箱子应被送往的商店，来拿取这些箱子。这样，所有的商店都可以在各自所属的箱子中拿到需要的商品。

在配送中心内，货物成箱地被送上激光制导的传送带，在传送过程中，激光扫描货箱上的条形码，全速运行时，只见纸箱、木箱在传送带上飞驰，红色的激光四处闪射，将货物送到正确的卡车上，传送带每天能处理 20 万箱货物，配送的准确率超过 99%。

20 世纪 80 年代初，沃尔玛配送中心的电子数据交换系统已经逐渐成熟。到了 20 世纪 90 年代初，它购买了一颗专用卫星，用来传送公司的数据及其信息。这种以卫星技术为基础的数据交换系统的配送中心，将自己与供应商及各个店面实现了有效连接，沃尔玛总部及配送中心任何时间都可以知道，每一个商店现在有多少存货，有多少货物正在运输过程当中，有多少货物存放在配送中心等；同时还可以了解某种货品上周卖了多少，去年卖了多少，并能够预测将来能卖多少。沃尔玛的供应商也可以利用这个系统直接了解自己昨天、今天、上周、上个月和去年的销售情况，并根据这些信息来安排组织生产，保证产品的市场供应，同时使库存降到最低限度。

由于沃尔玛采用了这项先进技术，配送成本只占其销售额的 3%，其竞争对手的配送成本则占到销售额的 5%，仅此一项，沃尔玛每年就可以比竞争对手节省下近 8 亿美元的商品配送成本。20 世纪 80 年代后期，沃尔玛从下订单到货物到达各个店面需要 30 天，现在由于采用了这项先进技术，这个时间只需要 2~3 天，大大提高了物流的速度和效益。

从配送中心的设计上看，沃尔玛的每个配送中心都非常大，平均占地面积大约有 11 万平方米，相当于 23 个足球场。一个配送中心负责一定区域内多家商场的送货，从配送中心到各家商场的路程一般不会超过一天行程，以保证送货的及时性。配送中心一般不设在城市里，而是设在郊区，这样有利于降低用地成本。

沃尔玛的配送中心虽然面积很大，但它只有一层，之所以这样设计，主要是考虑到货物流通的顺畅性。有了这样的设计，沃尔玛就能让产品从一个门进，从另一个门出。如果产品不在同一层就会出现许多障碍，如电梯或其他物体的阻碍，产品流通就无法顺利进行。

沃尔玛配送中心的一端是装货月台，可供30辆卡车同时装货，另一端是卸货月台，可同时停放135辆大卡车。每个配送中心有600~800名员工，24小时连续作业；每天有160辆货车开来卸货，150辆车装好货物开出。

在沃尔玛的配送中心，大多数商品停留的时间不会超过48小时，但某些产品也有一定数量的库存，这些产品包括化妆品、软饮料、尿不湿等各种日用品，配送中心根据这些商品库存量的多少进行自动补货。到现在，沃尔玛在美国已有30多家配送中心，分别供货给美国18个州的3000多家商场。

沃尔玛的供应商可以把产品直接送到众多的商店中，也可以把产品集中送到配送中心，两相比较，显然集中送到配送中心可以使供应商节省很多钱。所以在沃尔玛销售的商品中，有87%左右是经过配送中心的，而沃尔玛的竞争对手仅能达到50%的水平。由于配送中心能降低物流成本50%左右，使得沃尔玛能比其他零售商向顾客提供更廉价的商品，这正是沃尔玛迅速成长的关键所在。

资料来源：https：//www.docin.com/p-2398149114.html.

思考：

1. 沃尔玛配送中心的成功之处表现在哪几个方面？
2. 沃尔玛是如何将信息技术应用到配送中心的？

第五章 装卸搬运

- 了解装卸搬运的定义、特点和分类
- 理解装卸搬运的原则和作用
- 了解装卸搬运的成本
- 掌握装卸搬运合理化的措施

第一节 装卸搬运概述

一、定义

在同一地域范围内（如车站范围、工厂范围、仓库内部等）以改变"物"的存放、支撑状态的活动称为装卸，以改变"物"的空间位置的活动称为搬运，两者统称装卸搬运。有时候或在特定场合，单称"装卸"或单称"搬运"也包含了"装卸搬运"的完整含义。在习惯使用中，物流领域（如铁路运输）常将装卸搬运这一整体活动称作"货物装卸"；在生产领域中常将这一整体活动称作"物料搬运"。实际上，活动内容都是一样的，只是领域不同而已。

装卸是指："物品在指定地点以人力或机械装入运输设备或卸下。"搬运是指："在同一场所内，对物品进行以水平移动为主的物流作业。"

装卸是改变"物"的存放，支撑状态的活动，主要指物体上下方向的移动；而搬运是改变"物"的空间位置的活动，主要指物体横向或斜向的移动。通常装卸、搬运是合在一起用的。

二、装卸搬运的意义

装卸搬运活动的作业量大，方式复杂，作业不均衡，对安全性的要求高。但它是物流活动中不可缺少的环节，对物流发展和效益增加意义重大。

装卸搬运在物流活动中起着承上启下的作用。物流的各环节和同一环节的不同子环节之间，都必须进行装卸搬运作业，正是装卸活动把物流各个阶段连接起来，使之成为连续的流动的过程。在生产企业物流中，装卸搬运成为各生产工序间连接的纽带，它是从原材料设备等装卸搬运预备开始到产品装卸搬运为止的连续作业过程。

装卸搬运在物流成本中占有重要地位。在物流活动中，装卸活动是不断出现和反复进行的，它出现的频率高于其他物流活动。此外，每次装卸活动都要浪费很长时间，所以往往成为决定物流速度的关键。装卸活动所消耗的人力活动也很多，所以装卸费用在物流成本中所占的比重也较高。

以我国为例，铁路运输的始发和到达的装卸作业费占运费的 20% 左右，船运占 40% 左右。我国对生产物流的统计显示，机械加工企业每生产 1 吨成品，需要进行 252 吨次的装卸搬运，其成本为加工成本的 15.5% 左右。因此降低物流费用，装卸是个重要环节。

此外，进行装卸操作时往往需要接触货物，因此，这是在物流过程中造成货物破损、散失、损耗、混合等损失的主要环节。例如，袋装水泥纸袋破损和水泥散失主要发生在装卸过程中，玻璃、机械、器皿、煤炭等产品在装卸时最容易造成损失。

据我国统计，火车货运以 500 公里为分界点，运距超过 500 公里，运输在途时间多于起止的装卸时间；运距低于 500 公里，装卸时间则超过实际运输时间。美国与日本之间的远洋船运，一个往返需 25 天，其中，运输时间 13 天，装卸时间 12 天。由此可见，装卸活动是影响物流效率、决定物流技术经济效益的重要环节。

三、装卸搬运的特点

（一）附属性、伴生性

装卸搬运是物流每一项活动开始及结束时必然发生的活动，而有时常被人忽视，有时被看作其他操作时不可缺少的组成部分。例如，一般而言的"汽车运输"，就实际包含了相随的装卸搬运，仓库中泛指的保管活动，也含有装卸搬运活动。

（二）支持、保障性

装卸搬运的附属性不能理解成被动的，实际上，装卸搬运对其他物流活动有一定的决定性。装卸搬运会影响其他物流活动的质量和速度。例如，装车不当，会引起运输过程中的损失；卸放不当，会引起货物转换成下一步运动的困难。许多物流活动在有效的装卸搬运支持下，才能提高物流水平。

（三）衔接性

在任何其他物流活动互相过渡时，都是以装卸搬运来衔接的，因而，装卸搬运往往成为整个物流的"瓶颈"，是物流各功能之间能否形成有机联系和紧密衔接的关键，而这又是一个系统的关键。要想建立一个有效的物流系统，关键看这一衔接是否有效。

四、装卸搬运的分类

（一）按照作业场所对象分类

按照作业场所对象划分，装卸搬运可分为仓库装卸、铁路装卸、港口装卸、汽车装卸、飞机装卸等。仓库装卸配合出库、入库、维护保养等活动进行，并且以堆垛、上架、取货等操作为主。

铁路装卸是对火车车皮的装进及卸出，特点是一次作业就实现一车皮的装进或卸出，很少有像仓库装卸时出现的整装零卸或零装整卸的情况。港口装卸包括码头前沿的装船，也包括后方的支持性装卸运，有的港口装卸还采用小船在码头与大船之间"过驳"的办法，因而其装卸的流程较为复杂，往往经过几次的装卸及搬运作业才能最后实现船与陆地之间货物过渡的目的。

汽车装卸一般一次装卸批量不大，由于汽车的灵活性，可以少或根本减去搬运活动，而直接、单纯利用装卸作业达到车与物流设施之间货物过渡的目的。

（二）按照机械设备对象分类

按照机械设备对象划分，装卸搬运可分为使用吊车的"吊上吊下"方式，使用叉车的"叉上叉下"方式，使用半挂车或叉车的"滚上滚下"方式，"移上移下"方式，以及散装散卸方式等。

1. "吊上吊下"方式

这是指采用各种起重机械从货物上部起吊，依靠起吊装置的垂直移动实现装卸，并在吊车运行的范围内或回转的范围内实现搬运或依靠搬运车辆实现小搬运。由于吊起及放下属于垂直运动，这种装卸方式属垂直装卸。

2. "叉上叉下"方式

这是指采用叉车从货物底部托起货物，并依靠叉车的运动进行货物位移，搬运完全靠叉车本身，货物可不经中途落地直接放置到目的地。这种方式的垂直运动不大而主要是水平运动，属水平装卸方式。

3. "滚上滚下"方式

这主要是指港口装卸的一种水平装卸方式。利用叉车或半挂车、汽车承载货物，连同车辆一起开上船，到达目的地后再从船上开下，称"滚上滚下"方式。利用叉车的滚上滚下方式，在船上卸货后，叉车必须离船，利用拖车将半挂车、平车拖拉至船上后，拖车开下离船而载货车辆连同货物一起运到目的地，再原车开下或拖车上船拖拉半挂车、平车开下。

"滚上滚下"方式需要有专门的船舶，对码头也有不同要求，这种专门的船舶称"滚装船"。

4. "移上移下"方式

在两车之间（如火车及汽车）进行靠接，然后利用各种方式，不使货物垂直运动，而靠水平移动从一个车辆上推移到另一车辆上，称"移上移下"方式。"移上移下"方式需要使两种车辆水平靠接，因此，对站台或车辆货台需进行改变，并配合移动工具实现这种装卸。

5. 散装散卸方式

这是对散装物进行装卸，一般从装点直到卸点，中间不再落地，这是集装卸与搬运于一体的装卸方式。

（三）按照作业特点分类

按照作业特点划分，装卸搬运可分成连续装卸与间歇装卸两类。

连续装卸：主要是同种大批量散装或小件杂货通过连续输送机械，连续不断地进行作业，中间无停顿，货间无间隔。在装卸量较大、装卸对象固定、货物对象不易形成大包装的情况下适合采取这一方式。

间歇装卸：有较强的机动性，装卸地点可在较大范围内变动，主要适用于货流不固定的各种货物，尤其适用于包装货物、大件货物，散粒货物也可采取此种方式。

（四）其他分类

按被装物的主要运动形式分类，装卸搬运可分垂直装卸、水平装卸两种形式。

按装卸搬运对象分类，装卸搬运可分成散装货物装卸、单件货物装卸、集装货物装卸等。

第二节　装卸搬运的原则与作用

一、装卸搬运的主要原则

（一）减少装卸

前面已经讲过，装卸作业本身并不产生价值。但是，如果进行了不适当的装卸作业，就可能造成商品的破损，或者使商品受到污染。因此，尽量排除无意义的作业，是理所当然的。尽量减少装卸次数，以及尽可能地缩短搬运距离等，所起的作用也是很大的。因为装卸作业不仅要花费人力和物力，增加费用，还会使流通速度放慢。如果多增加一次装卸，费用也就相应地增加一次，同时还增加了商品污损、破坏、丢失、消耗的机会。因此，装卸作业的经济原则就是"不进行装卸"。所以，应当考虑如何才能减少装卸次数、缩短移动商品的距离的问题。

（二）保持装卸搬运的连续性

这是指两处以上的装卸作业要配合好。进行装卸作业时，为了不使连续的各种作业中途停顿，而能协调地进行，整理其作业流程是必要的。因此，进行"流程分析"，对商品的流动进行分析，使经常相关的作业配合在一起，也是必要的。例如，把商品装到汽车或铁路货车上，或者把商品送往仓库进行保管时，应当考虑合理取卸或出库的方便。所以某一次的装卸作业，某一个装卸动作，有必要考虑下一步的装卸而有计划地进行。要使一系列的装卸作业顺利地进行，作业动作的顺序、作业动作的组合或装卸机械的选择及运用都是很重要的。

（三）减轻人力装卸

减轻人力装卸就是尽可能把人的体力劳动改为机械化劳动。在不得已的情况下，非依靠人力不可时，尽可能不要让搬运距离太远。关于"减轻人力装卸"问题，主要是在减轻体力劳动、缩短劳动时间、防止成本上升、劳动安全卫生等方面推进省力化、自动化。

（四）提高装卸搬运的灵活性

物流过程中，常需将暂时存放的物品再次搬运。从便于经常发生的搬运作业的角度考虑，物品的堆放方法是很重要的，这种便于移动的程度，被称为"搬运灵活性"。衡量商品堆存形态的"搬运灵活性"，用灵活性指数来表示。一般将灵活性指数分为五个等级：散堆于地面上为0级；装入箱内为1级；装在货盘或垫板上为2级；装在车台上为3级；装在输送带上为4级。

（五）提高装卸搬运单位化

把商品汇集成一定单位数量，然后再进行装卸，既可避免损坏、消耗、丢失又容易查点数量，而且其最大的优点在于使装卸、搬运的单位加大，使机械装卸成为可能，并提高装卸、搬运的灵活性。这种方式是把商品装在托盘、集装箱和搬运器具中原封不动地装卸、搬运，并进行输送、保管。

（六）考虑装卸搬运的整体性

在整个物流过程中，要从运输、储存、保管、包装与装卸的关系来考虑。装卸要适合运输、储存保管的规模，即装卸要起着支持并提高运输、储存保管能力、效率的作用，而不是起阻碍的作用。对于商品的包装来说也是一样的，过去是以装卸为前提进行的包装，要运进许多不必要的包装材料，采用集合包装，不仅可以减少包装材料，同时也省去了许多徒劳的运输。

二、装卸搬运的作用

装卸搬运活动在整个物流过程中占有很重要的地位。一方面，物流过程各环节之间以及同一环节不同活动之间，都是以装卸作业有机结合起来的，从而使物品在各环节、各种活动中处于连续运动或流动中；另一方面，各种不同的运输方式之所以能联合运输，也是由于装卸搬运才使其形成。在生产领域中，装卸搬运作业已成为生产过程中不可缺少的组成部分，成为直接生产的保障系统，从而形成装卸搬运系统。由此可见，装卸搬运是物流活动得以进行的必要条件，在全部物流活动中占有重要地位，发挥着重要作用。

（一）装卸搬运影响物流质量

因为装卸搬运是使货物产生垂直和水平方向上的位移，货物在移动过程中受到各种外力作用，如振动、撞击、挤压等，容易使货物包装和货物本身受损，如损坏、变形、破碎、散失、流溢等，装卸搬运损失在物流费用中占有一定的比重。

（二）装卸搬运影响物流效率

物流效率主要表现为运输效率和仓储效率。在货物运输过程中，完成一次运输循环所需的时间，在发运地的装车时间和在目的地的卸车时间占有不小的比重，特别是在短途运输中，装、卸车时间所占比重更大，有时甚至超过运输工具运行时间，所以缩短装卸搬运时间，对加速车船和货物周转具有重要作用；在仓储活动中，装卸搬运效率对货物的收发速度和货物周转速度产生直接影响。

（三）装卸搬运影响物流安全

由于物流活动是物的实体的流动，在物流活动中确保劳动者、劳动手段和劳动对象安全非常重要。装卸搬运特别是装卸作业，货物要发生垂直位移，不安全因素比较多。实践表明，物流活动中发生的各种货物破失事故、设备损坏事故、人身伤亡事故等，相当一部分是在装卸过程中发生的。特别是一些危险品在装卸过程中如果违反操作规程进行野蛮装卸，很容易造成燃烧、爆炸等重大事故。

（四）装卸搬运影响物流成本

装卸搬运是劳动力借助于劳动手段作用于劳动对象的生产活动。为了进行此项活动，必须配备足够的装卸搬运人员和装卸搬运设备。由于装卸搬运作业量较大，它往往是货物运量和库存量的若干倍，所以所需装卸搬运人员和设备的数量亦比较大，即要有较多的活动和物化劳动的投入，这些劳动消耗要计入物流成本，如能减少用于装卸搬运的劳动消耗，就可以降低物流成本。

第三节 装卸搬运的成本

物流企业经营装卸业务时，应按照机械化作业和人工作业的不同，分别计算成本。物流企业既有机械化作业，又有人工作业。例如，以机械作业为主仅配备少量人工作业时，计算机械作业成本；以人工作业为主仅配备少量机械作业时，可只计算人工装卸搬运成本。物流企业的装卸搬运成本，通常实行两级核算的办法。各作业班组或作业队仅计算其装卸搬运成本，然后再汇总其业务范围。在实施计算时，机械装卸搬运与人工装卸搬运分别计算。装卸搬运所配备的车辆等运输工具，一般作为装卸机械并入计算，不再进行单独成本核算。

装卸费用的归集与分配方法与运输费用基本相同，其有关的汇总表、计算表和分配表，一般都可并入核算运输业务的有关凭证（如汇总表、计算表、分配表）中。

一、直接人工

企业的直接人工可根据工资结算表等有关资料编制工资及职工福利费汇总表，据此直接计入各类装卸搬运成本。

二、直接材料中的燃料和动力

对于燃料和动力，企业可于每月终根据油库转来的装卸机械领用燃料凭证计算实际消耗数量计入成本。企业耗用的电力可根据供电部门的收费凭证或企业的分配凭证直接计入装卸搬运成本。

三、直接材料中的轮胎

物流企业装卸机械的轮胎磨耗是在装卸场地操作过程中发生的，因此其轮胎费用不宜采用公里摊提方法处理。一般可以领用新胎时将其价值一次直接计入装卸成本。装卸机械轮胎的翻新和零星修补费用，一般在费用发生和支付时，直接计入装卸成本。装卸队配属各种车辆所领用新胎及翻新和零星修补的费用，也可按上述方法计入装卸搬运成本。

四、其他直接费用中的保养修理费

由专职装卸机械保修工或保修班组进行装卸机械保修作业的工料费，直接计入装卸成本；由保修车间进行装卸机械保修作业的工料费，通过辅助营运费用账户核算，然后分配计入装卸搬运成本。

企业的装卸机械计提大修理费用一般按下列公式计算：

装卸机械月大修理费计提额＝当月机械运转台班×装卸机械台班大修理费计提额

装卸机械在运行和装卸操作过程中耗用的机油、润滑油及装卸机械保修领用周转总成的价值，月终根据油料库、材料库提供的领料凭证直接计入装卸搬运成本。

五、其他直接费用中的折旧费

装卸机械的折旧应按规定的折旧率计提，根据固定资产折旧计算表直接计入各类装卸搬运成本。装卸机械计提折旧适宜采用工作量法，一般按其工作时间（以台班表示）计提。其计算公式如下：

装卸机械月折旧额＝当月运转台班×台班折旧额

六、其他直接费用

装卸机械领用的随机工具、劳保用品和装卸过程中耗用的工具，在领用时根据领用凭证可将其价值一次直接计入各类装卸搬运成本。一次领用数额过大时，可作为待摊费用处理。工具的修理费用以及防暑、防寒、保健饮料、劳动保护安全措施等费用，在费用发生和支付时，可根据费用支付凭证或其他有关凭证，一次直接计入各类装卸搬运成本。

物流企业对外发生和支付装卸费时，可根据支付凭证直接计入各类装卸搬运成本。事故损失一般于实际发生时直接计入有关装卸搬运成本，或先通过其他应收款——暂付赔款账户归集，然后于月终将应由本期装卸搬运成本负担的事故损失结转计入有关装卸搬运成本。

七、营运间接费用

装卸队直接开支的管理费和业务费，可在发生和支付时，直接列入装卸搬运成本。当按机械装卸和人工装卸分别计算成本时，可先通过营运间接费用账户汇集，月终再按直接费用比例分配计入各类装卸搬运成本。

物流企业的装卸搬运总成本是通过主营业务成本——装卸支出账户的明细账所登记的各项装卸搬运费用总额确定的。装卸业务的单位成本，以"元/千吨"为计算单位。

同时，经营装卸业务的物流企业除编制运输成本计算表外，还要按月编制装卸成本计算表。

第四节　装卸搬运合理化

装卸搬运合理化是指以尽可能少的人力和物力消耗，高质量、高效率地完成仓库的装卸搬运任务，保证供应任务的完成。装卸搬运合理化，是针对装卸不合理而言的。合理与不合理是相对的，由于各方面客观条件的限制，不可能达到绝对合理。

一、实现省力化

装卸搬运使物料发生垂直和水平位移，必须通过做功才能实现，要尽力实现装卸作业的省力化。

在装卸作业中应尽可能地消除重力的不利影响。在有条件的情况下利用重力进行装卸，可减轻劳动强度和能量的消耗。将设有动力的小型运输带（板）斜放在货车、卡车或站台上进行装卸，使物料在倾斜的输送带（板）上移动，这种装卸就是靠重力的水平分力完成的。在搬运作业中，不用手搬，而是把物资放在一台车上，由器具承担物体的重量，人们只要克服滚动阻力，使物料水平移动，这无疑是十分省力的。

利用重力式移动货架也是一种利用重力进行省力化的装卸方式之一。重力式货架的每层格均有一定的倾斜度，利用货箱或托盘可自己沿着倾斜的货架层板自己滑到输送机械上。因为物料滑动的阻力越小越好，通常货架表面均处理得十分光滑，或者在货架层上装有滚轮，也有在承重物资的货箱或托盘下装上滚轮，这样将滑动摩擦变为滚动摩擦，物料移动时所受到的阻力会更小。

二、提高机械化

物资装卸搬运设备运用组织是以完成装卸任务为目的，并以提高装卸设备的生产率、装卸质量和降低装卸搬运作业成本为中心的技术组织活动。它包括下列内容：

其一，确定装卸任务量。要根据物流计划，经济合同，装卸作业不均衡程度，装卸次数，装、卸车时限等，来确定作业现场年度、季度、月、旬、日平均装卸任务量。装卸任务量有事先确定的因素，也有临时变动的可能。因此，要合理地运用装卸设备，就必须把计划任务量与实际装卸作业量两者之间的差距缩小到最低水平。同时，装卸作业组织工作还要把装卸作业的物资对象的品种、数量、规格、质量指标以及搬运距离尽可能地做出详细的规划。

其二，根据装卸任务和装卸设备的生产率，确定装卸搬运设备需用的台数和技术特征。

其三，根据装卸任务、装卸设备生产率和需用台数，编制装卸作业进度计划。它通常包括：装卸搬运设备的作业时间表、作业顺序、负荷情况等详细内容。

其四，下达装卸搬运进度计划，安排劳动力和作业班次。

其五，统计和分析装卸作业成果，评价装卸搬运作业的经济效益。

随着生产力的发展，装卸搬运的机械化程度将不断提高。此外，由于装卸搬运的机械化能把工人从繁重的体力劳动中解放出来。尤其对于危险品的装卸作业，机械化能保证人和货物的安全，也是装卸搬运机械化程度不断得以提高的动力。

三、创建物流"复合终端"

这是指对不同运输方式的终端装卸场所，集中建设不同的装卸设施。复合终端的优点在于：①取消了各种运输工具之间的中转搬运，因而有利于物流速度的加快，减少装卸搬运活动所造成的物品损失；②由于各种装卸场所集中到复合终端，这样就可以共同利用各种装卸搬运设备，提高设备的利用率；③在复合终端内，可以利用大生产的优势进行技术改造，大大提高转运效率；④减少了装卸搬运的次数，有利于物流系统功能的提高。

四、合理规划装卸搬运作业过程

这是指对整个装卸作业的连续性进行合理的安排，以减少运距和装卸次数。

装卸搬运作业现场的平面布置是直接关系到装卸、搬运距离的关键因素，装卸搬运机械要与货场长度、货位面积等互相协调。装卸搬运作业现场要有足够的场地集结货场，并满足装卸搬运机械工作面的要求，场内的道路布置要为装卸搬运创造良好的条件，有利于加速货位的周转。使装卸搬运距离达到最小平面布置是减少装卸搬运距离的最理想的方法。

提高装卸搬运作业的连续性应做到：①作业现场的装卸搬运机械之间要合理衔接；②不同的装卸搬运作业在相互联结使用时，力求使它们的装卸搬运速率相等或接近；③充分发挥装卸搬运调度人员的作用，一旦发生装卸搬运作业障碍或停滞状态，立即采取有力的措施补救。

五、重视改善物流系统的总效果

装卸搬运在某种意义上是运输、保管活动的辅助活动。因此，特别要重视从物流全过程来考虑装卸搬运的最优效果。如果单独从装卸搬运的角度考虑问题，不但限制了装卸搬运活动的改善，而且还容易与其他物流环节发生矛盾，影响物流系统功能的提高。

 项目实操

装卸搬运合同

甲方（托运人）：

乙方（承运人）：

甲方指定乙方为甲方货物提供装卸及运输服务，双方经友好协商，就具体事宜达成如下协议：

一、合同有效期

本合同为期一年，从××年××月××日起到××年××月××日为止。

二、承运货物及运输方式

甲方委托乙方装卸并运输货物，运输方式为汽车公路运输。

三、货运流程

1. 由甲方贸管部通知乙方装货运货；

2. 乙方到甲方仓库装货；

3. 双方核对签收；

4. 乙方送往目的地由收货人验收；

5. 乙方要求收货人在签收单上签字或盖章；

6. 将货运签收单交回甲方贸管部；

7. 甲方贸管部出具货运完成证明。

四、运费及结算方式

1. 运费按乙方实际承运的货物总量及里程计算，具体标准按甲乙双方约定执行（见附件）。

2. 装卸费按甲方库管部现行费用执行（见附件）。

3. 乙方凭甲方贸管部出具的货运完成证明，经甲方贸管部认可的月度运输费用核算汇总，提供合法发票后，经甲方总经理签字，到甲方财务部进行月度运费结算。

4. 乙方凭甲方库管部主任签字确认的仓库装卸明细，出具发票，经甲方总经理签字，到甲方财务部进行月度装卸费用结算。

5. 运费及装卸费用定额每季度调整一次。

五、甲方责任

1. 甲方应通知乙方到仓库装货，应说明运送时间、数量、目的地、收货人联系方式等。

2. 甲方应将运送过程中需注意的事项详细告知乙方。

3. 甲方根据乙方提供的约定凭据进行月度结算。

六、乙方责任

1. 乙方应按甲方通知的时间到甲方仓库，在甲方库管人员监督指导下自行安排人员装货，并在确认无误后签收。

2. 乙方必须按照甲方运单的要求，在规定的期限内，将货物安全运送到甲方指定的地点，交给甲方指定的收货人。乙方在将货物交给收货人时，应让其在货运签收单上签字或盖章，作为完成运输义务的证明，返回后将货运签收单交给甲方。

3. 乙方还必须完成销售经理交办的其他工作，如捎带发票、货款等。所捎带货款应于返回后24小时内送交甲方财务，并由甲方财务出具收到捎带货款证明。不许截留抵冲运费，否则将承担双倍赔偿责任。

4. 乙方承运的货物要确保安全，运输途中如发生失窃、火灾、雨淋、污染等情况，致使货物短少、丢失、损毁、变质等问题，乙方应按照原货值赔偿甲方经济损失。货物运输中因故意或过失所致一切事故，乙方自行负责，由此给甲方造成损失的，乙方应该承担赔偿责任。

5. 乙方因事故不能及时送到目的地，给甲方造成损失的，乙方应承担赔偿责任。对于送错目的地后需转运的，装运费用由乙方承担，由此给甲方造成损失的，乙方承担赔偿责任。

6. 运输过程中乙方发现甲方提供收货人资料不齐全，应及时通知甲方补充，否则造成损失由乙方负责。因不可抗力或收货人行为，致使货物不能按时交付，乙方应立即通知甲方并说明情况，未及时通知，造成的损失由乙方负责。

七、违约责任

甲乙双方未尽到上述责任，对于造成的损失应承担责任。

八、本合同未尽事宜，依法律法规规定，未予规定的由双方协商决定。合同履行中产生争议，由双方协商解决，协商不成，可诉请　市人民法院解决。

九、本合同一式两份，双方各执一份，签字或盖章后生效。

甲方（托运方）：　　　　　　　　乙方（承运方）：

××年××月××日　　　　　　　××年××月××日

资料来源：https：//wenku.baidu.com/view/69b5f33cb8f3f90f76c66137ee06eff9aff849cf.html.

 **本章小结**

本章主要阐述了装卸、搬运的概念，以及其装卸搬运的相关分类，不仅分析了装卸搬运的特点和作用，还分析了实现装卸搬运合理化的措施。

 复习思考

1. 装卸搬运的概念、特点和作用分别是什么？
2. 装卸搬运的类型有哪些？
3. 实现装卸搬运合理化的措施有哪些？

案例分析

云南双鹤医药的装卸搬运环节

云南双鹤医药有限公司是北京双鹤这艘医药航母部署在西南战区的一艘战舰，是一个以市场为核心、现代医药科技为先导、金融支持为框架的新型公司，是西南地区经营药品品种较多、较全的医药专业公司。虽然云南双鹤已形成规模化的产品生产和网络化的市场销售，但其流通过程中物流管理严重滞后，造成物流成本居高不下，不能形成价格优势。这严重阻碍了物流服务的开拓与发展，成为公司业务发展的"瓶颈"。装卸搬运活动是衔接物流各环节活动正常进行的关键，而云南双鹤恰恰忽视了这一点，由于搬运设备的现代化程度低，只有几个小型货架和手推车，大多数作业仍处于以人工作业为主的原始状态，工作效率低，并且易损坏物品。另外，仓库设计不合理，造成长距离的搬运，并且库内作业流程混乱，形成重复搬运，大约有70%的无效搬运，这种过多的搬运次数，损坏了商品，也浪费了时间。

资料来源：http://www.examw.com/wuliu/anli/150948/.

思考：

1. 装卸搬运环节对企业发展的作用有哪些？
2. 针对医药企业的特点，针对云南双鹤搬运系统的改造应提出哪些建议和方法？

第六章　流通加工

- 掌握流通加工的概念、类型和作用
- 理解流通加工与生产加工的区别
- 了解流通加工的成本构成
- 掌握流通加工的合理化

第一节　流通加工概述

流通加工是流通中的一种特殊形式。商品流通是以货币为媒介的商品交换，它的重要职能是将生产及消费联系起来，起"桥梁和纽带"作用，完成商品所有权和实物形态的转移。因此，流通与流通对象的关系，一般不是改变其形态、创造价值，而是保持流通对象的已有形态，完成空间的位移，实现其"时间效用"及"场所效用"。

一、流通加工目的

流通加工是为了提高物流速度、促进销售、降低生产及物流成本，在物品进入流通领域后，按物流的需要和客户的要求进行的简单再加工活动。其作用就是直接对流通，特别是对销售服务，起到提高物流系统效率的作用。

二、流通加工与生产制造的区别

流通加工和一般生产制造在加工方法、加工组织、生产管理方面无明显区别，但在加工对象、加工程度方面差别较大，其主要差别表现在以下四个方面：

（一）加工对象的差别

流通加工的对象是进入流通过程的商品，具有商品的属性，以此来区别多环节生产加工中的一环。生产制造的对象是原材料、零配件、半成品等，而不是最终商品。

（二）加工的程度差别

流通加工大多是简单加工，而不是复杂加工。一般来讲，如果必须进行复杂加工才能形成人们所需的商品，那么这种复杂加工应专设生产加工过程，生产制造应完成大部分加工活动，流通加工对生产制造则是一种辅助及补充。流通加工绝对不是对生产制造的取消和替代。

（三）价值体现不同

从价值观点看，生产制造的目的是创造价值和使用价值，而流通加工的目的则在于完善其使用价值并在不做大的改变的情况下提高价值。

（四）加工实施人员不同

流通加工的实施人员是从事流通工作的人，能密切结合流通的需要进行这种加工活动，从加工单位来看，流通加工由商品流通企业完成，而生产制造由生产企业完成。生产制造的实施人员是生产制造专业知识和能操作专业设备的工厂工人。

三、流通加工的作用

（一）提高原材料利用率

这是指通过流通加工进行集中下料，将生产厂商直接运来的简单规格产品，按用户的要求进行下料。例如：将钢板进行剪板、切裁；将木材加工成各种长度及大小的板、方等。集中下料可以优材优用、小材大用、合理套裁，明显地提高原材料的利用率，有很好的技术经济效果。

（二）方便用户

用量小或满足临时需要的用户，不具备进行高效率初级加工的能力，通过流通加工可以使用户省去进行初级加工的投资、设备、人力，方便了用户。目前发展较快的初级加工有：将水泥加工成生混凝土，将原木或板、方材加工成门窗，钢板预处理，整形等加工。

（三）提高加工效率及设备利用率

在分散加工的情况下，加工设备由于生产周期和生产节奏的限制，设备利用时松时紧，使得加工过程不均衡，设备加工能力不能得到充分发挥。然而流通加工面向全社会，加工数量大，加工范围广，加工任务多。这样可以通过建立集中加工点，采用一些效率高、技术先进、加工量大的专门机具和设备，一方面可提高加工效率和加工质量，另一方面可提高设备利用率。

四、流通加工的地位

流通加工在物流中的地位表现在以下几个方面：

（一）流通加工有效地完善了流通

流通加工在实现时间效用和场所效用这两个重要功能方面，确实不能与运输和保管相比，因而，流通加工不是物流的主要功能要素。另外，流通加工的普遍性也不能与运输、保管相比，流通加工对所有物流活动并不都是必需的。但这绝不是说流通加工不重要，实际上它也是不可忽视的，它具有补充、完善、提高与增强的作用，能起到运输、保管等其他功能要素无法起到的作用。所以，流通加工的地位可以描述为：提高物流水平，促进流通向现代化发展。

（二）流通加工是物流的重要利润来源

流通加工是一种低投入、高产出的加工方式，往往以简单加工解决大问题。实践中，有的流通加工通过改变商品包装，使商品档次升级而充分实现其价值；有的流通加工可将产品利用率提高30%，甚至更多。这些都是采取一般方法提高生产率所难以做到的。实践证明，流通加工提供的利润并不亚于从运输和保管中挖掘的利润，因此我们说流通加工是物流业的重要利润来源。

（三）流通加工在国民经济中也是重要的加工形式

流通加工在整个国民经济的组织和运行方面是一种重要的加工形式，对推动国民经济的发展、完善国民经济的产业结构具有一定的意义。

第二节　流通加工的类型

一、为弥补生产领域加工不足的深加工

有许多产品在生产领域的加工只能达到一定程度，这是由于存在许多因素限制了生产领域不能完全实现终极的加工。例如：钢铁厂的大规模生产只能按标准规定的规格生产，以使产品有较强的通用性，使生产能有较高的效率和效益；木材如果在产地制成木制品的话，就会造成运输的极大困难，所以原生产领域只能加工到圆木、板方材这个程度，进一步的下料、切裁、处理等加工则由流通加工完成。

这种流通加工实际上是生产的延续，是生产加工的深化，对弥补生产领域加工不足有重要意义。

二、为满足需求多样化进行的服务性加工

从需求角度看，需求存在着多样化和变化两个特点，为满足这种要求，经常是用户自己设置加工环节，例如，生产消费型用户的再生产往往从原材料初级处理开始。

就用户来讲，现代生产的要求是，生产型用户能尽量减少流程，尽量集中力量从事较复杂的技术性较强的劳动，而不愿意将大量初级加工包揽下来。这种初级加工带有服

务性，由流通加工来完成，生产型用户便可以缩短自己的生产流程，使生产技术密集程度提高。

对一般消费者而言，则可省去繁琐的预处置工作，而集中精力从事较高级能直接满足需求的劳动。

三、为保护产品所进行的加工

在物流过程中，直到用户投入使用前都存在对产品的保护问题，防止产品在运输、储存、装卸、搬运、包装等过程中遭到损失，使使用价值能顺利实现。和前两种加工不同，这种加工并不改变进入流通领域的"物"的外形及性质。这种加工主要采取稳固、改装、冷冻、保鲜、涂油等方式。

四、为提高物流效率，方便物流的加工

有一些产品本身的形态使之难以进行物流操作，如鲜鱼的装卸、储存操作困难，过大设备搬运、装卸困难，气体运输、装卸困难等。进行流通加工，可以使物流各环节易于操作，如鲜鱼冷冻、过大设备解体、气体液化等。这种加工往往改变"物"的物理状态，但并不改变其化学特性，并最终仍能恢复原物理状态。

五、为促进销售的流通加工

流通加工可以从若干方面起到促进销售的作用。例如：将过大包装或散装物分装成适合一次销售的小包装的分装加工；将原来以保护产品为主的运输包装改换成以促进销售为主的装潢性包装，以起到吸引消费者、指导消费的作用；将零配件组装成用具、车辆以便于直接销售；将蔬菜、肉类洗净切块以满足消费者要求；等等。这种流通加工可能不改变"物"的本体，只进行简单改装的加工，也有许多是组装、分块等深加工。

六、为提高加工效率的流通加工

许多生产企业的初级加工由于数量有限，加工效率不高，也难以投入先进科学技术。流通加工以集中加工的形式，解决了单个企业加工效率不高的弊病，以一家流通加工企业代替了若干生产企业的初级加工工序，促使生产水平有所发展。

七、为提高原材料利用率的流通加工

流通加工利用其综合性强、用户多的特点，可以实行合理规划、合理套裁、集中下料的办法，这就能有效提高原材料利用率，减少损失浪费。

八、衔接不同运输方式，使物流合理化的流通加工

在干线运输及支线运输的节点，设置流通加工环节，可以有效解决大批量、低成本、长距离干线运输多品种、少批量、多批次末端运输和集货运输之间的衔接问题，在流通加工点与大生产企业间形成大批量、定点运输的渠道，又以流通加工中心为核心，组织对多用户的配送。也可在流通加工点将运输包装转换为销售包装，从而有效衔接不同目的的运输方式。

九、以提高经济效益，追求企业利润为目的的流通加工

流通加工的一系列优点，可以形成一种"利润中心"的经营形态，这种类型的流通加工是经营的一环，在满足生产和消费要求基础上取得利润，同时在市场和利润引导下使流通加工在各个领域中能有效地发展。

十、生产—流通一体化的流通加工形式

依靠生产企业与流通企业的联合，或者生产企业涉足流通，或者流通企业涉足生产，形成的对生产与流通加工进行合理分工、合理规划、合理组织，统筹进行生产与流通加工的安排，这就是生产—流通一体化的流通加工形式。这种形式可以促成产品结构及产业结构的调整，充分发挥企业集团的经济技术优势，是目前流通加工领域的新形式。

第三节　流通加工的成本

一、流通加工成本的主要构成

（一）流通加工设备费用
流通加工设备购置费用。

（二）流通加工材料费用
流通加工过程中需要消耗的一些材料的费用。

（三）流通加工劳务费用
流通加工过程中从事加工活动的管理人员、工人及有关人员工资、奖金等费用的总和。

（四）流通加工其他费用

流通加工中耗费的电力、燃料、油料等费用。

二、流通加工成本分析

（一）流通加工成本分析的常用方法

1. 比较分析法

通过指标对比，从数量上确定差异的一种分析方法。

2. 比率分析法

通过计算和对比经济指标的比率进行数量分析的一种方法。

3. 连环替代法

用来计算几个相互联系的因素对综合经济指标变动影响程度的一种分析方法。

4. 差额计算法

是连环替代法的一种简化形式。

（二）流通加工成本表的结构和编制方法

流通加工成本表分为基本报表和补充资料两部分。

基本报表部分：反映各种可比产品和不可比产品本月及本年累计的实际加工量、实际单位加工成本和实际加工总成本。可比产品是指流通加工中心过去曾加工过，有完整的成本资料可以进行比较的产品；不可比产品是指流通加工中心过去未曾加工过，或者缺乏可比的成本资料的产品。

可比产品加工成本降低额＝可比产品按上年实际平均单位加工成本计算的总成本−可比产品本年累计实际总成本

可比产品加工成本降低率＝可比产品加工成本降低额÷可比产品按上年实际平均单位加工成本计算的总成本

（三）流通加工成本表的分析

这是对全部流通加工成本计划的完成情况进行总括评价。通过总评价，一是对流通加工中心全部产品加工成本的完成情况有个总括的了解，二是通过对影响计划完成情况因素的初步分析，为进一步分析指出方向。

1. 流通加工直接材料费用的计算

其主要包括：流通加工直接材料费用的内容；材料消耗量的核算；消耗材料价格的核算；直接材料费用的归集；直接材料费用的分配。

2. 流通加工直接人工费用的计算

其主要包括：流通加工直接人工费用的内容；流通加工直接人工费用的归集；流通加工直接人工费用的分配。

3. 流通加工制造费用的计算

其主要包括：制造费用的内容；制造费用的归集。

折旧费用是通过编制"折旧费用计算汇总表"，计算出各生产单位本期折旧费用以后，计入制造费用的。

固定资产修理费用，一般可以直接计入当月该生产单位的制造费用。

4. 制造费用的分配

制造费用的分配方法有：生产工时分配法、机器工时分配法、计划分配率分配法。

生产工时分配法，是以加工各种产品的生产工时为标准分配费用的方法。

机器工时分配法，是以各种加工产品（各受益对象）的机器工作时间为标准，来分配制造费用的方法。

计划分配率分配法，是按照年初确定的计划制造费用分配率分配制造费用，实际发生的制造费用与按计划分配率分配的制造费用的差异年末进行调整。

5. 加工生产费用在完工产品和期末在产品之间的分配

其主要包括：在产品数量的计算；在产品加工成本的计算。

第四节　流通加工合理化

一、不合理流通加工的形式

流通加工是在流通领域中对生产的辅助性加工，从某种意义上来讲，它不仅是生产过程的延续，实际也是生产本身或生产工艺在流通领域的延续。这个延续可能有正、反两方面的作用，可能有效地起到补充完善的作用，但是，也必须估计到另一个可能性，即对整个过程的负效应。各种不合理的流通加工都会产生抵消效益的负效应。几种不合理流通加工形式具体如下：

（一）流通加工地点设置的不合理

流通加工地点设置即布局状况是决定整个流通加工是否有效的重要因素。一般而言，为衔接单品种大批量生产与多样化需求的流通加工，只有把加工地设置在需求地区，才能实现大批量的干线运输与多品种末端配送的物流优势。

如果将流通加工地设置在生产地区，其不合理之处在于：①多样化需求要求的产品多品种、小批量地由产地向需求地的长距离运输会出现不合理。②在生产地增加了一个加工环节，同时增加了近距离运输、装卸、储存等一系列物流活动。

所以，在这种情况下，不如由原生产单位完成这种加工而无须设置专门的流通加工环节。一般而言，为方便物流的流通，加工环节应设在产出地，设置在进入社会物流之前，如果将其设置在物流之后，即设置在消费地，则不但不能解决物流问题，还在流通中增加了一个中转环节，因而也是不合理的。

即使是产地或需求地设置流通加工的选择是正确的，还有流通加工在小地域范围的正确选址问题，如果处理不善，仍然会出现不合理。这种不合理主要表现在交通不便，流通加工与生产企业或用户之间距离较远，流通加工点的投资过高（如受选址的地价影响），加工点周围社会、环境条件不良等。

（二）流通加工方式选择不当

流通加工方式包括流通加工对象、流通加工工艺、流通加工技术、流通加工程度等。流通加工方式的确定实际上是与生产加工的合理分工分不开的。分工不合理，本来应由生产加工完成的，却错误地由流通加工来完成，本来应由流通加工完成的，却错误地由生产过程去完成，都会造成不合理性。

流通加工不是对生产加工的代替，而是一种补充和完善。所以，一般而言，如果工艺复杂，技术装备要求较高，加工可以由生产过程延续或轻易解决者都不宜再设置流通加工，尤其不宜与生产过程争夺技术要求较高、效益较高的最终生产环节，更不宜利用一个时期市场的压迫力使生产者变成初级加工或前期加工，而流通企业完成装配或最终形成产品的加工。如果流通加工方式选择不当，就会出现与生产夺利的恶果。

（三）流通加工作用不大，形成多余环节

有的流通加工过于简单，或对生产及消费者作用都不大，甚至有时流通加工的盲目性同样未能解决品种、规格、质量、包装等问题，相反却实际增加了环节，这也是流通加工不合理的重要形式。

（四）流通加工成本过高，效益不好

流通加工之所以能够有生命力，重要优势之一是有较大的产出投入比，因而有效起着补充完善的作用。如果流通加工成本过高，则不能实现以较低投入实现更高使用价值的目的。除了一些必须的，从政策要求即使亏损也应进行的加工外，都应看成是不合理的。

二、流通加工合理化的措施

流通加工合理化的含义是实现流通加工的最优配置，不仅做到避免各种不合理，使流通加工有存在的价值，而且做到最优的选择。

为避免各种不合理现象，对是否设置流通加工环节、在什么地点设置、选择什么类型的加工、采用什么样的技术装备等，需要做出正确抉择。目前，国内在进行这方面合理化的考虑中已积累了一些经验，取得了一定成果。

实现流通加工合理化主要考虑以下几方面：

（一）加工和配送相结合

这是将流通加工设置在配送点中，一方面按配送的需要进行加工，另一方面加工又是配送业务流程中分货、拣货、配货当中的一环，加工后的产品直接投入配货作业，这就无须单独设置一个加工的中间环节，使流通加工有别于独立的生产，而使流通加工与中转流通巧妙结合在一起。同时，由于配送之前有加工，可使配送服务水平大大提高。这是当前对流通加工做合理选择的重要形式，在煤炭、水泥等产品的流通中已表现出较大的优势。

（二）加工和配套相结合

在对配套要求较高的流通中，配套的主体来自各个生产单位，但是，完全配套有时无法全部依靠现有的生产单位，进行适当流通加工，可以有效促成配套，大大提高流通的桥梁与纽带的能力。

（三）加工和合理运输相结合

前文已提到过流通加工能有效衔接干线运输与支线运输，促进两种运输形式的合理化。利用流通加工，在支线运输转干线运输或干线运输转支线运输这本来就必须停顿的环节，不进行一般的支转干或干转支，而是按干线或支线运输合理的要求进行适当加工，从而大大提高运输及运输转载水平。

（四）加工和合理商流相结合

通过加工有效促进销售，使商流合理化，也是流通加工合理化的考虑方向之一。加工和配送相结合，通过加工，提高了配送水平，强化了销售，是加工与合理商流相结合的一个成功的例证。此外，通过简单地改变包装加工，形成方便的购买量，通过组装加工解除用户使用前进行组装、调试的难处，都是有效促进商流的例子。

（五）加工和节约相结合

节约能源、节约设备、节约人力、节约耗费是流通加工合理化重要的考虑因素，也是目前我国设置流通加工，考虑其合理化的较普遍形式。

对于流通加工合理化的最终判断，是看其能否实现社会的和企业本身的两个效益，而且是否取得了最优效益。对流通加工企业而言，与一般生产企业一个重要不同之处是，流通加工企业更应树立社会效益第一的观念，只有在以补充完善为己任的前提下才有生存的价值。如果只是追求企业的微观效益，不适当地进行加工，甚至与生产企业争利，这就有违流通加工的初衷，或者其本身已不属于流通加工的范畴了。

 本章小结

本章主要概述了与流通加工相关的若干理论问题，包括流通加工的含义、特点、作用和地位等。本章的重点内容是流通加工的类型、不合理流通加工的形式和流通加工合理化的措施。

 复习思考

1. 什么是流通加工？流通加工的作用有哪些？

2. 流通加工与生产加工的区别主要有哪些？

3. 流通加工的类型有哪些？

4. 不合理流通加工的形式及流通加工合理化的措施分别有哪些？

 案例分析

阿迪达斯公司在美国有一家超级市场，设立了组合式鞋店，摆放着的不是做好了的鞋，而是做鞋用的半成品，款式花色多样，有6种鞋跟、8种鞋底，均为塑料制造的，鞋面的颜色以黑、白为主，搭带的颜色有80种，款式有百余种，顾客进来可任意挑选自己所喜欢的各个部位，交给职员当场进行组合。一双崭新的鞋便唾手可得。这家鞋店昼夜营业，职员技术熟练，鞋子的售价与成批制造的价格差不多，有的还稍便宜些。所以顾客络绎不绝，销售金额比邻近的鞋店高10倍。

资料来源：https：//www.shangxueba.com/ask/15773779.html.

思考：

流通加工的作用及其现实意义有哪些？

第七章 包 装

- 理解包装的概念、特性和功能
- 了解包装标记和标志、包装容器和包装技术
- 掌握选择包装器材应遵循的原则
- 掌握包装合理化的措施

第一节 包装概述

一、包装的概念

包装是在物流过程中保护产品，方便储运，促进销售，按一定技术方法采用容器、材料及辅助物等将物品包封并予以适当的包装和标志的工作总称。简言之，包装是包装物及包装操作的总称。

二、包装的地位

在社会再生产过程中，包装处于生产过程的末尾和物流过程的开头，既是生产的终点，又是物流的始点。

在现代物流观念形成以前，包装被天经地义地看成生产的终点，因而一直是生产领域的活动。包装的设计往往主要从生产终结的要求出发，因而常常不能满足流通的要求。物流的研究认为，包装与物流的关系，比其与生产的关系要密切得多，其作为物流始点的意义比其作为生产终点的意义要大得多。因此，包装应进入物流系统之中，这是现代物流的一个新观念。

三、包装的特性与功能

包装的三大特性：保护性、单位集中性及便利性。
包装的四大功能：保护商品、方便物流、促进销售、方便消费。

（一）保护商品

商品包装的一个重要功能就是保护包装内的商品不受损伤。在商品运输、储存过程中，一个好的包装，能够抵挡侵袭因素。在设计商品的包装时，要做到有的放矢，要仔细分析商品可能会受到哪些方面的侵扰，然后针对这些方面来设计商品的包装。

（二）方便物流过程

商品包装的一个重要作用就是提供商品自身的信息，如商品的名称、生产厂家和商品规格等，以帮助工作人员区分不同的商品。在传统的物流系统中，商品包装的这些功能可以通过在包装上印刷商品信息的方式来实现，如今，随着信息技术的发展，更多使用的是条形码技术。条形码技术可以极大地提高物流过程的整体效率。

（三）促进商品的销售

一般来说，商品的外包装必须要适应商品运输的种种要求，更加注重包装的实用性。商品的内包装要直接面对消费者，必须要注意它的外表的美观大方，要有一定的吸引力，促进商品的销售。商品的包装就是企业的面孔，优秀的、精美的商品包装能够在一定程度上促进商品的销售，提高企业的市场形象。

（四）方便顾客消费，提高客户服务水平

企业对商品包装的设计工作应该适合顾客的应用，要与顾客使用时的搬运、存储设施相适应。

四、包装的分类及包装材料

（一）包装的分类

1. 按包装在物流中发挥的不同作用划分

（1）商业包装。商业包装，又称消费者包装或内包装，其主要目的就是吸引消费者、促进销售。一般来说，在物流过程中，商品越接近顾客，越要求包装起到促进销售的效果。因此，这种包装的特点是造型美观大方，拥有必要的修饰，包装上有对商品的详细说明，包装的单位符合顾客的购买要求以及商家柜台摆设的要求。

（2）工业包装。工业包装又称运输包装或外包装，是指为了在商品的运输、存储和装卸的过程中保护商品所进行的包装。它更强调包装的实用性和费用的低廉性。

2. 按照包装材料的不同划分

按包装材料的不同，可以将包装分为纸制品包装、塑料制品包装、木制容器包装、金属容器包装、玻璃陶瓷容器包装、纤维容器包装、复合材料包装和其他材料包装。

3. 按照包装保护技术的不同划分

按照商品包装保护技术的不同，可将包装分为防潮包装、防锈包装、防虫包装、防腐包装、防震包装以及危险品包装等。

（二）包装材料

（1）纸及纸制品：牛皮纸、玻璃纸、植物羊皮纸、沥青纸、板纸、瓦楞纸板。

（2）塑料及塑料制品：聚乙烯、聚丙烯、聚苯乙烯、聚氯乙烯、钙塑材料。

（3）木材及木制品。

（4）金属：镀锡薄板、涂料铁、铝合金。

（5）玻璃、陶瓷。

（6）复合材料。

五、包装标记和标志

商品包装时，在外部印刷、粘贴或书写的标识，其内容包括：商品名称、牌号、规格、等级、计量单位、数量、重量、体积等；收货单位，发货单位，指示装卸、搬运、存放的注意事项，图案和特定的代号。

包装的标识是判别商品特征、组织商品流转和维护商品质量的依据，对保障商品储运安全、加速流转、防止差错有着重要作用。

包装的标记是指根据包装袋内装物商品的特征和商品收发事项，在外包装上用字和阿拉伯数字标明的规定记号。它主要包括：

（一）商品标记

这是注明包装内的商品特征的文字记号，反映的内容主要是商品名称、规格、型号、计量单位、数量。

（二）重量体积标记

这是注明整体包装的重量和体积的文字记号，反映的内容主要是毛重、净重、皮重以及长、宽、高尺寸。

（三）收发货地点和单位标记

这是注明商品起运、到达地点和收发货单位的文字记号，反映的内容是收发货的具体地点和收发货单位的全称。例如：国外进口商品在外包装表面刷上标记，标明订货年度、进口单位和要货单位的代号、商品类别代号、合同号码、贸易国代号以及进口港的地名等。

六、包装容器

（一）包装袋

包装袋是柔性包装中的重要技术，包装袋材料是挠性材料，有较高的韧性、抗拉强度和耐磨性。一般包装袋结构是筒管状结构，一端预先封死，在包装结束后再封装另一端，包装操作一般采用充填操作。包装袋广泛适用于运输包装、商业包装、内装、外装，因而使用较为广泛。包装袋一般分成下述三种类型：

1. 集装袋

这是一种大容积的运输包装袋，盛装重量在 1 吨以上。集装袋的顶部一般装有金属吊架或吊环等，便于铲车或起重机的吊装、搬运。卸货时可打开袋底的卸货孔，即行卸货，非常方便，适于装运颗粒状、粉状的货物。

集装袋一般多用聚丙烯、聚乙烯等聚酯纤维纺织而成。由于集装袋装卸货物、搬运都很方便，装卸效率明显提高，近年来发展很快。

2. 一般运输包装袋

这类包装袋的盛装重量是 0.5~100 千克，大部分是由植物纤维或合成树脂纤维纺织而成的织物袋，或者由几层挠性材料构成的多层材料包装袋，如麻袋、草袋、水泥袋等，主要包装粉状、粒状和个体小的货物。

3. 小型包装袋（或称普通包装袋）

这类包装袋盛装重量较小，通常用单层材料或双层材料制成，某些具有特殊要求的包装袋也有由多层不同材料复合而成的，包装范围较广，液状、粉状、块状和异型物等均可采用这种包装。

上述几种包装袋中，集装袋适于运输包装，一般运输包装袋适于外包装及运输包装，小型包装袋适于内装、个装及商业包装。

（二）包装盒

包装盒是介于刚性包装和柔性包装两者之间的包装技术。包装材料有一定挠性，不易变形，有较高的抗压强度，刚性高于袋装材料。包装结构是规则几何形状的立方体，也可裁制成其他形状，如圆盒状、尖角状，一般容量较小，有开闭装置。包装操作一般采用码入或装填，然后将开闭装置闭合。包装盒整体强度不大，包装量也不大，不适合做运输包装，适合做商业包装、内包装，适合包装块状及各种异形物品。

（三）包装箱

包装箱是刚性包装技术中的重要一类。包装材料为刚性或半刚性材料，有较高强度且不易变形。包装结构和包装盒相同，只是容积、外形都大于包装盒，两者通常以 10 升为分界。包装操作主要为码放，然后将开闭装置闭合或将一端固定封死。包装箱整体强度较高，抗变形能力强，包装量也较大，适合做运输包装、外包装，包装范围较广，主要用于固体杂货包装。包装箱主要有以下几种：

1. 瓦楞纸箱

瓦楞纸箱是用瓦楞纸板制成的箱形容器。瓦楞纸箱按外形结构分类有折叠式瓦楞纸箱、固定式瓦楞纸箱和异形瓦楞纸箱三种。按构成瓦楞纸箱体的材料来分类，有瓦楞纸箱和钙塑瓦楞箱。

2. 木箱

木箱是流通领域中常用的一种包装容器，其用量仅次于瓦楞箱。木箱主要有木板箱、框板箱、框架箱三种。

（1）木板箱。木板箱一般用作小型运输包装容器，能装载多种性质不同的物品。木板箱作为运输包装容器具有很多优点，例如，有抗拒碰裂、溃散、戳穿的性能，有较大的耐压强度，能承受较大负荷，制作方便等。但木板箱的箱体较重，体积也较大，其本身没有防水性。

（2）框板箱。框板箱是先由条木与人造板材制成箱框板，再经钉合装配而成。

（3）框架箱。框架箱是由一定截面的条木构成箱体的骨架，根据需要也可在骨架外面加木板覆盖。这类框架箱有两种形式，无木板覆盖的称为敞开式框架箱，有木板覆盖的称为覆盖式框架箱。框架箱由于有坚固的骨架结构，因此具有较好的抗震和抗扭力，有较大的耐压能力，而且其装载量大。

3. 塑料箱

一般用作小型运输包装容器，其优点是，自重轻，耐蚀性好，可装载多种商品，整体性强，强度和耐用性能满足反复使用的要求，可制成多种色彩以对装载物分类，手握搬运方便，没有木刺，不易伤手。

4. 集装箱

由钢材或铝材制成的大容积物流装运设备，从包装角度看，也属一种大型包装箱，可归属于运输包装的类别之中，也是大型反复使用的周转型包装。

（四）包装瓶

包装瓶是瓶颈尺寸有较大差别的小型容器，是刚性包装中的一种，包装材料有较高的抗变形能力，刚性、韧性要求一般也较高，个别包装瓶介于刚性与柔性材料之间，瓶的形状在受外力时虽可发生一定程度变形，但一旦外力撤除，仍可恢复原来瓶形。包装瓶结构是瓶颈口径远小于瓶身，并且在瓶颈顶部开口，包装操作是填灌操作，然后将瓶口用瓶盖封闭。包装瓶包装量一般不大，适合美化装潢，主要做商业包装、内包装使用，主要包装液体、粉状货物。包装瓶按外形可分为圆瓶、方瓶、高瓶、矮瓶、异形瓶等若干种。瓶口与瓶盖的封盖方式有螺纹式、凸耳式、齿冠式、包封式等。

（五）包装罐（筒）

包装罐是罐身各处横截面形状大致相同，罐颈短，罐颈内径比罐身内颈稍小或无罐颈的一种包装容器，是刚性包装的一种。包装材料强度较高，罐体抗变形能力强。包装操作是装填操作，然后将罐口封闭，可做运输包装、外包装，也可做商业包装、内包装用。包装罐（筒）主要有三种：

1. 小型包装罐

这是典型的罐体，可用金属材料或非金属材料制造，容量不大，一般是做销售包装、内包装，罐体可采用各种方式装饰美化。

2. 中型包装罐

外型也是典型罐体，容量较大，一般做化工原材料、土特产的外包装，起运输包装作用。

3. 集装罐

这是一种大型罐体，外形有圆柱形、圆球形、椭球形等，卧式、立式都有。集装罐往往是罐体大而罐颈小，采取灌填式作业，灌进作业和排出作业往往不在同一罐口进

行，另设卸货出口。集装罐是典型的运输包装，适合包装液状、粉状及颗粒状货物。

第二节　包装的保护技术

一、防震保护技术

防震包装又称缓冲包装，在各种包装方法中占有重要的地位。产品从生产出来到开始使用要经过一系列的运输、保管、堆码和装卸过程，置于一定的环境之中。在任何环境中都会有力作用在产品之上，并使产品发生机械性损坏。为了防止产品遭受损坏，就要设法减小外力的影响，所谓防震包装就是指为减缓内装物受到冲击和震动，保护其免受损坏而采取一定防护措施的包装。防震包装主要有以下三种方法：

（一）全面防震包装方法

全面防震包装方法是指内装物和外包装之间全部用防震材料填满进行防震的包装方法。

（二）部分防震包装方法

对于整体性好的产品和有内装容器的产品，仅在产品或内包装的拐角或局部地方使用防震材料进行衬垫即可。所用包装材料主要有泡沫塑料防震垫、充气型塑料薄膜防震垫和橡胶弹簧等。

（三）悬浮式防震包装方法

对于某些贵重易损的物品，为了有效地保证在流通过程中不被损坏，首先选择比较坚固的外包装容器，然后用绳、带、弹簧等将被装物悬吊在包装容器内，在物流中，无论是什么操作环节，内装物都被稳定悬吊而不与包装容器发生碰撞，从而减少损坏。

二、防破损保护技术

缓冲包装有较强的防破损能力，因而是防破损包装技术中有效的一类。此外还可以采取以下几种防破损保护技术：

（一）捆扎及裹紧技术

捆扎及裹紧技术的作用，是使杂货、散货形成一个牢固整体，以增加整体性，便于处理及防止散堆来减少破损。

（二）集装技术

利用集装，可以减少与货体的接触，从而防止破损。

（三）选择高强保护材料

这是指通过外包装材料的高强度来防止内装物受外力作用而破损。

三、防锈包装技术

（一）防锈油防锈蚀包装技术

大气锈蚀是空气中的氧、水蒸气及其他有害气体等作用于金属表面引起电化学作用的结果。如果使金属表面与引起大气锈蚀的各种因素隔绝（即将金属表面保护起来），就可以达到防止金属大气锈蚀的目的。防锈油包装技术就是根据这一原理将金属涂封防止锈蚀的。

用防锈油封装金属制品，要求油层要有一定厚度，油层的连续性好，涂层完整。不同类型的防锈油要采用不同的方法进行涂覆。

（二）气相防锈包装技术

气相防锈包装技术就是用气相缓蚀剂（挥发性缓蚀剂），在密封包装容器中对金属制品进行防锈处理的技术。气相缓蚀剂是一种能减慢或完全停止金属在侵蚀性介质中的破坏过程的物质，它在常温下即具有挥发性，它在密封包装容器中，在很短的时间内挥发或升华出的缓蚀气体就能充满整个包装容器内的每个角落和缝隙，同时吸附在金属制品的表面上，从而起到抑制大气对金属锈蚀的作用。

四、防霉腐包装技术

在运输包装内装运食品和其他有机碳水化合物货物时，货物表面可能生长霉菌，在流通过程中如遇潮湿，霉菌生长繁殖极快，甚至延伸至货物内部，使其腐烂、发霉、变质，因此要采取特别防护措施。

包装防霉烂变质的措施，通常是采用冷冻包装、真空包装或高温灭菌方法。冷冻包装的原理是减慢细菌活动和化学变化的过程，以延长储存期，但不能完全消除食品的变质；高温杀菌法可消灭引起食品腐烂的微生物，可在包装过程中用高温处理防霉。有些经干燥处理的食品包装，应防止水汽浸入以防霉腐，可选择防水汽和气密性好的包装材料，采取真空和充气包装。

真空包装法也称减压包装法或排气包装法。这种包装可阻挡外界的水汽进入包装容器内，也可防止在密闭着的防潮包装内部存有潮湿空气，在气温下降时结露。采用真空包装法，要注意避免过高的真空度，以防损伤包装材料。

防止运输包装内货物发霉，还可使用防霉剂，防霉剂的种类甚多，用于食品的必须选用无毒防霉剂。

机电产品的大型封闭箱，可酌情开设通风孔或通风窗等相应的防霉措施。

五、防虫包装技术

防虫包装技术，常用的是驱虫剂，即在包装中放入有一定毒性和嗅味的药物，利用药物在包装中挥发气体杀灭和驱除各种害虫。常用驱虫剂有萘、对位二氯化苯、樟脑精等。也可采用真空包装、充气包装、脱氧包装等技术，使害虫无生存环境，从而防止虫害。

六、危险品包装技术

危险品有上千种，按其危险性质，交通运输及公安消防部门规定分为十大类，即爆炸性物品、氧化剂、压缩气体和液化气体、自燃物品、遇水燃烧物品、易燃液体、易燃固体、毒害品、腐蚀性物品、放射性物品等，有些物品同时具有两种以上危险性能。

对有毒商品的包装要明显地标明有毒的标志。防毒的主要措施是包装严密，不漏、不透气。例如，重铬酸钾（红矾钾）和重铬酸钠（红矾钠），为红色透明结晶，有毒，应用坚固附桶包装，桶口要严密不漏，制桶的铁板厚度不能小于 1.2 毫米。对有机农药一类的商品，应装入沥青麻袋，封口严密不漏。如用塑料袋或沥青纸袋包装的，外面应再用麻袋或布袋包装。用作杀鼠剂的磷化锌有剧毒，应用塑料袋严封后再装入木箱中，箱内用两层牛皮纸、防潮纸或塑料薄膜衬垫，使其与外界隔绝。

对有腐蚀性的商品，要注意商品和包装容器的材质发生化学变化。金属类的包装容器，要在容器壁涂上涂料，防止腐蚀性商品对容器的腐蚀。例如，包装合成脂肪酸的铁桶内壁要涂有耐酸保护层，防止铁桶被商品腐蚀，从而商品也随之变质。再如，氢氟酸是无机酸性腐蚀物品，有剧毒，能腐蚀玻璃，不能用玻璃瓶作包装容器，应装入金属桶或塑料桶，然后再装入木箱。甲酸易挥发，其气体有腐蚀性，应装入良好的耐酸坛、玻璃瓶或塑料桶中，严密封口，再装入坚固的木箱或金属桶中。对黄磷等易自燃商品的包装，宜将其装入壁厚不小于 1 毫米的铁桶中，桶内壁须涂耐酸保护层，桶内盛水，并使水面浸没商品，桶口严密封闭，每桶净重不超过 50 公斤。再如，遇水引起燃烧的物品如碳化钙，遇水即分解并产生易燃乙炔气，对其应用坚固的铁桶包装，桶内充入氮气。如果桶内不充氮气，则应装置放气活塞。

对于易燃、易爆商品，例如，有强烈氧化性的，遇有微量不纯物或受热即急剧分解引起爆炸的产品，防爆炸包装的有效方法是采用塑料桶包装，然后将塑料桶装入铁桶或木箱中，每件净重不超过 50 公斤，并应有自动放气的安全阀，当桶内达到一定气体压力时，能自动放气。

七、特种包装技术

（一）充气包装

充气包装是采用二氧化碳气体或氮气等不活泼气体置换包装容器中空气的一种包装

技术方法，因此也称为气体置换包装。这种包装方法是根据好氧性微生物需氧代谢的特性，在密封的包装容器中改变气体的组成成分，降低氧气的浓度，抑制微生物的生理活动、酶的活性和鲜活商品的呼吸强度，达到防霉、防腐和保鲜的目的。

（二）真空包装

真空包装是将物品装入气密性容器后，在容器封口之前抽真空，使密封后的容器内基本没有空气的一种包装方法。

一般的肉类商品、谷物加工商品以及某些容易氧化变质的商品都可以采用真空包装，真空包装不但可以避免或减少脂肪氧化，而且抑制了某些霉菌和细菌的生长。同时在对其进行加热杀菌时，由于容器内部气体已排出，因此加速了热量的传导，提高了高温杀菌效率，也避免了加热杀菌时，由于气体的膨胀而使包装容器破裂。

（三）收缩包装

收缩包装就是用收缩薄膜裹包物品（或内包装件），然后对薄膜进行适当加热处理，使薄膜收缩而紧贴于物品（或内包装件）的包装技术方法。

收缩薄膜是一种经过特殊拉伸和冷却处理的聚乙烯薄膜，由于薄膜在定向拉伸时产生残余收缩应力，这种应力受到一定热量后便会消除，从而使其横向和纵向均发生急剧收缩，同时使薄膜的厚度增加，收缩率通常为 30%～70%，收缩力在冷却阶段达到最大值，并能长期保持。

（四）拉伸包装

拉伸包装是 20 世纪 70 年代开始采用的一种新包装技术，它是由收缩包装发展而来的，拉伸包装是依靠机械装置在常温下将弹性薄膜围绕被包装件拉伸、紧裹，并在其末端进行封合的一种包装方法。由于拉伸包装无须进行加热，所以消耗的能源只有收缩包装的二十分之一。拉伸包装可以捆包单件物品，也可用于托盘包装之类的集合包装。

（五）脱氧包装

脱氧包装是继真空包装和充气包装之后出现的一种新型除氧包装方法。脱氧包装是在密封的包装容器中，使用能与氧气起化学作用的脱氧剂与之反应，从而除去包装容器中的氧气，以达到保护内装物的目的。脱氧包装方法适用于某些对氧气特别敏感的物品，适用于那些即使有微量氧气也会使品质变坏的食品包装中。

第三节　选择包装器材应遵循的原则

一、包装器材与被包装物的特性相适应

根据被包装物的种类、物理化学性能、价格价值、形状形态、体积重量等，在实现包装功能的基础上，应以降低材料费、加工费和方便作业为目的选择包装器材。运输包

装中，贵重易碎易破损物资，包装容器应相应坚实，用材上应予以保证；一般物资包装器材的选择，只要有一定防护功能、方便功能即可。应注意防止过分包装的倾向。

二、包装器材与包装类别相协调

运输包装、销售包装在包装器材的选择上不尽相同。运输包装器材的选择着重注意包装的防护与储运方便性，不太讲究美观、促销问题。销售包装器材的选择着重注意商品信息的传递、开启的方便及促销功能，而不太注重防护功能。所以在包装器材的选择上，销售包装常用纸袋、纸盒、纸箱、瓷瓶、玻璃瓶和易拉罐，而运输包装常用托盘、集装箱、木箱、大纸箱和铁皮等。

三、包装器材应与流通条件相适应

包装器材必须保证被包装的商品在经过流通和销售的各个环节之后，最终能数量正确、质量完好地到达消费者手中。因此，这就要求：①包装器材的物理性能良好，在运输、堆码、装卸搬运中，包装器材的强度、阻热隔热性、吸湿性不因气候变化而变化；②包装器材的化学性能稳定，在日光、空气、温湿度和酸碱盐作用下，不发生化学变化，有抗老化、抗腐蚀的能力；③包装器材选择还应有利于实施包装技法和实现包装作业。

四、有效防止包装物被盗及促进销售

选择包装器材时，应从包装器材的结构与强度上做防盗准备，应该结构牢固，封缄严密；同时，包装器材应能起到宣传商品、刺激购买欲、促进销售的作用。

第四节　包装合理化

合理包装是指能适应和克服流通过程中的各种障碍，是在极限范围内的最好的包装。从多个角度来考察，合理包装应满足十个方面的要求：

(1) 包装应妥善保护内装的商品，使其质量不受损伤。这就是要制定相应的适宜的标准，使包装物的强度恰到好处地保护商品免受损伤，除了要在运输装卸时经受住冲击、震动外，还要具有防潮、防水、防震、防锈等功能。

(2) 包装材料和包装容器应当安全无害。包装材料要避免有聚氯联苯之类的有害物质。包装容器的造型要避免对人造成伤害。

(3) 包装的容量要适当，要便于装卸和搬运。

(4) 包装的标志要清楚、明了。

(5) 包装内商品外围空闲容积不应过大。

(6) 包装费用要与内装商品相适应。

（7）提倡节省资源的包装。

（8）包装要便于废弃物的治理。

（9）包装单位大型化，便于作业机械化。

（10）成本低廉。

 项目实操

上海通用（SGM）零件精益包装规范

一、包装原则

安全——保证零件的包装容器在使用、运输、搬运等所有环节中的安全性。

质量——保证零件的包装容器在运输条件、地理气候条件、搬运等过程中的使用质量。

成本——保证零件的包装容器精益性，降低制造费用。

人机工程——关心操作人员，保证零件的包装容器在搬运、取件等环节的合理性。

客户满意——对客户周到、热情，最大可能满足客户提出的合理要求。

二、包装分类

包装可分为原包装、标准包装、特殊包装、排序包装、组合包装、托盘包装、简易包装、线旁包装。

三、原包装

（一）原包装定义

供应商所提供直接用于上线的箱式包装或供应商所提供经少量改动（如开口）后用于上线的箱式包装，称为原包装。

（二）原包装上线原则

零件包装上线首先考虑原包装上线的方式。

零件原包装上线必须考虑其使用环境（防火、防爆等因素）。

原包装容器必须具备一定的强度。

原包装上线时必须考虑线旁对包装容器的外形尺寸约束。

原包装上线必须考虑包装数量是否能满足物流拉动频次要求。

原包装上线必须考虑包装数量超出生产需求而造成零件生锈、积尘等问题。

原包装零件不应该出现现场操作时因过度包装引起的复杂动作。

原包装零件属 KANBAN 类零件应考虑其包装重量（Gross Weight≤15kg）。原包装容器如果手搬时必须考虑搬运条件，如开把手孔（hand holder Holes）等。

四、标准包装

（一）标准箱包装的定义

根据零件特性，用标准包装箱和一些附加保护衬垫材料对零件进行的运输包装称为标准箱包装。包装设计时如不能使用原包装则首先考虑使用标准箱包装。

（二）标准包装箱的定义

根据汽车零件的外形尺寸、重量、运输保护要求等不同特性，以及考虑到物流运输工具车箱内部的摆放尺寸，选用与其相适应的材料和制定相适应的系列化尺寸，经过精心设计制造出来的箱子，称为汽车标准包装箱，简称标准箱。

（三）确定标准包装箱包装原则

外形简单，尺寸较小，重量轻，没有特殊保护要求的零部件采用标准箱包装，如标准件包装、小零件包装；虽然尺寸较长，但重量轻、形状简单，这类零部件可采用标准箱包装；有些零件形状简单，体积较小，但重量较重，这种情况也可采用标准箱包装；有些需要进行线旁再包装的零件可采用标准箱包装。

（四）标准箱包装设计规范

要注意包装箱在使用过程的各个环节的使用安全。

要以零件在储存运输过程中不受损坏为原则，尽可能降低成本。

标准箱内的零件重量限制，包装重量<15公斤。

对于北美进口件，设计包装时包装数量要考虑为 96 的倍数或可被 96 整除，以便翻包装时不留余数。国产件、韩国进口件则无此限制，但考虑到物流和仓储，数量尽可能多装并且圆整数。

零件直接供应商的包装，采用可直接上线的包装。

标准箱包装零件必须考虑对零件的质量要求。按保护要求分为三类：

（1）标准箱内零件不需要进行分隔包装。

（2）标准箱内零件要求全部分隔包装，衬垫或辅料为一次性的。

（3）标准箱内零件要求全部分隔包装，衬垫是周转性的。

（五）标准包装箱类型

（1）塑料标准箱——用浅灰色高密度聚乙烯注塑而成。这种标准箱耐油，强度较高，包装零件后也能相互叠放，是包装标准件及小零件的理想包装容器（见图 7-1）。塑料标准箱分有盖和无盖两种。

图 7-1　塑料标准箱

资料来源：https：//b2b. hc360. com/View Pics/supplyself-pics/420995353. html.

（2）金属标准箱——用金属制成的标准箱。这种标准箱强度高，包装零件后箱子能相互叠放。金属标准箱用于包装形状较复杂、体积较大、重量较重的零件（见图 7-2）。金属标准箱自身重量较重，需用 Dolly 拖动，封板形式分网格和钢板两种。

图 7-2　金属标准箱

资料来源：https：//graph. baidu. com/pcpage/similar? orginsign = 12254e48093dc474be2b401609646417& srcp = crs_pc_similar&tn = pc&idctag = nj&sids = 10005_10803_10916_10913_11006_10920_10903_10016_10901_10942_10906_11012_10970_11032_11123_12201_13203_16203_17003_18022_17025_16108_17111_17851_17862_17071_18013_18101&logid = 17893187&entrance = general& + p1 = from = pc&image = https% 3A% 2F% 2Fss2. baidu. com% 2F60NIbjehIBF30dcf% 2Fit% 2Fv% 3D1061836155，3642211331%26fm%3D27%3D0. jpg&carousel1 = 503&irdex = 1&page = 1.

（3）折叠式金属标准箱——为适应长途运输的需要，空箱返回时降低高度，提高容积率，而用金属制成的标准箱，用途同金属标准箱（见图 7-3）。

（4）标准包装箱的外形尺寸说明：塑料箱有无盖和有盖两种，两者的外形尺寸都相同，根据零件对防尘的要求选用。

改进型的金属箱，取件方向的箱壁做成翻板式，使取件更加方便，有 110A、110B、150A 三种型号的金属箱。

图7-3　折叠式金属标准箱

资料来源：https：// graph. baidu. com/pcpage/similar? orginsign ＝ 1220f8930637809e9dd9c01609643091&srcp ＝ crs ＿ pc ＿ similar&tn＝pc&idc＋ag＝nj&sids＝10006＿10802＿10917＿10913＿11006＿10922＿10905＿10016＿10901＿10942＿10907＿11013＿10970＿10968＿ 10974＿11031＿11121＿12201＿13203＿16203＿17001＿18022＿17024＿16109＿17113＿17851＿17862＿17070＿18002＿18102＿9999&logid ＝ 290908326&entrance＝general&tpl－from＝pc&image＝https%3A%2F%2Fss2. baidu. com%2F60N1bjeh1BF30dcf%2Fit%2Fit%2Fu% 3D4156267127，3781729660%26fm%3D15%26gp%3D0. jpg&carousel＝503&index＝0&page＝1.

（六）标准包装用衬垫衬隔材料

塑料类：钙塑板；聚乙烯吸塑成型托盘；ABS吸塑成型托盘；气垫薄膜；聚氯乙烯（PVC）硬板、硬管、软板（薄膜）、软管；聚乙烯（PE）硬板、软板（薄膜）、软管、发泡板、发泡管；尼龙硬板；等等。

纸质类：瓦楞纸板、防锈纸等。

选用衬垫衬隔材料必须符合以下原则：

在保证耐用性的条件下，所选用的衬垫衬隔材料的耐磨性要好，它的硬度必须低于被保护零件的硬度；对零件能起到良好的保护及良好的分隔作用；符合环保要求，是无环境污染的材料；尽可能采用可重复使用的材料，减少一次性使用的材料，可反复清洗，清洗后不变形，易于采购，价格低。

五、特殊包装

（一）特殊包装定义

不能采用塑料标准箱和金属标准箱来包装，只能用经特殊设计制造的器具（料架）进行包装的称为特殊包装，即料架包装。料架包装分标准料架包装和非标准料架包装。

（二）料架包装适用范围

零件需得到充分保护，在特殊保护部位需要使用特殊衬垫材料的。

零件较大，并有分隔要求的。

零件大用标准箱只能包装极少量的零件。

零件偏重，操作工需用专用工具取放和进行装配的。

（三）料架的运输形式

零部件直接供应商或配送中心将装满零部件的标准料架由 Milkrun 卡车载运到各个 DOCK，再由铲车将标准料架铲送到库位的标准 Dolly 上，然后由电瓶车拖到各个相应流水线工位。空料架则通过逆过程送回供应商处。

（四）标准料架包装

1. 标准料架包装的定义

某些零部件尺寸大、重量重，或者有某些特殊保护包装要求，不能采用标准包装箱或者采用标准箱包装成本过高，这时可采用系列化标准料架来包装这些零部件，这种包装方式称为标准料架包装。

2. 标准料架的定义

根据零部件形状特点及运输装卸的特殊包装要求，设计成系列化标准尺寸的金属料架，它的底盘结构为几种标准形式，这种形式的金属料架称为标准料架。它的主要特点是料架底盘成标准系列，能相互叠放，方便运输和仓储，能降低淘汰零件的料架改制费用。

3. 设计标准料架包装的意义

标准料架的外形尺寸是按标准集装箱尺寸计算而得出的，能尽可能地满足集装箱的空间利用率，以提高容积率，降低运输成本（见图 7-4、表 7-1）。标准料架不带轮子、地刹器、拖挂钩，可配用与其相应的小车。标准料架更适合料架的管理、存储，因为它一般占用更少的库房面积。

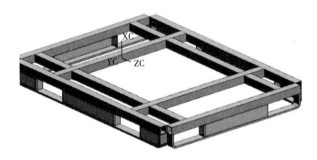

图 7-4　标准料架底盘系列

资料来源：https：//wenku. baidu. com/view/fb2fb30d31687e21af45b307e87101f69e31fbfb. html.

表 7-1　标准料架的外形尺寸

序号	横向尺寸（mm）	纵向尺寸（mm）（汽车运动方向）
1	1100	740
2	1100	1160
3	1100	1300
4	1100	1460
5	1100	1680

资料来源：https：//wenku. baidu. com/view/fb2fb30d31687e21af45b307e87101f69e31fbfb. html.

（五）非标准料架包装

1. 非标准料架包装的定义

某些零部件尺寸大，不能采用系列化标准料架来包装这些零部件，只能采用其他符合集装箱的尺寸或另外的特殊尺寸来设计料架，用这种料架包装零部件的方式称为非标准料架包装。

2. 非标准料架的定义

根据零部件的特殊需要，采用其他符合集装箱的尺寸（见图7-4标准料架底盘系列）任意组合或另外的特殊尺寸来设计的料架，称为非标准料架（见表7-2）。非标准料架需经有关部门批准方可采用。

表7-2 非标准料架的外形尺寸

序号	横向尺寸（mm）	纵向尺寸（mm）（汽车运动方向）
1	740	915
2	1100	1960
3	1460	2360
4	2250	2960

资料来源：https://wenku.baidu.com/view/fb2fb30d31687e21af45b307e87101f69e31fbfb.html.

（六）料架高度尺寸的选用

为满足集装箱或箱式卡车的运输最大容积率的要求，料架高度尺寸应符合下列需求：单层摆放≤2000；双层叠放≤1150；三层叠放≤700。

（七）料架设计总则

料架要根据第一章的包装原则来进行设计。在此基础上，尽可能增加包装数量。

料架方管优先选用50×50方管，长途运输料架必须优先选用50×50方管，较轻零件选用40×40方管，对包装某些特殊重量零件的料架，可加大方管规格。

料架上使用的标准件参照联众已制定的标准目录选用。

料架底盘结构是标准化的，设计时必须采用。

料架上必须安装供零部件标签、排序单等牢固放置的贴板。各种贴板均有标准件，料架贴板安装规定见《附录四》。

（八）料架试验总则

（1）根据料架运输距离及用户要求确定是否进行运输试验，做哪些试验。

（2）料架水平冲击试验、正弦定频振动试验条件见《附录四 料架运输试验技术条件一》。

（3）路况试验主要包括：①刹车试验：卡车（2吨及以上）中前部放置其他旧料架做挡架，试验料架放在中后部，下面衬钢板以减小摩擦力，与挡架间隔一定的距离（100～

200mm），卡车在大于60km/h的时速下紧急刹车，检验料架上汽车零部件的状态。②颠簸试验：卡车（2吨及以上）中前部放置其他旧料架做挡架，试验料架放在中后部。路面有大于300×300×100（高或深）mm的突起或凹陷，间隔4m，连续1km以上。卡车以30~60 km/h的时速通过，连续颠簸1h，停车检验料架上汽车零部件的状态。③路程试验：根据料架实际使用时运输距离的长短，选择合适的距离做路程试验，要求在低等级公路上，连续试验200~400km。④测试标准：按照试验规范试验后，将零件从料架中取出检测，不允许零件有瘪痕、划伤、变形等缺陷，确认对零件的保护是有效的。

六、排序包装

（一）排序包装定义

把同一品种但不同车型、颜色的或进口的、国产的即不同零件号的零件同时混装在一个料架上，这种包装即为排序包装。

（二）排序包装的类别

排序包装是为了节省工位场地而采用的一种包装方式，它分以下几类：供应商直接排序包装；RDC等物料配送中心排序包装；库位排序包装。

（三）排序包装的设计流程

应由车间，物流共同提出申请排序，经PC&L生产控制工程师认可后，由包装设计工程师进行排序零件的包装设计。

（四）排序包装器具

排序包装器具可以是标准箱，也可以是料架。

七、组合包装

（一）组合包装定义

同一个包装容器内放置不同的零部件，然后包装上线，这种包装形式即为组合包装。

（二）组合包装必须符合的条件

组合包装是为了节省工位场地而采用的包装方式之一，采用组合包装须符合以下条件：

同一工位要装配多种零部件，但流水线工位场地小，不能放置多种料箱；这些零部件的形态比较固定，操作工装配时很容易辨别；同一只包装容器内可以放置不同的零部件，操作工取件又相当方便；包装容器内各零部件数量与单车用量一致。

（三）组合包装器具

组合包装器具可以是标准箱、专制料箱，也可以是料架。

八、托盘包装

（一）托盘包装定义

零部件体积较大，某些部位需特别保护，不能采用塑料标准箱、金属标准箱和料架来包装，只能用托盘进行包装的称为托盘包装。

（二）托盘定义

根据零部件的外形，采用吸塑加工成型的专用塑料容器，称为托盘。

九、简易包装

（一）简易包装的含义

供应商在考虑零件质量保护、运输条件等因素前提下，为了降低包装成本，采用瓦瓦楞纸、钙塑板或木材等材料进行零件包装的形式。

（二）简易包装的设计要求

简易包装由供应商根据供货实际情况提出包装方案，经 LZ 审核，必须得到 SDAE、SGM PC&L 确认。简易包装的标识必须符合 SDAE 的相关标识规定。简易包装的结构、形式、包装数量等设计的更改必须得到 SDAE 确认。简易包装的料箱编号由 LZ 统一颁布，供应商必须按照要求执行。简易包装设计时考虑原包装上线的可行性。

（三）简易包装的分类

简易包装分为一次性简易包装和可回收简易包装。

十、线旁包装

（一）线旁包装的定义

包装容器不能直接上线，只能把包装容器内的零部件取出重新挂装在线旁的专用料架上，这种包装即为线旁包装。

（二）线旁包装的特点

线旁包装为二次包装形式，即零件从某一包装容器内取出挂装在线旁的专用料架上。

（三）适用线旁包装的条件

包装的零件尺寸细长，或者形状弯曲、材质软，或者厚度薄、面积较大。包装这些零件所使用的包装容器较大，不能直接包装上线，可以用专用料架在线旁进行挂装。

十一、小车

（一）小车的定义

这是指供料架放在其上被拖动，从库房到装配线旁的器具。

（二）小车的特点

装有脚轮和拖、挂钩：脚轮有普通轮、弹簧避震轮等；轮面材料有聚氨酯、橡胶；拖、挂钩有 GA350 型、500 型、750 型、PT350 型、500 型等。

小车分标准小车和专用小车：SGM 标准小车有 D-Ag 1200×1100mm、D-Cg1600×1100mm 两种，分别供料架长 1600mm 以下、宽 1100mm 及以下（配 D-Ag），料架长 1600mm 以下、宽 1600mm 及以下（配 D-Cg）使用，专用小车与料架底盘匹配。

十二、铲板

（一）铲板包装的定义

这是指供塑料标准箱、塑料托盘、动力的某些毛坯零件放在其上被铲运，从供应商到库房或线旁的器具。

（二）铲板的特点

铲板必须为四面可铲；铲板必须要有最小铲空宽度和高度；铲板的外形尺寸和图 7-5 中 X 的位置尺寸应保持一致，以便相互叠放；铲板按要求可由塑料、木制、铁制等多种材质制成。

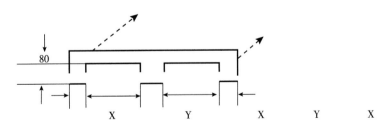

图 7-5　铲板的外形尺寸

资料来源：https://wenku.baidu.com/view/1fb2fb30d31687e21af45b307e87101f69e31fbfb.html.

十三、包装管理

（一）建立各零部件供应商包装数据库与 SGM 中央数据库的网络

数据库在精益生产中起着至关重要的作用，它是精益生产成功的基础，是控制精益物流的保证。数据库的资料应完整齐全正确，对更改的情况及时更新，实行保密性的资源共享。为此，应做到：①建立一套完整的料箱料架包装信息数据库。②制定相关规定，保证包装信息数据的即时有效性和唯一性。③对包装信息数据库的使用进行控制，保证其安全性和保密性。

（二）零件包装体系

1. 包装技术

包装设计要合理，要有科学的设计依据，要充分考虑包装件流通环境条件；要吸取同行的先进经验，不断更新设计思想；要合理地采用最新包装技术。

2. 包装材料

要根据包装要求，选用合适的包装材料。由于标准箱和标准料架使用的包装材料各有特点，所以应根据包装零部件的特性选用。许多新的包装材料被采用，对降低成本、提高包装质量体现出了很大的优越性，因此，在设计中要逐步推广新包装材料，逐步淘汰有缺陷的包装材料。

3. 包装容器

要建立一套 SGM 包装容器标准，采用系列化标准设计和制造系列化标准箱与系列化标准料架。

4. 仓储管理

仓储管理指的是包装容器的仓储管理。对此，应全面实行计算机管理。①进出及库存账物清楚。②库存的包装容器摆放整齐有序，运输进出安全方便。③全面掌握各方面的生产需求信息，有足够的备用容器，以满足生产需求。④当出现生产需求缺口时，及时通知 SGM 物流分部，及时补足。⑤对损坏的包装容器，及时通知 SGM 现场物流分部，批准报废后及时补足库存。

（三）包装物流管理体系

SGM 现场物流分部全面负责包装及物流。除公司内部相关方面外，其主要涉及 SGM 物流器具一体化管理、RDC 配料中心、包装零件直接供应商、包装容器制造商、运输供应商。

1. SGM 物流器具一体化管理

负责项目包装设计、包装器具优化及包装器具的维修保养和空箱管理。

所有新车型项目的零部件的包装设计，旧车型零部件的包装及包装器具的优化设计，都由 SGM 物流器具一体化管理技术中心负责，技术中心下属分两部分；项目设计包含 SGM 全部新项目的包装规划、包装器具设计。包装器具优化包含 SGM 全部在用包装器具的优化、单品种料架的设计。包装器具的维修保养,根据 SGM 的要求进行,具体见包装器具的维修保养条例。包装器具的空箱管理由空箱管理中心(CMC)实行计算机管理系统统一管理。

2. RDC 配送中心

除零部件直接供应商直接供货外,其他国内外所有零部件都要由 RDC 配料中心负责包装送货。它涉及的范围比较广,零部件包装方法有原包装、标准箱包装、料架包装。

确保所有零部件在物流过程中的安全;严格按照 SGM 生产指挥中心的要求进行包装送货;做到无尘埃、无油污包装和安全运输;做好各种包装箱,特殊料架的现场保管工作,做到堆放安全有序,不受阳光暴晒及雨淋。

3. 包装零件直接供应商

零部件直接供应商,负责零部件的生产及包装。

确保所有零部件在全物流过程中的安全;除排序零部件外,所有零部件采用直接上线的包装形式;全部采用标准箱或标准料架的标准包装形式(特殊零件除外);做好包装后整体料箱料架的防尘,等待发送;做好料箱料架的保管,对不符合精益包装要求及损坏的料箱料架及时优化和维修。

4. 包装器具制造商

按照 SGM 的包装要求进行包装器具的制作,做到以下几点:

按照 SGM 物流分部认可的批生产图、《SGM 料架通用技术条件》(YTH-JS-001)及样架施工,不得随意变更,施工中有变更的地方,及时通知 SGM 和 SGM 物流器具一体化管理技术中心。

对某些包装器具内部较复杂衬垫材料尺寸的定位,图纸上不可能完全表达明白,此时必须参照实样制作。

5. 运输供应商

负责包装好的零部件送到 SGM,并负责将空器具送回到零件供应商处。为提高运输效率、降低运输成本,SGM 实行 Milkrun 运输方式。其对运输供应商的要求是:采用专用的运输工具,安全、及时,保质保量,空箱返回。

Milkrun 车箱结构。Milkrun 必须采用密封式车箱运输,车箱内尺寸满足国际标准集装箱尺寸。

安全、及时。做到将包装好的零部件安全、及时地送到 SGM,不出差错,保证 SGM 每天生产计划的完成。

保质保量。将零部件直接供应商包装好的合格的产品,完好无损地运送到 SGM。

空箱返回。将空箱空料架正确无误地返回到零部件直接供应商处。

6. SGM 货物装卸及车间物流

货物的装卸有专用的电瓶铲车将料箱料架从运输工具卡车上铲到库位或库位的 Dolly 上,再用电瓶拖车将装有零部件的料箱料架拖到流水线工位。

电瓶铲车装卸货物做到紧张有序,忙而不乱。料箱料架的叠放做到安全、定位准确。

不同的料架摆放在相应的 Dolly 上拖动,Dolly 可配不同高度的支撑架,要做好 Dolly

和支撑架的保管。

做好铲车、电瓶车的安全工作，严格遵守安全操作规程。

十四、规范的监督和实施

实行包装工程师分管，部门经理主管的监督执行制度。

十五、发展方向

随着汽车零件的全球化采购及全球供应链的形成，汽车零件包装设计将是系统性的设计过程。汽车零件包装容器的精益性将是每家汽车制作商追求的目标。所以设计精益的物流器具将是我们的主要方向。同时应本着持续改进、不断创新的精神，更好地服务于 SGM，不断开拓、发展。

资料来源：https：//wenku.baidu.com/view/fb2fb30d31687e21af45b307e87101f69e31fbfb.html.

本章小结

本章主要阐明了包装的概念、特性与功能，介绍了包装的标记和标志，包装材料和包装容器，重点介绍了选择包装容器应遵循的原则以及实现包装合理化的措施，并引入相关的案例。

复习思考

1. 包装是什么？它有哪些功能？
2. 包装的类型有哪些？
3. 物流中常见的包装容器有哪些？
4. 实现包装合理化的措施有哪些？

 案例分析

最近几年来，可回收包装物的使用程度越来越高。19 世纪末 20 世纪初，在美国汽车加工行业中，只有 5% 的企业使用这种包装物，如今这一比例上升到 85%。一家名为 Teradyne 的公司就非常热衷于使用可回收包装箱。这些箱子运到公司位于全美各地的分支机构，又返回公司的仓库。过去 Teradyne 用的都是纸板箱，现在改用可回收的塑料箱。每年损耗不足2%。一家包装箱生产公司的经理称,随着可回收箱子的利用日益增加,这些箱子多在一种系统中运行,过去卡车把装在纸箱里的货物装卸到仓库后,通常都空车返回,现在卡车卸货后,箱子会随卡车返回再装货。

大多数仓库回收的包装箱是塑料的,比纸板箱贵4~6倍,但耐用程度高于纸板箱20~30倍。因此,许多公司愿意出高一点的价格购买塑料箱,这样就不必每运一次货物就丢弃一个纸箱,从而节约了大量的成本。当这些塑料箱用旧了,经过简单的修理翻新,大部分还能再度发挥作用。许多仓库希望不论是运送还是搬运货物,都能实现标准化,在这种情况下,包装箱的材料越耐用就越经济。

资料来源:https://www.51xuexiaoyi.com/timu/bc83e3a52cea45d8.html.

思考:

1. Teradyne 公司的包装有什么特点?

2. 一般来说,仓库对商品包装有什么要求?

第八章 物流信息系统

- 理解物流信息系统的概念、功能和内容
- 了解物流信息系统的开发步骤
- 理解运输管理系统的特点和功能模块
- 理解配送中心管理系统包含的子系统

第一节 物流信息系统概述

一、物流信息系统的概念

物流信息系统是指由人员、设备和程序组成的，为物流管理者执行计划、实施、控制等职能提供信息的交互系统，它与物流作业系统一样都是物流系统的子系统。

物流信息系统是建立在物流信息的基础上的，只有具备了大量的物流信息，物流信息系统才能发挥作用。在物流管理中，人们要寻找最经济、最有效的方法来克服生产和消费之间的时间距离和空间距离，就必须传递和处理各种与物流相关的情报，这种情报就是物流信息。它与物流过程中的订货、收货、库存管理、发货、配送及回收等职能有机地联系在一起，使整个物流活动顺利进行。

物流系统包括运输系统、储存保管系统、装卸搬运、流通加工系统、物流信息系统等方面，其中物流信息系统是高层次的活动，是物流系统中重要的方面之一，涉及运作体制、标准化、电子化及自动化等方面的问题。由于现代计算机及计算机网络的广泛应用，物流信息系统的发展有了一个坚实的基础，计算机技术、网络技术及相关的关系型数据库、条码技术、EDI等技术的应用使得物流活动中的人工、重复劳动及错误发生率减少，效率增加，信息流转加速，使物流管理发生了巨大变化。

物流管理信息系统作为信息系统的特殊系统有其独特性，同时它也为其他信息系统提供了一些成功的应用模板，并与信息系统相互融合。物流管理信息系统实现了从物流决策、业务流程到客户服务的全程信息化，对物流进行科学管理。由人员、计算机硬件、软件、网络通信设备及其他办公设备组成的人机交互系统，其主要功能是进行物流信息的收集、存储、传输、加工整理、维护和输出，为物流管理者及其他组织管理人员提供战略、战术及运作决策的支持，以达到组织的战略竞优，提高物流运作的效率与效益。在企业的整个生产经营活动中，物流信息系统与各种物流作业活动密切相关，具有有效管理物流作业系统的职能。它有两个主要作用：一是随时把握商品流动所带来的商品量的变化；二是提高各种有关物流业务的作业效率。

二、物流信息系统的产生背景

随着物流供应链管理的不断发展，各种物流信息的复杂化，各企业迫切要求物流信息化，而计算机网络技术的盛行又给物流信息化提供了技术上的支持。因此，物流信息系统就在企业中扎下了根，并且为企业带来了更高的效率。企业是基于以下背景才大力开发物流信息系统的：

（一）市场竞争加剧

在当今世界中，基本上都是买方市场，由消费者来选择购买哪个企业生产的产品，他们基本上有完全的决策自由。然而市场上生产同一产品的企业多如牛毛，企业要想在竞争中胜出，就必须不断地推陈出新，以较低的成本迅速满足消费者时刻变化着的消费需求，而这都需要快速反应的物流系统。要快速反应，信息反馈必须及时，这必然要求企业建立自己的物流信息系统。

（二）供应链管理的发展

现代企业间的竞争在很大程度上表现为供应链之间的竞争，而在整个供应链中，环节较多，信息相对来说就比较复杂，企业之间沟通起来就困难得多。各环节要想自由沟通，达到信息共享，建立供应链物流信息系统就势在必行。

（三）社会信息化

电子计算机技术的迅速发展，网络的广泛延伸，使整个社会进入了信息时代。在这个信息时代，只有融入信息社会，企业才可能有较大的发展。更何况，信息技术的发展已经为信息系统的开发打下了坚实的基础。企业作为社会的一员，物流作为一种社会服务行业，必然要建立属于物流业自己的信息系统。

三、物流信息系统的功能

物流信息系统是物流系统的神经中枢，它作为整个物流系统的指挥系统和控制系统，可以分为多种子系统或者多种基本功能。通常，可以将其基本功能归纳为以下几个方面：

（一）数据的收集和输入

物流数据的收集首先是将数据通过收集子系统从系统内部或者外部收集到预处理系统中，并整理成为系统要求的格式和形式，然后再通过输入子系统输入到物流信息系统中。这一过程是其他功能发挥作用的前提和基础，如果一开始收集和输入的信息不完全或不正确，在接下来的过程中得到的结果就可能与实际情况完全相左，这将会导致严重的后果。因此，在衡量一个信息系统的性能时，应注意它收集数据的完善性、准确性，以及校验能力、预防和抵抗破坏的能力等。

（二）信息的存储

物流数据经过收集和输入两个阶段后，在其得到处理之前，必须在系统中存储下来。在处理之后，若信息还有利用价值，也要将其保存下来，以供以后使用。物流信息系统的存储功能就是要保证已得到的物流信息能够不丢失、不走样、不外泄、整理得当、随时可用。无论哪一种物流信息系统，在涉及信息的存储问题时，都要考虑到存储量、信息格式、存储方式、使用方式、存储时间、安全保密等问题。如果这些问题没有得到妥善的解决，信息系统是不可能投入使用的。

（三）信息的传输

物流信息在物流系统中，一定要准确、及时地传输到各个职能环节，否则信息就会失去其使用价值。这就需要物流信息系统具有克服空间障碍的功能。物流信息系统在实际运行前，必须要充分考虑所要传递的信息种类、数量、频率、可靠性要求等因素。只有这些因素符合物流系统的实际需要时，物流信息系统才是有实际使用价值的。

（四）信息的处理

物流信息系统的最根本目的就是要将输入的数据加工处理成物流系统所需要的物流信息。数据和信息是有所不同的，数据是得到信息的基础，但数据往往不能直接利用，而信息是从数据加工得到的，它可以直接利用。只有得到了具有实际使用价值的物流信息，物流信息系统的功能才能得到发挥。

（五）信息的输出

信息的输出是物流信息系统的最后一项功能，也只有在实现了这个功能后，物流信息系统的任务才算完成。信息的输出必须采用便于人或计算机理解的形式，在输出形式上力求易读易懂，直观醒目。

这五项功能是物流信息系统的基本功能，缺一不可。只有这五个过程都没有出错，最后得到的物流信息才具有实际的使用价值，否则会造成严重的后果。

四、物流信息系统的内容

物流信息系统根据不同企业的需要可以有不同层次、不同程度的应用和不同子系统的划分。例如，有的企业由于规模小、业务少，可能使用的仅仅是单机系统或单功能系统，而另一些企业可能使用功能强大的多功能系统。一般来说，一个完整、典型的物流信息系统可由作业信息处理系统、控制信息处理系统、决策支持系统三个子系统组成。

（一）作业信息处理系统

作业信息处理系统一般有电子自动订货系统（EOS）、销售时点信息系统（POS）、智能运输系统等类型。

电子自动订货系统是指企业利用通信网络（VAN 或互联网）和终端设备以在线连接的方式进行订货作业和订单信息交换的系统。电子订货系统按应用范围可分为企业内的EOS（如连锁经营企业各连锁分店与总部之间建立的 EOS），零售商与批发商之间的 EOS以及零售商、批发商与生产商之间的 EOS 等。及时准确地处理订单是 EOS 的重要职能。其中的订单处理子系统为企业与客户之间接受、传递、处理订单服务。订单处理子系统是面向整个订货周期的系统，即企业从发出订单到收到货物的期间。在这一期间，要相继完成四项重要活动：订单传递、订单处理、订货准备、订货运输。其中，实物流动由前向后，信息流动由后向前。订货周期中的任何一个环节缩短了时间，都可以为其他环节争取时间或者缩短订货周期，从而保证了客户服务水平的提高。因为从客户的角度来看，评价企业对客户需求的反应灵敏程度，是通过分析企业的订货周期的长短和稳定性来实现的。

销售时点信息系统（POS）是指通过自动读取设备在销售商品时直接读取商品销售信息，如商品名、单价、销售数量、销售时间、购买顾客等，并通过通信网络和计算机系统传送至有关部门进行商品库存的数量分析、指定货位和调整库存以提高经营效率的系统。

智能运输系统（ITS）是典型的发货和配送系统，它将信息技术贯穿于发货和配送的全过程，能够快捷准确地将货物运达目的地。

（二）控制信息处理系统

控制信息处理系统主要包括库存管理系统和配送管理系统。

库存管理系统负责利用收集到的物流信息，制定出最优库存方式、库存量、库存品种以及安全防范措施等。

配送系统则将商品按配送方向、配送要求分类，制定科学、合理、经济的运输工具调配计划和配送路线计划等。

（三）决策支持系统

物流决策支持系统（LDSS）是为管理层提供的信息系统资源，是为决策过程提供所需要的信息、数据支持、方案选择支持，一般应用于非常规、非结构化问题的决策。但是决策支持系统只是一套计算机化的工具，可以帮助管理者更好地决策，但不能代替管理者决策。

五、物流信息系统规划步骤

建立物流信息系统，不是单项数据处理的简单组合，必须要有系统规划。因为它涉及传统管理思想的转变、管理基础工作的整顿提高，以及现代化物流管理方法的应用等许多方面，是一项范围广、协调性强、人机紧密结合的系统工程。

物流信息系统规划是系统开发最重要的阶段，一旦有了好的系统规划，就可以按照数据处理系统的分析和设计持续进行工作，直到系统的实现。

（一）信息系统的规划步骤

信息系统的总体规划基本上分为四个基本步骤：

第一步，定义管理目标。确立各级管理的统一目标，局部目标要服从总体目标。

第二步，定义管理功能。确定管理过程中的主要活动和决策。

第三步，定义数据分类。在定义管理功能的基础上，把数据按支持一个或多个管理功能分类。

第四步，定义信息结构。确定信息系统各个部分及其相互数据之间的关系，导出各个独立性较强的模块，确定模块实现的优先关系，即划分子系统。

（二）信息系统开发包括的内容

有了系统规划以后，还要进行非常复杂的开发过程。其主要包括以下内容：

1. 系统分析

这主要是对现行系统和管理方法以及信息流程等有关情况进行现场调查，给出有关的调研图表，提出信息系统设计的目标以及达到此目标的可能性。

2. 系统逻辑设计

在系统调研的基础上，从整体上构造出物流信息系统的逻辑模型，对各种模型进行选优，确定最终的方案。

3. 系统的物理设计

以逻辑模型为框架，利用各种编程方法，实现逻辑模型中的各个功能块，如确定并实现系统的输入、输出、存储及处理方法。此阶段的重要工作是程序设计。

4. 系统实施

将系统的各个功能模块进行单独调试和联合调试，对其进行修改和完善，最后得到符合要求的物流信息系统软件。

5. 系统维护与评价

在信息系统试运行一段时间以后，根据现场要求与变化，对系统做一些必要的修改，进一步完善系统，最后和用户一起对系统的功能、效益做出评价。

六、物流信息系统开发的步骤

在激烈的市场竞争下，物流企业面临着越来越多的不确定因素，市场瞬息万变，不同行业客户的需求差异很大，客户对服务的要求越来越苛刻。开发新的物流客户，保持对现有物流大客户的忠诚度，清楚地调查、了解客户需求，进行有效的跟踪服务，准时为客户提供个性化的优质服务都是对现今在如此猛烈的竞争中生存的物流企业提出的要求，而先进的物流信息系统无疑为这些要求的兑现提供了助力。

物流企业服务水平的提升需借助计算机信息技术来实现。先进高效的物流信息系统与信息平台是现代物流体系的重要组成部分。越来越多的跨国物流公司（如 TNT、UPS、马士基物流、DHL 都加大了对华投资，以先进的物流信息网络所提供的优质高效的服务占据中国的物流市场。与此相比，国内物流企业虽拥有地理优势，但存在着信息化水平落后、人工重复操纵、人力资源内耗等一系列问题。

我国大型物流企业虽然都建立了比较完善的实时信息系统，内部资源也达到了一定程度的共享，但基本上都还只是对内（营业、运作、职能等部门）发挥了基本的信息协调作用。但是相对于外部，如上下游客户（供应链）、合作伙伴等，物流信息服务平台还没有建立起来，基本上与客户跟合作伙伴之间的信息通道还处于比较原始的状态，物流信息网络还没有全面建立起来。所以，我国的物流企业想要发展壮大，想要提高整个供需链的经营效果，想要在激烈的竞争中获得竞争优势，信息化建设迫在眉睫。为此，大型物流企业需要结合自身的发展战略，进行物流信息系统的规划建设。

（一）建立实时信息采集系统

由于企业各分支机构信息系统不统一，造成了企业资源无法共享、客户治理混乱、信息无法互通、治理思想无法贯彻、企业的对外形象不规范等弊端，使得大型物流企业的网络效益、规模效益无法发挥。所以大型物流企业信息化建设的第一步，是用一体化的考虑方式，为企业建立一个信息共享的集中式信息平台，通过信息系统统一企业的规范，实时采集业务和财务数据，加强对网络的监控力度，实现透明化治理，从而提高企业的竞争优势。这个统一的实时信息采集系统的功能需涵盖物流企业的核心业务，如国际海运货代、国际空运货代、报关服务、内陆运输、仓储、配送、堆场、码头业务，以及为物流市场拓展服务的市场拓展治理、服务治理、报价治理、绩效治理、市场活动治理、客户协议治理等。

（二）建立面向上下游客户的服务平台

在企业已经建立了统一的信息平台后，就需要考虑如何降低客户服务的成本、如何提高客户服务质量、如何提高客户对企业的忠诚度，所以此时需要建立一个面向上下游客户的服务平台。

物流企业客户和服务对象应包括：供给商、外部客户、内部客户、客户的客户、合作伙伴和国外代理。企业可以通过建设电子商务网站、Accounting Center、Document Center、Call Center，或者利用信息系统建立虚拟客户服务中心，通过自动发送电子邮件、传真、短信等通知的模式，实现企业统一的、规范的客户服务要求，为客户提供快速的、准确的、主动的服务。

通过建立高效的物流信息服务平台，不同业务部分之间、不同分支机构之间、与合作伙伴之间、与客户之间、与供给商之间都可以实现全面的协同工作和信息共享。协同工作带来的最直接利益是效率的进步和质量的保证。协同工作的积极作用主要表现在：与合作伙伴之间的合作关系更加坚固；与客户之间的关系不再通过简单的买卖关系或销售职员的销售能力来维系，更多的是依赖优质便捷、可增值的服务来维系；与供给商之间则可实现获得最直接的、最快速的贸易信息与服务，使企业在市场竞争中处于领先的地位。

（三）建立通用的 EDI 交换平台

为了更紧密地捆绑企业与客户的关系，更大程度地缩短企业与客户的间隔，大型物流企业在拥有客户服务平台的基础上，必须建立自己通用的 EDI 平台，以满足各种类型的客户对企业信息的需求，其中包括船舶公司、海关、拖车、堆场、仓库、代理、合作伙伴等。

通过企业 EDI 平台的建立，利用系统自动生成、发送、接收 EDI 的功能，与客户、合作伙伴、供给商、机关实现自动的协同工作，增加企业之间的黏性和稳定性，使企业与客户间建立了私有信息通道，为自己创造价值的同时也为客户创造了价值，最大程度地发挥了企业的网络效益和整体效益。

（四）建立数据仓库系统

物流企业 80% 的利润来自 20% 的核心客户。在系统稳定运行了一段时间后，如何利用现有数据，挖掘出企业 20% 的核心客户和核心客户的业务波动情况，如何利用现有的业务和财务数据分析企业的治理能力、经营状况、资金状况等情况，成为企业突破自身瓶颈的关键。

所以这个阶段企业需要建立自己的数据仓库系统，分析企业运行数据，从而为治理层提供各种决策支持，使治理具有更强的预见性，使决策层能适时调整企业战略进展目标，发现企业的核心价值，从而保证企业的良性进展。

（五）建立 CRM 客户关系治理平台

如何将企业的市场营销、销售、服务与技术支持连接起来，使企业能够吸引更多的潜在客户和保持更多的现有客户成为现阶段的重点。通过建立 CRM 客户关系治理平台：不论客户大小、所在地域以及业务发生的时间，客户都可以得到优质、满意的服务；企业可以减少与客户沟通的环节，加强信用操纵以降低风险，同时可以对客户进行统一的信用治理，依据不同的信用等级提供不同的服务；根据物流企业进展的策略，对大客户提供特定的个性化服务，从而使物流企业的服务提升到一个新的层次，真正实现企业的价值。

（六）建立深层次的效益分析系统

物流企业向客户提供服务的目的就是获得利润。为此，有必要利用系统中的历史数据、正在发生的数据进行深层次的收益分析，以便找到真正的利润来源，提供有针对性的、更有价值的服务，发现可能的利润增长点。

七、物流信息系统的选择

企业有相当多的价值蕴含在物流运作之中，如仓储管理水平、物流生产效率、物流服务水平（维护客户诚信度）、运输成本、劳动生产率等。随着新技术的不断发展，市场上出现了很多先进的物流技术和信息系统，对国内大多数企业而言，面临越来越严酷的市场竞争，最重要的不是盲目引进高新技术，而是充分认清某项新技术为提升企业竞争力所带来的价值，从而优化物流运营水平。认清价值、分步决策、快速实施、及时调整是最有效的战略。

尽管多数物流管理者很清楚物流管理水平与企业经营优劣有直接关系，但仅从直觉上认知这种联系对分析物流价值是远远不够的。事实上，由于沿袭下来的传统管理体制，物流环节运作是相当独立的，例如，独立仓库的负责人最关心仓储空间的利用率和物品入出库的效率，他们会提议公司投资最先进的物流设备，从而能够提高仓储运营效率等，但很少会给出这项投入能对公司的经营业绩以及战略产生的影响。

国外权威物流管理机构的调查显示，一个企业的物流运营成本通常占企业销售收入的7%~16%，占企业净增产值的10%~35%，显然，物流成本直接关系到企业的运营成本。物流运营的可变成本是物流管理者最关心的问题，通过采纳先进的物流设备和技术，可以极大地提高劳动生产率，降低单位物流成本。这些可变成本包括：物流工作单执行（配送）的劳动力成本、库存保有成本、运输开销、配送网络的费用等。以仓储管理系统（WMS）和运输管理系统（TMS）为代表的物流信息系统的实施，可以明显降低物流运营成本。

物流信息系统的选择一定要有针对性，要针对这个企业，不能盲目地跟风，觉得这个企业用了这个系统挺好的，我们也用，这样是万万不可的。可以聘请一些信誉好的专业物流管理咨询机构，通过了解企业物流现状及物流行业的最佳运作模式，提出企业物流战略或改进措施，同时能够用业务和财务语言同企业的高层经理交流，以获得投资支持。

事实上，物流对企业经营业绩有很强的杠杆作用，就企业利润而言，在物流环节每节省一块钱成本，相当于在销售环节多卖十块钱产品，这在市场趋于饱和的状态下显得尤其重要。就销售收入而言，在物流环节借助信息系统将供货服务水平提高，可以显著提高客户满意度，增加销售收入等。

第二节　运输管理系统

一、运输管理系统的概念

运输是物流运作的重要环节，在各个环节中运输时间及运输成本占有相当比重。现代运输管理是对运输网络和运输作业的管理，在这个网络中传递着不同区域的运输任务、资源控制、状态跟踪、信息反馈等信息。实践证明，通过人为控制运输网络信息和运输作业，效率低、准确性差、成本高、反应迟缓，无法满足客户需求。随着市场竞争的加剧，对于物流服务的质量要求越来越高，尤其是运输环节。

运输管理系统（Transportation Management System，TMS）是一套基于运输作业流程的管理系统，该系统以系统管理、信息管理、运输作业、财务管理为四大线索设计开发。系统管理是运输管理系统的技术后台，起到支持系统高效运转的作用；信息管理是通过对企业的客户信息、车辆信息、人员信息、货物信息的管理，建立运输决策的知识库，能起到促进企业整体运营更加优化的作用；运输作业是运输管理系统的核心，系统通过对运输任务的订单处理、调度配载、运输状态跟踪，确定任务的执行状况；财务管理是伴随着运输任务发生的应收应付费用，通过对应收应付的管理及运输任务对应的收支的核算，生成实时全面的统计报表，能够有效地促进运输决策。

运输管理系统是利用现代计算机技术和物流管理方法设计出的符合现代运输业务操作实践的管理软件。简单实用是本系统的最大特点，在该系统中，工作人员只需进行简单的选择、点击等操作即可完成工作。

二、运输管理系统的主要功能模块

（一）系统管理功能设置

系统管理功能设置主要包括用户管理模块、权限角色管理模块、数据字典维护模块、日志管理模块。

（二）基本信息设置

基本信息设置主要包括客户信息管理模块、车辆信息管理模块、人员信息管理模块。其主要功能包括：①客户管理：客户所属公司基本信息维护；指定客户的运输服务类型（公路直运、铁路运输等）；客户所属的组织机构以及客户所拥有的订单业务类型；不同客户的个性化要求等。②供方管理：供方所属公司基本信息维护；指定供方可提供的运输服务类型（公路直运、铁路运输等）；供方所属的组织机构以及供方可执行的订单业务类型。

（三）运输作业设置

运输作业设置主要包括订单处理模块、调度配载模块、运输跟踪模块。其主要功能包括：执行客户原始销售订单的接收、分解、发放；支持对订单时间窗、地理信息、订单属性、货品明细进行调整；生成运单信息、派车信息，并根据系统资源进行车辆调度。车辆调度要以满足服务、成本最优为基本原则，合理选择供方、线路和作业车型等物流资源。

（四）财务管理设置

财务管理设置主要包括统计报表管理模块、应收应付模块。KPI 报表：为业务决策提供支持的报表，如车辆装载率报表、各供方准时到库率考核报表、各供方准时发货率考核报表、各供方准时到货率考核报表、各供方准时回单率考核报表、各供方运输残损考核报表、各供方综合 KPI 考核报表；财务分析报表：为财务决策提供支持的报表，如客户/项目/订单收入报表、供方/项目/订单成本报表、月度/季度/年度统计报表、项目财务分析报表。

三、运输管理系统的特点

其一，运输管理系统是基于网络环境开发的支持多网点、多机构、多功能作业的立体网络运输软件。

其二，运输管理系统是在全面衡量、分析、规范运输作业流程的基础上，运用现代物流管理方法和计算机技术设计的先进的、标准的运输软件。

其三，运输管理系统采用先进的软件技术实现计算机优化辅助作业，特别是对于快速发展中的运输企业，可以支持在网络机构庞大的运输体系中，协助管理人员进行资源分配、作业匹配、货物跟踪等操作。

其四，运输管理系统具有实用的报表统计功能，可以为企业决策提供实时更新的信息，大大简化了人员的工作量。

四、运输管理系统的功能设置

简单实用的运输管理系统，应该有以下功能设置：

（一）系统管理功能设置

1. 用户管理模块

本模块主要是对本套软件的具体使用者进行的管理和帮助。只有具有使用权限的工作人员才可以凭密码登录本系统，进行具体操作。使用完成后，必须进行"注销"操作才能退出系统。

2. 权限角色管理模块

本模块主要是从保护企业的商业机密和数据安全的角度出发，对不同级别的工作人员设置不同的系统操作权限。只有具有相关权限的人员才可以进行相关操作，充分保证了系统数据的保密性。

3. 数据字典维护模块

本模块主要包括对系统的设置、各大功能模块的维护和管理，起到保证系统运行的作用。

4. 日志管理模块

本模块主要是对本系统的日常运转进行自动记录，系统管理人员凭权限可以查询到工作人员所进行的具体操作，起到加强企业管理监督的作用。

（二）基本信息设置

1. 客户信息管理模块

本模块包括客户信息的录入和更新，系统会根据客户信息录入的时间给客户设定一个专有的编码。客户信息输入系统后，企业相关人员可以在系统中查询到客户的名称、法人代表、经营范围、编码、地址、电话、传真、Email、主页和与本公司交易的历史记录等。用户可以通过客户管理模块来对客户信息进行修改、查询等操作。客户信息管理中包含合同和报价两个模块。

2. 车辆信息管理模块

本模块主要有车辆信息管理和车辆状态管理两部分内容。车辆信息管理设置有车辆的牌照、车辆型号、载重量、容积、司机姓名等信息，可以看到每辆车每天的出车记录（出车日期、客户名称、工作内容、吨位、单价、目的地、合同金额、已付金额、驾驶员、住勤补助、出差补助、出车小时、运行公里、此次出车工资、搬动费用、其他费用），并生成派车单；在车辆状态管理中，可以显示出车车辆、待命车辆、维修车辆的信息，通过车辆管理模块，用户可以进行添加、查看、修改、查询及报废、故障等操作。

3. 人员信息管理模块

本模块主要有人员信息管理、人员薪酬管理、操作员管理三部分内容。人员信息管理，有调度员、驾驶员、修理工、临时工、搬运工等的个人资料；人员薪酬管理，统计记载有人员工资、奖金、福利等支取状况；操作员管理，是指系统对不同的操作设置不同的操作权限，只有相关人员才有权限看到权限范围内的数据，充分保证数据安全。

4. 货物信息管理模块

本模块主要以对货物信息的录入、查询和更改为主要内容。货物信息管理设置有每一单货物的编号、数量、规格、价值金额、运输时间要求等内容。在系统中，用户可以清晰明了地看见货物的有关信息，能够进行添加、修改、查询等操作。

基本信息中也包括运输网络的设置，包括公司的组织架构、物流据点的结构、基础路线的设置。

（三）运输作业设置

1. 订单处理模块

本模块提供关于运输订单的生成、录入、修改、执行等一系列功能。系统可以自动安排订单处理的提前期，为每一张运输订单设置"订单激活时间"，达到时间的订单自动处于"激活状态"，由系统生成运单并提示调度人员安排车辆执行。

2. 调度配载模块

调度作业是运输的中心作业。系统根据货物、客户、车辆的信息，自动提示最佳的运货车辆和运输路线。本系统采用尖端技术实现计算机辅助作业，优化车辆资源利用率，自动组合同类作业，确保实现车辆利用效率最大化。

3. 运输跟踪模块

对货品状态的跟踪与及时反馈是体现服务水平获得竞争优势的基本功能。但对货物有效的运输跟踪是现代物流运输中的难点，也是提高客户服务水平的关键点之一。本系统通过查看运单的执行状态，通过对运单的有效跟踪，可以看到货物的在途状况。系统能够按照不同的要求为客户提供定时的状态信息反馈。

（四）财务管理设置

1. 应收应付管理模块

运输业务涉及的客户比较多，而且往来频繁，这对每个客户及分包方的管理显得尤为重要。运输业务的特殊性经常导致与客户之间台账的错误及混乱。系统提供每单业务的详细账单，也能提供针对不同客户及分包方的台账，并设有到期未付账的预警功能，可以进行应收账款统计、查询操作，以及应付账款统计、查询操作。

2. 统计报表管理模块

本模块主要有结算报表分析和应收应付报表分析两大功能。结算报表分析对客户、公司自身、车辆三方的经济往来有详细的记录，系统具有查询、统计功能。企业相关人员凭管理权限可以看到这些数据，既方便了工作又安全可靠。另外，在对车辆的结算报表中可以看到车辆不同运输路线的货运价格。

综上所述，中小企业所需的运输管理系统应该具备以上功能才能满足现代运输业发展的需要。但是，企业不能盲目地配置软件，一定要结合本企业实际，综合考虑企业现实需求、未来发展、资金能力、人员素质等各方面因素才能做出正确决策。

第三节 配送中心的信息管理系统

一、配送中心信息系统的作用和结构

配送中心信息管理系统是以计算机和通信技术为基础，为配送中心各级管理人员提供配送辅助决策的信息系统。确切地说，配送中心信息管理系统是指处理企业的现行配送业务，控制配送中心的物流管理活动，预测配送中心的购销趋势，为制定物流中心配送决策提供信息，给决策者提供一个分析问题、构造模型和模拟决策过程及其效果的人机系统的集成。

配送中心信息管理系统是企业物流信息集成系统的子模块之一，是企业物流管理现代化的重要标志。

(一) 配送中心信息系统的作用

配送中心信息系统与其他物流信息系统一样，为了使本系统协调、高效率地运转，必须有效地采用现代化的管理方法，合理地调度人、财、物及设备，以达到预期的目标。

1. 配送中心信息系统是组织企业物流活动的基础

企业整个物流过程是一个多环节（子系统）的复杂系统。物流系统中的各个子系统通过物资实体的运动联系在一起，一个子系统的输出就是另一个子系统的输入。合理组织物流配送活动，就是使各个环节相互协调，根据企业总目标的需要，适时、适量地调度系统内的基本资源。物流系统中的相互衔接是通过信息予以沟通的，基本资源的调度也是通过信息的传递来实现的。因此，组织物流配送活动必须以信息为基础，一刻也不能离开信息。为了使配送活动正常而有序地进行，保证物流信息畅通，企业必须建立符合实际的配送信息系统。

2. 配送中心信息系统是辅助企业物流计划决策的有力工具

计划是任何一个企业最基本的管理职能。计划决策就是确定经营管理活动的目标，编制计划是预先决策要做什么和解决如何去做的问题。在企业计划体系中，物流系统的计划很多，并且它们之间相互关联，企业的配送计划是建立在销售计划、生产计划、生产用料计划、库存计划的基础之上，同时它又决定采购进货计划的制定。因此，缺乏有效的配送信息，或者配送管理信息系统所提供的信息的准确性不高，其他计划就无法做出或做出的计划完全脱离实际，最后成为一纸空文。也就是说，信息流通不畅不仅会造成物流活动的混乱，而且对于整个企业的计划决策来说，缺乏信息或信息不可靠将会造成全局的失误。配送活动信息的准确性对物流活动的影响是局部的，而对整个企业的计划决策则是全局性的。

3. 配送中心信息系统是进行物流控制的手段

在企业管理中，为了使计划能够顺利地实现，控制是不可缺少的。我们是用系统的理论和系统工程的方法来研究物流系统的，控制是系统管理方法的核心。

控制包括三个方面的内容：规定完成的标准；对照标准检查执行情况；纠正偏差。其中标准并不一定是计划，而是对完成计划的具体要求，它可以是定量的，也可以是定性的。

显然，在物流系统的控制过程中必须掌握反映标准和执行情况的信息，利用这些信息对物流进行控制。控制的办法有两种：一种是利用信息指挥调度，使物流按照信息规定的路线、任务、时间以及各项标准的要求而流动；另一种是利用信息的反馈作用，即利用执行过程中或是在偏离预期标准后产生的信息反馈，随时进行与标准信息的比较，找出偏差，调节或做出新的决策，对过程进行控制。例如，当用户商品出现断档时，就应将现有配送供应量与用户订货量、实际生产需求量进行比较，找出出现差异的原因所在，协助用户企业准确预测商品需求，从而修正配送作业计划，在保证用户企业生产或销售的基础上，尽量使用户企业实现"零库存"。

（二）配送中心信息系统的结构

系统功能的设置一般根据配送各项作业活动及活动间的相关性来划分功能模块，作业内容相关性较大者或所需数据相关性较大者在进行系统设计时可以作为一个子系统。以一个销售型配送中心为例，信息系统是由四个基本的子系统组成：即销售出库管理子系统、采购入库管理子系统、财务管理子系统、经营绩效管理子系统。同时每个子系统又由若干作业处理子模块组成，它们协同运转，实现配送系统的各项功能，完成配送业务系统目标。

二、销售出库管理子系统

（一）销售出库管理系统与其他三大系统间的关联

销售出库管理系统所涉及的作业主要包括：自客户处取得订单、进行订单处理、出货准备、实际将商品运送至客户手中，一切均以为客户服务为主，对内的作业内容则是进行订单需求统计，传送到库存系统，作为补货的参考，并从库存系统处取得库存数据，在商品发货后将应收账款、账单转入财务系统做转账用，最后将各项内部数据提供给经营绩效管理系统作为考核参考，并从经营绩效管理子系统取得各项经营指标。

（二）销售出库管理系统的结构

销售出库管理系统所包含的结构模块及功能如下：

1. 订单处理模块

该模块的功能主要包括：订单自动接收与转换；客户信用调查；报价；库存数量查询；拣货产能查询；包装产能查询；配送设备（卡车、出货月台）产能查询；配送人力查询；订单数据输入与维护；退货数据处理等。

具体内容如下：

（1）能输入包括客户资料、商品规格资料、商品数量等数据。

（2）对日期及订单号码、报价单号码，系统能自动填写并可修改。

（3）具备按客户名称、客户编号、商品名称、商品编号、订单号码、订货日期、出货日期等查询订单内容的功能。

（4）具备客户的多个出货地址记录，可根据不同交货地点开具发票。

（5）可查询客户信用、库存数量、产能分配状况、设备工具使用状况及人力资源分配。

（6）具备单一订单或批次订单的打印功能。

（7）报价系统具备通过客户名称、客户编号、商品名称、商品编号、最近报价日期、最近订货数据等查询该客户的报价历史、订购出货状况和付款状况资料的功能，可作为对客户进行购买力分析及信用评估的标准。

（8）可由销售主管或高层主管随时修改客户信用额度。

（9）具备相似产品、可替代产品资料，当库存不足无法出货时，可向客户推荐替代品以争取销售机会。

（10）可查询未结订单资料，以利于出货作业的跟踪催款。

2. 销售分析与销售预测模块

（1）销售分析。①可输入销售日期、月份、年度、商品类别、商品名称、客户名称、作业员名称、仓库等，查询各个销售资料或销售统计资料；②可提供商品销售量统计表、年度商品数量统计表、年度及月份商品数量统计比较分析报表、商品成本利润百分比分析报表，并可查询作业员销售业绩及各仓库经营业绩等数据。

（2）销售预测。可根据现有销售资料与作业模式应用多种统计方法预估配送中心的发展方向，并按特定需求查询和打印商品销售预测报表、工具设备需求报表、库存需求报表、人力资源需求报表、成本需求分析报表等。

（3）商品管理。能输出常用的商品管理报表，包括商品销售排行、畅销品及滞销品分析、商品周转率分析、商品获利率分析等。

3. 拣货规划模块

该模块有拣货订单批次规划，打印拣货单与拣货总表，批次拣货排程（人力、机器设备规划），拣货计划及补货排程，拣货数据输入、维护及与自动拣货机间数据转移与传输等功能。

4. 包装、流通加工规划模块

该模块具有包装、流通加工订单批次规划，打印包装、流通加工工作总表，批次包装、流通加工安排、补货计划及补货排程（含人力、机器设备、包装材料、库存数量），包装、流通加工数据输入与自动包装机间数据转换与传输等功能。

5. 配送计划

该模块根据客户的订单内容，将当日预定出货订单汇总，查询车辆、地图数据库，按客户地址划分配送区域，统计该区域出货商品的体积与重量，以体积最大者或重量最重者为首选配送条件来分配配送车辆的种类及数量、优化配送路线。随后访问外车调用数据库、公司自有车调用数据库、设备调用数据库、工具调用数据库、人力资源调用数据库来制定出车批次、装车及配送调度，并打印配送批次规划报告、批次配送调度报表等。批次调度报表包括月台、机具设备、车辆、装车搬运人力、配送司机及随车人员的分配报表等。

6. 出库处理

确定配送装车批次后，由配送计划模块打印客户出货单，集货人员持出货单及批次调度报表，将商品由拣取区取出并核定商品内容，然后集中于出货月台前准备装车。

（三）销售出库管理系统的功能

当商品配送出库后，订购数据即由订单数据库转入应收账款数据库，财务人员于结账日将应收账款按客户进行统计，并打印催款单及发票。发票的打印可以比较灵活，可将统计账款总数开成一张发票，或者以订单为基础开具多张发票。收到的账款可由会计人员确认并录入，作为应收账款的销项并转为收支会计系统的进项。系统还可打印应收账款统计表、应收账款收入状况一览表等。

三、采购入库管理子系统

采购入库管理系统的主要功能是处理与供货厂商的相关作业，包括商品实际入库、根据入库商品内容做库存管理、根据需求商品向供货厂商下订单。

（一）采购管理模块

采购管理模块，是为采购人员提供的一套快速而准确地向供货厂商适时适量地开具采购单的系统，使商品能在出货前准时入库，并无库存不足及积压货太多等情况发生。此模块包括四个子模块：采购预警系统、供应厂商管理系统、采购单据打印系统、采购跟踪系统。

当库存控制系统建立采购批量及采购时间文件后，仓库管理人员即可随时调用采购预警系统来核对需要采购的商品。仓库管理人员输入日期，系统访问库存数据库、采购批量及采购时间数据库，对比现有库存数是否低于采购点。如果库存数低于采购点，就将此商品的情况打印出来，打印报表内容包括商品名称、建议采购量、现有库存量、已购待入商品数量等数据。当采购预警系统打印出建议采购商品报表后，仓库管理人员即可根据报表内容查询供应厂商数据，输入商品名称后，从供应商数据库中检索供应商报价数据、以往交货记录、交货质量等数据，作为采购参考。

系统所提供的报表有商品供货厂商报价分析报表、各供货厂商交货报表。根据这些报表，仓库管理人员可按采购商品需求向供应商下达采购单，此时仓库管理人员需输入商品数据、供应商名称、采购数量、商品等级等数据，并由系统自动获取日期来建立采购数据库。系统可打印出采购单，供配送中心对外采购使用。当配送中心与供应商通过电子订货系统采购商品时，系统还需具备计算机网络数据接收、转换与传送功能。

采购单发出后，仓库管理人员可用采购跟踪系统打印预定入库报表及已采购未入库报表，作为商品入库跟踪或商品入库日期核准等作业的参考。系统无须输入特殊数据，只需选择欲打印报表名称，由系统根据当日日期与采购数据库进行比较，打印未入库数据。采购系统最好具备材料结构数据，在组合产品采购时可据此计算各商品需求量。采购单可由单笔或多笔商品交易组成，并且允许有不同的进货日期。

（二）入库作业处理模块

入库作业处理系统包括预定入库数据处理和实际入库作业。

1. 预定入库数据处理

预定入库数据处理为入库月台调度、入库人力资源及机具设备资源分配提供参考。其数据来自采购单上的预定入库日期、入库商品、入库数量等，可按供应商预先通告的进货日期、商品及数量，定期打印出入库数据报表。

2. 实际入库作业

实际入库作业发生在生产厂商交货之时，输入数据包括采购单号、厂商名称、商品名称、商品数量等。可输入采购单号来查询商品名称、内容及数量是否符合采购内容并用以确定入库月台，然后由仓库管理人员指定卸货地点及摆放方式，并将商品置于托盘上，仓库管理人员检验后将修正后的入库数据输入，包括修正采购单一并转入库存数据库，并调整库存数据库。退货入库的商品也需检验，可用者方可入库。

商品入库后有两种处理方式：立即出库或上架出库。如果采用立即出库的方式，入库系统需具备待出库数据查询的功能，并连接配送出货系统，当入库数据输入后即访问订单数据库，取出该商品待出货数据，将此数据转入出货配送数据库，并修正库存可调用量。如果采用上架入库再出库方式，入库系统需具备货位指定功能或货位管理功能。货位指定功能是指当入库数据输入时即可启动货位指定系统，由货位数据库、产品明细数据库来计算入库商品所需货位的大小，根据商品特性及货位储存现状来指定最佳货位，货位的判断可根据诸如最短搬运距离、最佳储运分类等原则。货位管理系统则主要完成商品货位登记、商品跟踪，并提供现行使用货位报表、空货位报表等，作为货位分配的参考。也可以不使用货位指示系统，由人工先行将商品入库，然后将储存位置登入货位数据库，以便商品出库及商品跟踪。货位跟踪时可将商品编码或入库编码输入货位数据库来查询该商品所在货位，输出的报表包括货位指示单、商品货位报表、可用货位报表、各时间段入库一览表、入库统计数据等。货位管理系统还需具备人工操作的功能，以方便仓库管理人员调整货位，并能根据多个特性查询入库数据。

采购商品入库后，采购数据即由采购数据库转入应付账款数据库，财务管理人员依此为供货厂商付款，并按供货厂商做应付账款统计表，以供金额核准之用。账款支付后，可由会计人员将付款数据登录，更改应付账款的文件内容。高层主管人员可由此查询应付账款一览表、应付账款已付款统计报表等。

四、财务管理子系统

财务会计部门对外主要使用采购部门传来的商品入库数据，核查备货厂商送来的催款数据，并据此给厂商付款。也可由销售部门获取出货单来制作应收账款催款单并收取账款。财务管理子系统还负责制作各种财务报表，提供给经营绩效管理系统参考。

（一）账务处理

账务处理功能可将销售管理子系统、采购管理子系统的数据转入，并制作成会计总账、分类账、各种财务报表等。

（二）人事工资管理

人事工资管理包括人事数据的建立与维护、工资统计报表生成、工资单打印与银行计算机联网的工资数据转换等。

五、经营绩效管理子系统

经营绩效管理系统从各子系统取得数据，制定各种经营政策，然后将政策内容及执行方针告知各部门，并向社会提供配送中心的有关数据。

经营绩效管理系统包括：配送资源计划、经营管理、绩效管理等。

（一）配送资源计划

该模块包含如下功能：仓库选址及数量规划、多仓商品线计划、多仓商品分配计划、多仓库存控制、多仓设备规划控制、多仓人力资源计划、多仓商品配送计划等。

配送资源计划是在配送中心有多个运作单位时，规划各种资源及经营方向、经营内容。配送中心有多座仓库、多个储运中心或多个转运站时，应该考虑如下几个方面的问题：设置多少仓库、仓库的位置如何，才可满足市场开发的需求；哪座仓库应存放哪些商品、商品存放量有多少，才足以保证该区域的商品需求；所需仓库空间又需要多大，才足以存放该数量的商品；适应这些配送活动，各仓库又需具备什么机械机具及人力资源；这些资源如何分配，彼此间又如何协调；等等。这些都是建立配送计划系统所要考虑的。

仓库地点设置及数量规划需从外界收集数据，所收集的数据包括区域人口数、年龄分布状况、区域销售商店分布状况、区域商品销售总金额、每一年龄层的消费品种等数据，可根据这些数据来估计该区域的市场潜力、可销售的商品种类、销售金额及数量，以及设置仓库数、仓库设立的地点等。

确定好设立仓库的数量及位置后,首先,可根据市场分析所得的数据来划分每个仓库所进销的商品种类,即多仓商品线计划;其次,根据市场调查数据进行分析计算,求得各仓库所需各类商品数量,即多仓商品分配计划;最后,针对各仓库所需库存数量、机器设备、人力资源进行规划,并且协调、调度及控制,即完成多仓库存控制、多仓设备规划控制、多仓人力资源计划及多仓商品配送计划。

(二)经营管理系统

经营管理系统具备设备租用、采购计划、销售策略、费用制定、配送成本分析、外车管理等功能。

1. 经营管理模块

经营管理模块供配送中心高层管理人员使用,用来制定各类管理政策(如车辆设备租用、采购计划、销售策略计划、配送成本分析、运费制定、外车管理等),偏向于投资分析与预算分配。配送中心可通过自有车或雇用外车来配送,主要考虑车辆的管理方便性、投资大小及成本效益。

2. 销售策略计划

销售策略计划主要是根据销售额、作业员销售实绩、商品销售能力、销售区域分配状况等数据来制定配送中心的销售规划政策,包括进销商品内容、客户分布区域规划、作业员销售额及区域划分、市场营销对策制定和促销计划等。

3. 配送成本分析系统

配送成本分析系统是以会计数据为基础分析配送中心各项费用,以此来反映盈利或资源投资回收的状况,同时也可作为运费制定系统中运费制定的基准。配送成本分析与运费制定系统是非常重要的系统,配送中心需要确定运费能否赢得客户并合理地覆盖成本。

4. 外车管理系统

外车管理系统是管理外雇车辆的系统,包括外车雇用数据的维护、管理方法的选用分析、配送车辆的调度及调度计划等。

(三)绩效管理系统

配送中心的盈利状况,除需各项经营策略的正确制定与实际计划的执行外,还需有良好的信息反馈作为政策、管理及实施方法修正的依据,这就需要绩效管理系统,它包括以下几个模块:

1. 销售人员管理

这块内容主要包括作业销售区域划分、销售总金额管理、呆账率分析、票据期限分析等。

2. 客户管理

这部分内容主要包括客户销售金额管理、客户信用管理、客户投诉管理等。

3. 订单处理绩效报表

这部分主要包括订单处理失误率分析、订单处理时效分析、订单处理量统计分析等。

4. 库存周转率评估

这部分主要包括资金周转率分析与计算、单品周转率分析、某类商品平均周转率分析与比较。

5. 缺货金额损失管理报表

这是指库存盘点时比较盘盈盘亏并计算报废商品的金额及数量。

6. 仓库内部作业的管理考核报表

这部分主要包括拣货绩效管理报表、包装绩效管理报表、入库作业绩效管理报表、装车作业绩效管理报表等，主要进行作业处理量统计、作业失误率分析等。

7. 资源利用管理报表

这部分主要包括车辆使用率评估报表、月台使用率评估报表、人力使用绩效报表、机器设备使用率评估报表、仓库使用率评估报表、商品保管率评估报表等，是仓库内部机具设备及人力资源的使用时间统计、效率评估及成本回收状况的反映，可作为机器设备使用政策制定的参考或机具租用、采购的评估基础。

 项目实操

COSCO 仓库管理系统介绍

（一）产品简介

中远网络凭借多年的物流及 IT 业务咨询和软件开发实践，积累了丰富的物流管理经验和卓越的 IT 技能，令我们的 WMS 产品（见图 8-1）成为市场上出色和成熟的产品之一。本产品是我公司面向第三方物流、家电、零售、汽车制造、医药、烟草、消费品等行业的各种配送中心和仓库所提供的业界领先的一体化的仓储管理解决方案。我们产品的目标是通过对仓储作业流程的不断优化，提高仓库管理的质量和效率，降低库存、管理成本。我们对产品持续改进和不断完善保证了您所用的系统处于最先进的行列（见图 8-2）。

WMS 灵活的模块体系确保您既能在标准系统中工作，又可以根据您的特殊需求为您量身定做适合您的仓库管理信息系统。不管是传统平面仓库还是复杂的全自动立体仓库，我们的 WMS 能为客户提供高性能的解决方案，并同时满足客户在一体化、国际化和本地化等方面的需求。

（二）产品功能及特点

1. 产品功能模块

产品主要功能模块包括：基础资料设置，收货入库，库存管理，拣货出库，运输管理，收费管理，绩效分析，信息管理等。WMS 功能示意图如图 8-3 所示。

（1）基础资料设置。基础资料设置是一个提供其他业务操作的基本数据的模块，是不可或缺的部分，各业务模块要录入的基础数据、人员信息与货主有关的供应商、客户与送货地、货品的信息均包括在内。无论是多货主还是多仓库的管理，仓库中既有货架存储区，也有平面库存储区；库存的产品种类有成千上万种；库存产品的包装规格形形

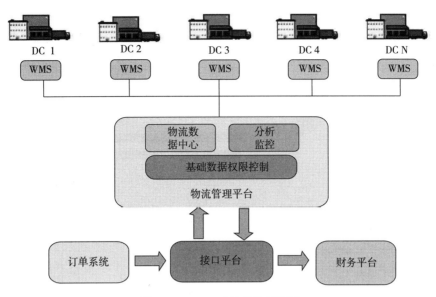

图 8-1　WMS 系统结构示意图

资料来源：中远物流仓储管理实操项目。

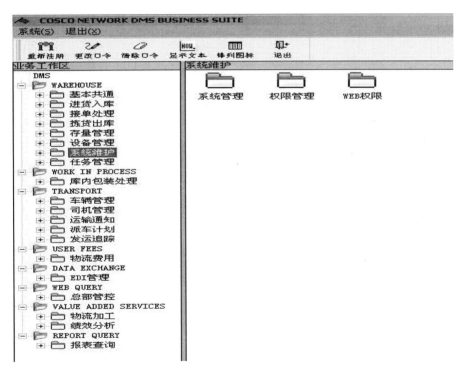

图 8-2　简洁的用户操作界面

资料来源：中远物流仓储管理实操项目。

色色；不同的收费方式，这些问题都可以在系统实施过程中，甚至在系统运行期间，通过系统提供的基础资料功能的配置来完成，使整个系统看起来更像是为您量身定制的应用。

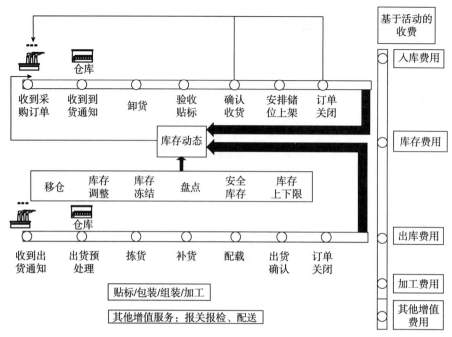

图 8-3　WMS 功能示意图

资料来源：中远物流仓储管理实操项目。

（2）收货入库。此模块主要完成货主货品收货入库工作。其具体包括记录货主每一种货品的入库数量、存放的仓储位、批号和生产日期等，根据货主的进货通知做好人员、仓储位、设备等收货的准备工作，记录整个收货入库过程的各项计费资料，以备在计费中使用。

（3）库存管理。通过使用盘点作业提高盘点的效率和准确性；通过盘点报表掌握库存差异情况；通过库存报表了解库存货品的数量及品质、时效等情况；通过货品进出报表了解货品的变动情况。

（4）拣货出库。该模块负责完成货主要求的出货过程。其主要业务包括根据货主的通知进行出货前的可出货库存检查，反馈缺货情况及处理，判断是否需要零散补货，自动安排按货仓储位，提高拣货效率，安排配送车辆，在多点配送时选定最佳行车路线，记录配送回单以掌握配送地的收货情况，通过控制出货通知状态，全面反映整个出货配送的情况。

（5）运输管理。运输管理模块指物流中心自有车辆或外租车辆的管理。凡与自车有关的费用、维修、行车记录和车辆配送/运输安排以及有关的司机安排均包含在内。同时也可以对外部车辆进行管理，对外部车队相关的费用进行管理。

（6）物流加工。根据货主的要求，对货品进行物流加工，控制从领料、过程直至完成等加工全过程，包括对货品损耗的情况作完整的记录。

（7）收费管理。记录各项基本项目费率，通过设定货主各项基本费率，并记录货主其他费用，计算货主的总物流费用，可通过费用报表了解各项费用的情况。

（8）绩效分析。依据事前制定的关键绩效指标（KPI）和计算公式，可从物流运作中的数据或事先人工输入的固定、变动数据中，统计出物流中心运作的效率。

2. 产品特点

（1）支持多种业务模型。随着现代物流，国际贸易和供应链管理的不断发展，仓库的功能也在进一步发生变化，这种变化最先体现在仓库的业务中。现代仓储业务衍生出了保税仓储业务、VMI（供应商管理库存）业务、保税VMI业务等。该系统能够涵盖现代物流的全部仓储业务，无论您的仓库在运行怎样的业务，该系统都能给您提供最强大的技术支持。

（2）支持对多结点的管理。WMS可以提供对多配送中心、多仓库管理的支持。无论仓库或配送中心位于何处，都可以通过我们的WMS进行集成管理。该系统可以建立从企业、区域到配送中心再到仓库的多层组织架构，并在此架构上提供高度透明的仓库管理。

（3）支持对多货主的管理。无论是针对制造企业多种元配件、半成品、成品，还是销售企业的整进零出，或是第三方物流公司的仓库零进零出，我们的WMS都可以建立对不同货主的不同货物的全方位管理，不同的货主可以拥有不同的操作流程，定义不同的运作策略。

（4）对储位多样化的管理。系统除了支持一物一位和一物多货位的存储管理方式外，还支持多物存储于一个货位的存储方式，通过系统管理，使多物一位不会发生混乱现象，并支持集装箱、托盘作业。

（5）提供合理的货品上架策略。系统支持按照货品包装的不同体积、重量、属性和存储要求将货品合理安排到相应的储位，储位的选择可以根据系统设定自动给出，也可由客户根据实际需要自主安排，这样不仅提高了仓库的上架效率，而且保证了库存货品的合理布局和仓库空间的合理运用。

（6）支持多种拣货策略。面对仓库内的几千个甚至上万个储位，上万种货品，这些货品具有不同的属性，WMS可支持多种灵活的拣货要求，如按FIFO或货品别、订单别进行拣货作业等，最大限度地缩短拣货时间，提升履行订单的效率。该系统对货品分拣区的货物可以做到自动补货。

（7）精确的收费计算。WMS所提供的基于交易的收费方式，使每一笔费用都随着业务活动的发生而自动进行计算，费用结算操作简单，数据准确、及时，并且整个过程对客户来说可以实现透明管理。

（8）系统提供多种格式的数据报表。系统可以提供多种格式的分析报表，增加信息处理效率，同时可根据客户的实际需求开发相应格式的报表。

（9）灵活科学的用户权限设置。对于不同的用户，系统可以对其设置不同的操作权限。模块权限和数据权限的叠加组合，细致到每一功能菜单的使用权限，能最大程度地满足不同角色对库存管理的不同需求。

资料来源：中远物流仓储管理实操项目。

 **本章小结**

本章主要围绕物流信息系统相关内容进行介绍，包括物流信息系统的概念、功能和开发步骤，重点分析了运输管理系统和配送中心的信息管理系统的功能模块和功能设置。

 复习思考

1. 什么是物流信息系统？它的功能有哪些？
2. 物流信息系统的开发步骤有哪些？
3. 运输管理系统的功能模块有哪些？
4. 配送中心的信息管理系统包括哪些信息管理子系统？

 案例分析

沃尔玛的信息管理系统

先进的信息系统对沃尔玛公司的成长功不可没。沃尔玛公司是第一个发射和使用自有通信卫星的零售公司，它的信息系统是全美最大的民用系统。截至20世纪90年代初，沃尔玛公司在此已经投资了7亿美元，而它不过是一家纯利润只有2%~3%的折扣百货零售公司。

一、沃尔玛公司的计算机网络化

1977年，沃尔玛公司完成了计算机网络化配置，实现了客户信息—订货—发货—送货的整体化流程，也实现了公司总部与分店及配送中心之间的快速直接通信。其最主要的功能是及时采集商品销售、存货和订货信息，为公司对复杂配送系统的跟踪和控制提供支持。沃尔玛于1979年建立了第一个数据处理和通信中心，在整个公司内实现了计算机网络化和每天24小时连续通信。

二、沃尔玛公司的商品条码技术运用

沃尔玛公司还配合计算机网络系统充分地利用商品条码技术。1981年，沃尔玛公司开始在几家商店进行试点，在收款台安装读取商品条码的设备，利用商品条码和电子扫

描器实现存货自动控制。到 20 世纪 80 年代末，沃尔玛公司的所有商店和配送中心都装上了电子条码扫描系统。采用商品条码技术可代替大量手工劳动，不仅缩短了客户结账时间，更便于利用计算机跟踪商品从进货、库存、配货、送货、上架到售出的全过程，及时掌握商品销售和运行信息，加快商品流转速度。利用这套系统，公司在对商品的整个处理过程中总计节约了 60% 左右的人工。商品条码加上便携式扫描仪还可用于控制店内存货水平，方便记录商品种类、数量、进价、销售价等信息，使公司能更快地规划存货需求，节约再订货过程所需的时间。

三、沃尔玛公司的 EDI 技术运用

20 世纪 80 年代，沃尔玛公司开始利用电子数据交换系统（EDI）与供应商建立自动订货系统。该系统又称无纸贸易系统，即通过计算机网络向供应商提供商业文件、发出采购指令、获取收据和装运清单等，同时也使供应商及时精确地掌握其产品销售情况。到 1990 年，沃尔玛公司已与它的 5000 余家供应商中的 1800 家实现了电子数据交换，成为 EDI 技术的全美国最大客户。

沃尔玛公司还利用更先进的快速反应和联机系统代替采购指令，真正实现了自动订货。这些系统利用条码扫描和卫星通信与供应商每日交换商品销售、运输和订货信息，包括商品规格、款式、颜色等，从发出订单、生产到将货物送达商店，最快的时候甚至不超过 10 天。

现在，沃尔玛公司的计算机跟踪着物流业务的每一环节，如供应商的存货数量、正在运往该公司的在途商品数量等。利用先进的电子信息手段，沃尔玛公司的物流经理可精确地了解这些信息，从而知道如何使商店的销售与配送中心保持同步、使配送中心与供应商保持同步。

资料来源：http：//blog. tianya. cn/blogger/post_show. asp？BlogID＝2802160&PostID＝23021071.

思考：

信息系统是如何提升企业经营或管理效率的？

第九章　第三方物流

- 掌握第三方物流的背景和概念
- 理解自营物流和第三方物流的区别
- 了解第四方物流在我国的发展

第一节　第三方物流概述

一、第三方物流的概念

"第三方物流"一词是从国外引进的，其英文表达为 Third Party Logistics，简称 TPL 或 3PL，是 20 世纪 80 年代中后期在欧美发达国家出现的概念，源自业务外包（Outsourcing）。将业务外包引入物流管理领域，就产生了第三方物流的概念。作为一种新型的物流形态，第三方物流使物流从一般制造业和商业等活动中脱离出来，形成能开辟新的利润源泉的新兴活动，受到了产业界和理论界的广泛关注。经过十多年的迅速发展，第三方物流已具有多种多样的形式。中国于 2006 年公布的《物流术语标准》将第三方物流定义为"供方与需方以外的物流企业提供物流服务的业务模式"。实际上，它是物流渠道中的专业化物流中间人，以签订合同的方式，在一定期间内为其他企业提供的所有或某些方面的物流业务服务。

根据定义，第三方物流主要由以下两个要件构成：第一，主体要件，即在主体上是指"第三方"，表明第三方物流是独立的第三方企业，而不是依附于供方或需方等任何一方的非独立性经济组织。第二，行为要件，即在行为上是指"物流"，表明第三方物流从事的是现代物流活动，而不是传统意义上的运输、仓储等。

第三方物流内部的构成一般可分为两类：资产基础供应商和非资产基础供应商。对资产基础供应商而言，他们有自己的运输工具和仓库，他们通常实实在在地进行物流操作。然而非资产基础供应商则是管理公司，不拥有或租赁资产，他们提供人力资源和先进的物流管理系统，具有专门管理顾客的物流功能。

广义的第三方物流可定义为两者结合。第三方物流因其所具有的专业化、规模化等优势在分担企业风险、降低经营成本、提高企业竞争力、加快物流产业的形成和再造等方面发挥着巨大的作用，已成为 21 世纪物流发展的主流。狭义的第三方物流是指能够提供现代化的、系统的物流服务的第三方的物流活动。

二、第三方物流产生的背景及原因

（一）我国第三方物流产生的背景

1. 我国国民经济高速发展

我国自改革开放以来，国民经济就走上了持续稳定高速发展的道路，GDP 年均增长 8%以上，而从全国来看，发展最快的又是我国东南沿海一些省市，他们利用国家给经济特区的一系列优惠政策，大力发展经济，率先实现经济的超常规大幅度增长，其中出现了一批大型实力企业，像海尔、宝洁、IBM 等。经济的大幅增长，必然导致巨大的物质产品的流动，也就必然导致物流量的增加。这是经济发展的必然规律，也是物流业成长的必然规律。

2. 改革开放政策的实行

我国第三方物流的诞生是改革开放的结果，跟改革开放有直接的关系。我国第三方物流企业是在 20 世纪 90 年代中期，首先由一些国内的外资企业率先促成的，从我国第三方物流的产生过程可以看出它有三个特点：第一，它是从东南沿海一些改革开放程度比较高的省市首先搞起来；第二，它首先是由宝洁、IBM 等这样一些国外的大公司促成我国的一些企业搞起来的；第三，第三方物流公司的业务最先也主要是为国外这些大公司服务的物流业务。国外一些大公司得益于中国的改革开放，他们在中国国内开办了一些公司，这些公司有一些实力产品，在中国市场需求量也大，市场覆盖面广，而且和国际市场紧密相连，因此物流量很大，靠他们自身来开拓中国的物流市场，进行物流处理，难度较大，也不合算。所以比较聪明的办法就是委托中国的一些企业来为他们完成物流业务。第三方物流的概念在国外 20 世纪 80 年代就有了，其模式在他们看来已经很成熟了。

3. 信息技术发展的产物

20 世纪 90 年代以来，随着因特网技术以及各种信息技术的发展，为企业建设高效率的信息技术网络创造了条件，信息技术实现了数据的快速、准确传递。这不仅提高了物流企业在仓库管理、装卸运输、采购、订货、配送发运、订单处理的自动化水平，促使订货、包装、保管、运输、流通加工一体化，而且使物流企业与其他企业间的信息沟通交流、协调合作变得方便快捷，从而使物流企业能有效跟踪和管理物流渠道中的货物，精确计算物流活动的成本。由于客户企业可以随时跟踪自己的货物，因而放心地把自己的物流业务交由第三方物流企业处理，这些环境条件都促使了第三方物流企业的产生。

（二）我国第三方物流产生的原因

1. 第三方物流的产生是社会分工不同的产物

专业分工的结果导致许多非核心的业务从企业中分离出来，其中就包括物流业，将物流业务委托给第三方专业物流公司负责，可降低物流成本，完善物流活动的服务功能。

2. 第三方物流的产生是新型管理理念的要求

第三方物流思想正是为满足这种需求而产生的。

3. 改善物流与强化竞争相结合意识的萌芽

物流研究与物流实践经历了成本导向、利润导向、竞争力导向几个阶段。将物流改善与竞争力提高的目标相结合是物流理论与技术成熟的标志。这是第三方物流概念提出的逻辑基础。

4. 物流领域的激烈竞争导致综合物流业务的发展

随着经济自由化和贸易全球化的发展，物流领域的政策不断放宽，同时也导致物流企业自身竞争的激化，物流企业不断地拓展服务内涵和外延，从而导致第三方物流的出现。这是第三方物流概念出现的历史基础。

三、第三方物流的增值功能

随着科技的进步和电子商务的飞速发展，物流环境也发生了如下变化：顾客的需求不断升级；市场竞争日趋加剧；现在国内外都在推行与需求不断升级相关的快速反应的供给体系、物流体系和销售体系；销售方式不断更新；供应链概念的引入。可见，以地域过度分散及作业环节相互脱离为特征的传统的物流服务，跟现代化物流连续化、系统化、有序化的作业过程相距甚远，已经不能满足新的市场需求。为了进一步挖掘第三利润源泉，延伸物流系统的作用范围，新型的第三方物流企业必须具有更多的增值功能：

（一）结算功能

物流中心的结算功能是物流中心对物流功能的一种延伸，不仅仅是物流费用的结算，在从事代理、配送的情况下，物流中心还要替货主向收货人结算货款等。

（二）需求预测功能

物流中心经常需要根据物流中心的商品进货、出货信息来预测未来一段时间内的商品进出库量，进而预测市场对商品的需求。

（三）物流系统设计咨询功能

物流中心要充当货主的物流专家，因而必须为货主设计物流系统，代替货主选择和评价运输商、仓储商及其他物流服务供应商，这是一项增加价值、增加公共物流中心竞争力的服务。

（四）物流教育与培训功能

物流中心的运作需要货主的支持与理解，通过向货主提供物流培训服务，可以培养货主对物流中心经营管理者的认同感，可以提高货主的物流管理水平，可以将物流中心经营管理者的需求传达给货主，也便于确立物流作业标准。

（五）订单处理功能

物流中心是联系供需的桥梁，其上游是生产厂，即供方，其下游是下一级物流中心或用户，即需方，因此物流中心应具备处理用户订单的功能。

（六）共同配送功能

共同配送可以降低运输成本，形成规模效益，提高经济效益。

（七）物流信息系统

区域性物流中心应该具备对该地区的物流信息处理的功能。

四、第三方物流的发展现状及其发展趋势

（一）国内外第三方物流的发展现状

1. 国内第三方物流的发展现状

相对于发达国家的物流产业而言，中国的物流产业尚处于起步发展阶段，其发展的主要特点是：

（1）企业物流仍然是全社会物流活动的重点，专业化物流服务需求初露端倪。随着买方市场的形成，企业对物流领域中存在的"第三利润源泉"开始有了比较深刻的认识，优化企业内部物流管理、降低物流成本成为目前多数国内企业最为强烈的愿望和要求。与此同时，专业化的物流服务需求已经出现且发展势头极为迅猛。其一是跨国公司在中国从事生产经营活动、销售分拨活动以及采购活动过程中，对高效率、专业化物流服务的巨大需求，这是带动我国物流产业发展的一个十分重要的市场基础。其二是国内优势企业对专业化物流服务的需求。其三是在一些新兴的经济领域中，如私营企业、快递服务行业以及电子商务领域等，也存在着一定规模的物流服务需求。

（2）专业化物流企业开始涌现，多样化物流服务有一定程度的发展。近年来，我国经济中出现的许多物流企业主要由三部分构成：一是国际物流企业。这些国际物流公司一方面为其原有的客户——跨国公司进入中国市场提供延伸物流服务，另一方面针对中国市场正在生成和发展的专业化物流服务需求为这些企业提供服务，如 UPS、TNT 等国际大型物流企业纷纷进入中国的快递市场。二是由传统运输、储运及批发贸易企业转变形成的物流企业。它们依托原有的物流业务基础以及在客户、设施、经营网络等方面的优势，通过不断拓展和延伸其物流服务，逐步向现代物流企业转化。三是新兴的专业化物流企业。这些企业依靠先进的经营理念、多样化的服务手段、科学的管理模式在竞争中赢得了市场地位，成为我国物流产业发展中一股不容忽视的力量。

在物流企业不断涌现并快速发展的同时，多样化的物流服务形式也有了一定程度的发展，围绕货运代理、商业配送、多式联运、社会化储运服务、流通加工等物流职能和环节的专业化物流服务发展比较迅速。

（3）物流基础设施和装备发展初具规模。经过多年的发展，我国目前已经建成了由

铁路运输、公路运输、水路运输、航空运输和管道运输五个部分组成的综合运输体系，运输线路和场站建设方面，以及运输车辆和装备方面都有了较大的发展。在仓储设施方面，除运输部门的货运枢纽和场站等仓储设施外，我国商业、物资、外贸、粮食、军队等行业中的仓储设施相对集中。仓储设施近年来发展迅速，年投资规模呈现快速增长趋势，1990 年我国仓储业基本建设投资规模仅为 4.2 亿元，1998 年为 65.8 亿元，比 1990年增长 14 倍之多。

（4）我国第三方物流起步晚，经验少。20 世纪 90 年代中期，第三方物流的概念才开始传到我国，根据中国仓储协会的调查，在工业企业中，82%的原材料物流由企业自己和供应方承担，商业企业比例更高，两者相加达到 94.1%。目前我国物流企业多半为原先的仓储、运输企业改造而成，业务多局限于传统范围，机械化程度低、运输方式单一、规模小、市场份额少、融资能力弱、结构单一、货源不稳定、服务功能少、竞争力弱。其中最主要的问题还是缺乏高效的网络服务设备和计算机网络，管理软件和高素质人才也十分匮乏。同时，在货物处理、配载、运输计划的制定以及资产管理的实际运作方面，也缺乏切实有效的营运保证。

（5）第三方物流企业的结构也不够完善。第一是传统仓储、运输企业经过改造转型而来的企业占主导地位，占据较大市场份额。例如，中远国际货运公司、中国储运总公司等，凭借原有的物流业务基础和在市场、经营网络、设施、企业规模等方面的优势，不断拓展和延伸其物流服务，向现代物流企业逐步转化。第二是新创办的国有或国有控股的新型物流企业，它们是现代企业改革的产物，管理机制比较完善，发展比较快。

（6）国际态势对第三方物流的影响。现代意义上的第三方物流是一个仅有 20 多年历史的行业。UPS 环球物流公司的调查资料显示，欧洲 24%和美国 33%的非物流服务用户都有使用第三方物流服务的考虑。由于政策的限制，外企的投资还主要限于物流基础设施，通过独资、合资或合作，涉足驳船、内陆集卡甚至航空货运等。另外，外资进入我国物流业的主要目的是为外商进入中国市场的商品提供分销运输服务，以便保证外商在中国市场流通的效率，从而确保和提高其在世界市场上的竞争能力。根据《服务贸易总协定》的规定，各国在"商业存在"方面应秉持机遇平等的原则，我国与美国、欧盟所签订的具体协议承诺，外国公司将享有产品分销权，现有的法规限制将取消。另外在物流服务业方面，我国承诺所有的服务行业，在经过合理过渡期后，取消大部分外国股权限制，不限制所有服务行业的现有市场准入和活动；在此期间，国外的服务供应商可以建立百分之百的全资拥有的分支机构或经营机构。可以预见，在未来数年中，国内物流企业将会面临十分严峻的竞争形势，无论哪家企业，只要能够掌握先进的物流信息系统，不断更新改造物流网络，致力于提高服务效率和服务水平，并进而在融资市场上获得成功，在短时间内做大做强都是有可能的。

2. 国外第三方物流的发展现状

作为物流业的新兴领域，第三方物流在国外的物流市场上已占据了相当可观的分量，欧洲目前使用第三方物流服务的比例约为 76%，美国约为 58%，日本约为 80%；同时，欧洲有 24%、美国有 33%的非第三方物流服务用户已积极考虑使用第三方物流；欧洲 62%、美国 72%的第三方物流服务用户认为在未来几年内他们对第三方物流服务的需求有可能再增加。美国IDC公司进行的一项供应链和物流管理服务的研究表明：全球物流业务外包将平均每年增长17%。在美国，通过第三方物流进行业务的重组，物流成本从1980年占GDP的17.2%下降到了1997年的10.5%，再到2004年的7.5%。实践证明，第三方物流服务的营运成本和效率，远远优于企业自营物流。它可以帮助企业精干主业，减少库存，降低成本，提高核心业务的竞争力。因而，作为后发物流产业和物流市场大国，应树立新观念，立足于高起点，力争实现我国物流业跨越式发展。

（二）我国第三方物流的发展趋势

根据第三方物流的发展规律，借鉴国外发达国家第三方物流的发展经验，在未来的一段时期内我国第三方物流发展将会呈现以下新特点或新趋势：

1. 全球化趋势

随着经济全球化进程日益加快，更多的企业特别是大型跨国公司会将原材料生产、加工和销售的地点在全球范围内分离以获得更可观的利润，这推动了原本主要从事本土化经营的物流企业其服务网络覆盖范围在地理上向全球扩展，以满足相应全球化客户的物流服务需求。同时，现代科学技术在交通运输、信息通信等领域应用广泛，既能满足全球一体化物流服务的需求以及大地理范围的作业需求，也能促进物流服务效率的进一步提高。

2. 综合化与专业化趋势

面对激烈的市场竞争，第三方物流企业特别是大型物流企业为了向客户提供更为多样化的物流服务，会不断加强建设客户物流服务体系，以提高供应链整体运作效率和效益，为客户提供一体化的综合物流服务；同时，很多第三方物流企业特别是中小型物流企业，仍然会突出物流主业以保持其专业化特点。这使得我国未来第三方物流将呈现出综合化与专业化相结合的新趋势。

3. 并购与联盟趋势

在物流服务全球化、综合化的趋势下，第三方物流企业将在全球范围内进行一场并购与建立战略联盟的变革，以期拓展服务市场和开拓服务内容，优化整合物流网点网络，最终实现物流资源与作业能力优势互补。

4. 绿色物流趋势

随着经济的发展，保护环境已成为经济可持续发展中的一个迫切需要重视的问题。为此，许多国家已相继制定并颁布了日益严厉完善的环境保护政策法规，以期达到节约资源、保护环境的目的。对物流系统而言，形成与经济、消费和环境和谐共生型的物流系统是物流企业促进社会经济可持续健康发展的必然趋势。

第二节　自营物流与第三方物流

随着中国加入WTO，外资企业纷纷进入中国市场，中国企业面临着越来越复杂多变的市场环境，在市场竞争的巨大压力下，企业的利润空间越来越小，它们开始将目光转向"第三利润源泉"——物流，希望通过高效的物流管理来提高整个供应链运行效率。然而国内生产企业在学习和借鉴国外物流管理经验的同时，必须针对我国国情，并结合企业自身的经营特点来决定适合本企业发展的物流运作模式。目前物流运作模式可以分成三大类：第三方物流模式、自营物流模式以及混合模式。中国仓储协会第三次全国物流需求状况调查显示：43%的生产企业从事自营物流，36%的生产企业物流管理采取第三方物流和自营物流混合的模式，而把物流全部交给第三方的生产企业却只有21%。可见，生产企业的物流管理模式是多样化的，这是国内生产企业客观选择的必然趋势。

一、自营物流模式

（一）自营物流的优点

1. 安全性

在自营物流模式下，企业可以控制从采购、生产到销售的全过程，掌握最详尽的资料，可以有效协调物流活动的各个环节。如果交由第三方物流企业，势必会触及企业的采购计划、生产计划，甚至会触及新产品的开发计划等商业机密，在自营物流模式下，企业可以保护企业的商业机密。例如，海尔物流，张瑞敏出于保护企业商业机密的目的拿出几个亿自建物流。

2. 有效性

据统计，目前生产企业中73%的企业拥有自己的汽车车队，73%的企业拥有仓库，33%的企业拥有自动化装卸设备，3%的企业拥有自己的铁路专用线，如金星啤酒。企业自营物流可以有效利用原有的资源，盘活原有物流资源，带动资金流转，为企业开拓更多的利润空间。

（二）自营物流的缺点

1. 投资成本高

企业自营物流，必须投入大量的资金用于运输、仓储等基础物流设备以及人力资本，这必然会减少对核心业务的投资，从而削弱企业抵御市场风险的能力。

2. 管理难度大

对于大多数企业来说，物流仅仅是企业的一个后勤部门，物流活动也不是企业所擅长的业务，这样的话，企业自营物流等于迫使企业从事其所不擅长的业务活动，就需要花费更多的时间、精力和资源去从事辅助性的工作，而且效率较低。

3. 专业化程度低

企业自建物流，难以形成规模，而物流的作用只有通过规模才能发挥出来。因此，企业自建物流一方面会导致物流成本过高，产品在市场上的竞争能力下降；另一方面，由于规模有限，物流配送的专业化程度非常低，不能满足企业的需要。

4. 效益评估难

在物流成本领域，存在着"物流冰山"现象，也就是人们对物流费用的了解存在很大的虚假性，很像沉在水面下的冰山，露出水面的那部分仅仅是冰上的一角，而沉在水面下的是我们看不到的部分，所以企业成本核算就存在着很大的困难。由于许多自营物流的企业采用内部各职能部门彼此独立的方式完成各自的物流，没有将物流剥离出来独立进行核算，所以企业很难准确计算产品的物流成本，难以进行准确的效益评估。

二、第三方物流模式

第三方物流，是相对于"第一方"发货方和"第二方"收货方而言的，是由第三方专业公司承担企业物流活动的一种物流形态。它通过与第一方或第二方的合作来提供其专业化的物流服务，它不拥有商品，不参与商品买卖，而是为顾客提供以合同为约束、以结盟为基础的系列化、个性化、信息化的物流代理服务。与自营物流相比，第三方物流具有明显的优越性：

其一，能够让企业集中精力于核心业务。由于任何企业的资源都是有限的，企业很难成为业务上面面俱到的专家，要想在激烈竞争的市场中占据一席之地，企业必须学会整合资源，借助第三方物流的专业化优势增强企业核心竞争力。

其二，提高企业物流效率。对于大部分企业来说，物流并不是自己最擅长的业务，在管理经验、专业技术、人力资源方面十分缺乏，而且物流的作用只能通过规模表现出来，单独一个企业的物流量非常有限，物流效率难以提高。第三方物流企业可以利用自己庞大的配送网络、专业化的物流技术和业务管理，达到提高物流效率的目的。

其三，减少企业固定资产投资。作为自营物流，企业需要投入巨额资金用于改造或新建仓库，购买物流基础设备，建设信息系统等。这对于中小企业来说是个沉重的负担，而使用第三方物流企业，不仅可以减少设施设备的投资，还解放了仓库和车队方面的资金占用，加速了资本周转，能为企业创造更多的机会。

其四，提升企业形象。第三方物流供应商与企业之间的关系，不是竞争对手，而是战略伙伴，他们通过"量体裁衣"式的设计，以及灵活多样的增值服务，为企业创造了更多价值，协助企业树立良好的品牌形象，在同行业竞争中脱颖而出。

三、自营物流和第三方物流的比较分析

可以看到，第三方物流与自营物流各有利弊，究竟哪一种更适合，企业可以根据下面这些因素，来判断自己应该选择自营物流还是第三方物流。

（一）企业规模或实力

大中型企业由于规模较大，实力雄厚，有能力建立自己完善的物流系统，并且还可以利用过剩的物流资源服务于其他企业，从而拓展利润空间，如海尔物流、安吉物流，除服务于本集团外，还向其他企业提供第三方物流服务。然而小企业由于规模小，受资金、人员的限制，规模效益难以发挥出来，可借助于第三方物流企业的物流资源，在原有资产的基础之上，大幅度提高物流效率。

（二） 物流对企业的影响程度

如果物流对企业的影响比较强，而企业自身处理物流的能力又比较弱，最好选择第三方物流；如果物流对企业的影响比较弱，而企业自身处理物流的能力又比较强，可以选择自营物流，并加强对物流的管理，从而提升企业形象。

（三） 企业对物流的控制力的要求

对于竞争激烈的市场，出于安全考虑，企业必须强化对于采购和分销渠道的控制，此时最好选择自营物流，反之，如果企业对物流的控制力的要求较弱的话，可选择第三方物流模式。

（四） 企业产品自身的物流特点

对于食品类产品的分销，利用专业的第三方物流服务比较合适，第三方物流企业可以实现准时、准点配送，提高效率并能降低企业物流成本，如冠生园集团，对于食品的配送全部外包给虹鑫物流；对于市场覆盖面比较大的产品分销，可以"入乡随俗"采用地区性的专业物流公司提供支援，可以有效保证企业货源供应，并降低企业固定资产投资；对于技术性强的物流服务，企业应采用委托代理的方式，借助第三方物流企业的专业优势。例如奥运物流，是特有的短期行为，在短短 17 天内，要将来自全世界 200 多个参赛国家和地区的上百万名运动员、各国代表成员、媒体记者、工作服务人员、观众，将超过 100 多万件自备比赛器材进行汇集、运送、安置，包含从赛事筹备到进行阶段，再到比赛结束的回收阶段。雅典奥组委将主要仓库的物流业务外包给第三方物流公司，自身不参与具体的物流业务，通过签订详细明确的协议，对奥运物流起到协调、监督和管理的作用。沿袭现代奥运物流的成功经验，2008 年北京奥运会也将奥运物流全部外包给国际第三方物流巨头 UPS。

（五） 物流系统总成本

在物流领域，各功能成本之间存在着二律背反的现象，例如包装问题，在产品销售市场和销售价格不变的前提下，假定其他成本因素也不变，那么，包装方面每少花一分钱，其包装收益就多一分钱，包装越节省，利润则越高。但是，一旦商品进入流通领域之后，简单节省的包装降低了产品的保护效果，必然会造成大量损失，会造成储存、装卸效益的降低。显然，包装活动的效益是以其他活动的损失为代价的。我国流通领域每年因包装不善会造成上百亿元的商品损失。比如，在运输成本和仓储成本之间，在保障货源满足的前提下，减少库存数量时，可降低保管费用，但需要以增加配送频率或运输费用为代价，反之，仓储面积和费用就需要增加，只有在两项或多项物流成本达到平衡时，才能够保证物流总成本最低。所以在选择自营物流或第三方物流时，必须能清楚两种模式下物流系统总成本的情况，通过对物流系统总成本加以论证，选择成本最小的物流模式。

总之，企业的物流模式对企业发展能起到至关重要的作用，企业在进行物流模式选择时，无论是选择第三方物流，还是自营物流，都应该结合自身企业的特点，综合考虑上述因素，慎重地做出科学合理的选择。

第三节　第四方物流

一、第四方物流产生的原因

（一）我国第三方物流的发展空间巨大

目前，我国第三方物流尚处于初期阶段，国际流行的物流网络设计、预测、订存货管理等服务只有少数企业才能提供，因此发展空间巨大。

（二）我国第三方物流需求快速增长

我国物流市场需求和现代物流业均已进入快速增长时期，近年来我国开展物流外包业务的工商企业比例逐年上升。

（三）今后我国第四方物流的市场需求可观

随着这几年国内掀起的"物流热"，第四方物流正成为一个新兴的行业热点。

中国仓储协会对全国大中型企业进行调查，发现大部分企业将会选择新型的现代物流企业，并把自己的所有综合物流业务外包给这些物流企业，因此，今后我国第四方物流的市场需求相当可观。

（四）我国第四方物流还处在摸索阶段

由于我国物流市场化程度不高，第三方物流正在崛起，国内很少有严格意义上的第四方物流公司，而更多的是概念化的第四方物流服务公司。在北京中关村成立的一家物流公司，其公司全名就叫××第四方物流公司，基本上还是停留在概念阶段，该公司将没有车队、没有仓库当成一种时髦，以为计算机+互联网就是拥有信息技术，缺乏供应链的设计、整合能力；有些公司则将其作为一种商业模式炒作；还有的公司把咨询公司等同于第四方物流公司。

从总体上讲，国内许多物流公司对第四方物流的理解还是停留在概念阶段，大多数是被庸俗化的第四方物流公司，其根本原因在于没有真正认识什么是第四方物流，没有认真深入地调查分析中国目前是否真正需要第四方物流。由此可见，在我国第四方物流的规模和需求还不大，正处于探索、试验阶段，成功的案例也很缺乏。

二、第四方物流概述

第四方物流（4PL）是 1998 年美国埃森哲咨询公司率先提出的，其专门为第一方、第二方和第三方提供物流规划、咨询、物流信息系统、供应链管理等活动。第四方并不实际承担具体的物流运作活动。

第四方物流是一个供应链的集成商，是供需第一方、第二方和第三方物流的领导力量。它不是物流的利益方，而是通过拥有的信息技术、整合能力及其他资源提供一套完整的供应链解决方案，以此获得一定利润。它能帮助企业降低成本、有效整合资源，并依靠优秀的第三方物流供应商、技术供应商、管理咨询和其他增值服务商，为客户提供独特和广泛的供应链解决方案。表 9-1 为五方物流之间的区别。

表 9-1　五方物流之间的比较

类别	基本物流
第一方物流	需求方为采购而进行的物流，如原材料及半成品采购
第二方物流	供应方为了提供商品而进行的物流，如供应商送货上门
第三方物流	由物流供应方和需求方之外的第三方所提供的专业物流服务，如申通快递等
第四方物流	提供物流信息咨询、IT 服务、供应链集成等综合服务
第五方物流	提供各层次物流人才的培训服务

三、第四方物流的特点和作用

（一）第四方物流的特点

为满足客户多样化、复杂化、个性化的需求，第四方物流提供了一个综合性的供应链解决方案，集中所有资源为客户解决问题。综合性供应链解决方案包括：

1. 供应链再建

第四方物流通过与咨询公司、技术公司和物流公司的相互协作，进行供应链的资源整合、重建，以便提出更好的供应链解决方案。

2. 功能转化

这主要涉及销售和操作规划、配送管理、物资采购、客户响应以及供应链技术等，第四方物流通过战略调整、流程再造、整体性改变管理技术，可使客户间的供应链运作一体化。

3. 业务流程再造

这是指将客户与供应商信息和技术系统一体化，把人的因素和业务规范有机结合起来，使整个供应链规划和业务流程能够有效地贯彻实施。

4. 实施第四方物流

开展多功能、多流程的供应链服务，其范围远远超出传统外包运输管理和仓储运作的物流服务。企业可以把整条供应链交给第四方物流管理，第四方物流可为供应链功能或流程提供完整的服务。

（二）第四方物流的作用

第四方物流通过对供应链的有效整合，降低了物流的运营成本和固定资产占用率，提高了资产利用率，使客户通过投资研究设计、产品开发、销售与市场拓展而获得的经济效益得以提高；第四方物流采用现代信息技术、科学的管理流程和标准化管理，使存货和现金流转次数减少，工作成本大幅度降低，进而为整条供应链的客户带来利益。

四、第四方物流在我国的发展

(一) 第四方物流在我国发展的障碍

1. 第四方物流的市场需求不足

由于我国国内物流市场化程度不高，物流产业还不成熟，大部分企业还保留着"大而全，小而全"的经营模式，对物流效率缺乏重视，物流需求大多是通过企业自身完成的，第三方物流尚处于发展初期。据统计，在我国第三方物流企业中由传统的仓储运输企业转化而来的物流企业达48%，这些企业大多还是提供一些仓储、运输这类物流基础性服务。所以，目前对第四方物流的市场需求度明显不足。

2. 我国物流基础设施建设落后，物流配套设施不健全

设施和装备是第四方物流整合多方资源所必需的硬件。我国目前的物流基础设施和装备条件与现代化的物流产业相比，尤其是与第四方物流的发展要求相比存在较大差距。我国交通运输基础设施总体规模小，质和量也远远不够，运送量偏低，目前我国需要运输的实物量增长远远高于实际完成的货运总量的增长；各种物流设施及装备的技术水平和设施结构不尽合理，各种运输方式之间的装备标准不统一；物流器具标准不配套，设施和装备的标准化程度较低，不能充分发挥现有物流设施的效率；物流包装标准与物流设施标准之间缺乏有效的衔接；智能化、自动化仓库还比较少；仓储运输系统的整合效能比较低，从而导致由物流设备落后所造成的企业成本居高不下。

3. 缺乏物流信息共享平台

信息化是物流的灵魂，而全国物流公共信息平台的建设是第四方物流开展的必要条件，第四方物流公司只有通过网络平台，才能有效整合全国的物流资源。第四方物流只有对供应链的各个环节进行操控，才能与客户、第三方物流公司以及其他互补性服务商进行无缝衔接，实现信息共享，从而对整条供应链提出完善的解决方案。目前国内的物流管理软件相对简单，物流各环节的服务平台之间还不能无缝衔接，这些都直接影响到第四方物流对全社会的物流资源的有效整合。因此，必须继续推动信息技术发展，加强第四方物流网络信息平台的建设。如果缺乏统一的物流信息平台，企业一旦将物流业务外包，就必须承担高额的监督成本，也容易产生信息不对称带来的道德风险。

4. 物流人才的匮乏

想要在物流业之间的竞争中取胜，第四方物流不仅需要有先进的技术和雄厚的资金，还要有一批高素质的物流人才。第四方物流的物流人才不仅要具备物流的基础知识和丰富的实战经验，还要具备IT、人力资源管理、技术集成等全方位的知识和能力，只有这样，才能适应第四方物流的发展要求。中国严重缺少这类高素质的物流人才。

5. 缺乏客户的认可和信任

物流公司的欧洲部供应链主管杰森·希伯斯说："一个没有自己固定资产的4PL，

要让客户认可自己的能力是很困难的。因为 4PL 的服务就是管理他人的资产、他人的网络。4PL 不但要为客户设计一个价位合理的供应链解决方案，更重要的是在这个价位的基础上，从承运人和配送商那里为客户争取到一个面面俱到的协议。如果承运人和配送商或是其他环节无法实现你对客户的承诺的话，那你提供的就是一个失败的 4PL 服务。"

然而在中国，连 3PL 还没发展成熟，作为物流新兴概念的 4PL，很多企业可能还不清楚，根本就谈不上认可和信任。即使在国外，到目前为止，都很少有制造商高度信任地将其对物流控制权交由他人，即使是与他们有伙伴关系的服务商也不例外。

（二）第四方物流在我国的发展对策

1. 搞好物流基础设施建设

建议政府加强统筹规划，加大物流设施的资金投入，搞好网点布局，为第四方物流的成长创造必要的物质条件。尤其要在大中城市、港口、主要公路枢纽对物流设施用地进行规划建设，形成大大小小比较集中的物流基地。在这些物流基地中，可集中多个物流企业以便形成规模优势，进一步优化物流基础设施的建设。为此，在物流产业政策上，建议政府把工作重点放在物流基础建设方面，只有具备了良好的物流设施及技术条件，才能为第四方物流服务打下坚实的物质基础。

2. 加大力度发展第三方物流企业，为第四方物流的发展创造更多的条件

第四方物流是在第三方物流的基础上对整个社会资源进行二次整合，只有大力发展第三方物流，才能为第四方物流的发展创造条件。大力发展第三方物流，培育具有国际竞争力的大型物流集团，在不断加大资本投入的同时提高物流产业效益，是提高我国物流产业整体发展的关键举措。

3. 大力发展 IT 企业

因为第四方物流提供整套的供应链解决方案，所以第四方物流集成了管理咨询和第三方物流服务商的能力，而实现客户价值最大化的统一技术方案的设计、实施和运作，必须通过咨询公司、技术公司和物流公司的齐心协力才能够实现，这就涉及供应链整合的问题。在我国，管理咨询公司和第三方物流企业尚处于发展的初级阶段，供应链的整合重任将落在技术公司，也就是 IT 企业的身上。鉴于我国管理咨询业发展相对滞后，供应链整合战略实施初期应以 IT 企业为主导，而我国的管理咨询公司应把物流管理作为未来发展的重中之重。

4. 革新教育理念，加快物流人才培养和引进力度

第四方物流的发展需要大量的人才和高新技术，而我国目前非常缺乏物流专业人才。现代物流的发展需要掌握现代知识的复合型人才，在引进和培养物流人才的同时，更要注重在实践中培养、锻炼人才，以形成一支适应现代物流产业发展的企业家队伍和物流经营骨干队伍。为此，有必要改变当前物流系统中的人才机制，大力引进和培育掌握现代知识的物流复合型人才，形成一支适应现代物流产业发展的高素质人才队伍，以促进和保障未来第四方物流在我国的发展，提升我国物流产业整体水平。

5. 转变观念，实现由"单干"向"多赢"的跨越

长期以来，我国物流企业受"大而全""小而全"观念的影响，并且对物流作为

"第三利润源泉"存在错误认识，很多销售企业既怕失去对采购和销售的控制权，又怕额外利润被别人占去，都倾向于自建物流系统，不愿向外寻求物流服务，而且服务意识还很淡薄，对顾客要求的送货完整、准确、准时不太重视。这种意识间接地推动了物流业的低水平运作。对于一些中小物流企业，一方面由于货源不足达不到规模效益，使物流资产得不到充分利用而闲置起来；另一方面由于缺乏专业人才，其业务水平只停留在运输、仓储等领域，对客户提供的物流增值服务还很有限。因此，为了更好地发展 4PL，首先，应树立供应商的外包意识和服务意识；其次，在销售企业和物流企业有可能面对共同的客户时，解决的最好方法就是"共生"，即在两者之间实施战略联盟，通过"协同服务"共同为客户服务，才能最终实现服务的最大增值。

 **本章小结**

我国的物流行业起步比较晚，但是随着我国经济的飞速发展，我国的物流管理也进入了快速发展阶段。同时，物流业的竞争也越来越激烈。国际知名物流企业不断涌入国内市场使竞争更加激烈，但同时也给我们带来了先进的物流管理实践和管理理念：第四方物流。我国开展第四方物流应建立在第三方物流的基础上，这是一条现实的途径，具体发展战略思路为：大力发展第三方物流，为我国第四方物流的发展奠定坚实的基础；稳步发展第四方物流，选择建立第三方物流与第四方物流协作模式；发展电子商务物流，建立第四方物流供应链的信息整合；实行产业政策倾斜，为我国第四方物流创造良好的外部发展环境；建立物流信用保障，防范第四方物流运作风险等。最终通过发展第四方物流，整合和带动第三方物流，使其进入较高的物流产业发展阶段，实现我国物流业的跨越式发展。

 **复习思考**

1. 第三方物流的特征有哪些？
2. 企业应当怎样权衡比较物流自营还是外包？
3. 什么是第四方物流？

 案例分析

第三方物流服务

中国著名的家电企业海尔集团从 1999 年初开始物流改革，将物流重组定位在增强企业的竞争优势的战略高度上来，希望通过物流重组有力地推动海尔的发展。因为零部件库存的管理不太先进，库存资金占用比较大，甚至有些呆滞，所以海尔集团首先选择零部件作为首要的突破点，建立了现代化的立体库，开发了库存管理软件，使其达到先进水平，之后，发现车间、分货方和经销商的管理水平跟不上，于是又向他们推荐先进的作业方法。立体库带动了机械化搬运和标准化包装，采用标准的托盘和塑料周转箱，都符合国际标准。因海尔生产的零部件种类繁多，所以就用标准的容器将其规范化，便于机械化搬运，便于管理。这些搞好后，海尔又发现检验是一个薄弱环节，检验时间长，造成大量库存积压，于是又把检验集中起来，尽量分散到分供方和第三方仓库去检验。这样企业中的物流就没有检验这一环节，减少了大量的库存，目前只有3天的库存量，库存资金也大大减少。海尔从1999年年初开始实施物流发展计划，不到一年的时间，效果已非常明显。同时，海尔也利用第三方物流进行内部配送，企业物流把社会力量整合起来了。当然，在实施物流的过程中，海尔也遇到了一些困难，其中最主要的是人们头脑中的习惯思维问题，观念还不适应整合起来后总的效果，只从自身是否方便来考虑问题。为解决这个问题，海尔成立了物流推进本部，专业从事物流改革的推进工作，由集团见习总裁亲自负责。该事业本部下属采购、配送、运输三个事业部，专业从事海尔全集团的物流活动，使采购、生产支持、物资配送从战略上实现了一体化。当时国内研究物流的专业公司还不多，大部分从事的还只是物流中的某个部分，可以借鉴的经验很少。因此，海尔计划在尽可能短的时间内，摸索出一套海尔独有的物流管理模式，创立海尔独特的物流体系。目前，海尔正努力建设企业内部的物流事业部门，并在为海尔集团服务的基础上，最终实现社会化，使海尔的企业物流最终成为海尔的物流企业。

资料来源：https://china.findlaw.cn/info/wulinwlal/20110308/223204.html.

思考：

如何理解"海尔的企业物流最终成为海尔的物流企业"？

第十章 供应链管理

- 掌握供应链的概念、特征和类型
- 理解供应链管理的概念和基本内容
- 了解典型的供应链管理方法

第一节 供应链概述

一、供应链的定义及内涵

供应链，即生产与流通过程中涉及将产品或服务提供给最终用户活动的上游与下游企业所形成的网链结构。在 20 世纪 90 年代全球制造、全球竞争加剧的环境下，对供应链的理解不应仅仅是一条简单地从供应商到用户的链，而是一个范围更广阔的网链结构模式，包含所有加盟的节点企业；供应链不仅是一条连接供应商到用户的物料链、信息链、资金链，而且还是一条增值链，物料在供应链上因加工、包装、运输等过程而增加其价值，给相关企业带来收益。

从物流的观点看问题，供应链的概念应当包含这样几个基本要点：

第一，供应链都是以物资为核心的。整个供应链可以看成是一种产品的运作链。产品的运作可以包括以下两种形式：单一产品的供、产、销和多个产品的集、存、分。

第二，供应链是一种联合体。这种联合包括结构的联合和功能的联合。

第三，供应链都有一个核心企业。核心企业根据其性质可以分为：生产企业、流通企业、物流企业。除此之外，核心企业还可以是银行、保险公司、信息企业等，它们能够组织各种各样的非物资形式的供应链系统。

第四，供应链都必然包含上游供应链和下游供应链。

第五，供应链都有一个整体目的或宗旨。

二、供应链的结构模型

根据供应链的定义，其结构可以简单地归纳为如图 10-1 所示的模型。

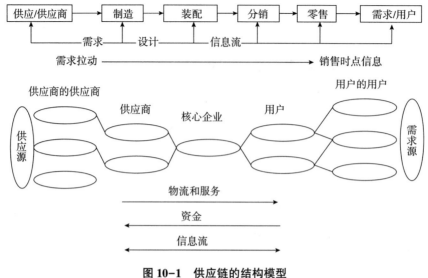

图10-1 供应链的结构模型

从图10-1中可以看出，供应链由所有加盟的节点企业组成，其中一般有一个核心企业（可以是产品制造企业，也可以是大型零售企业），节点企业在需求信息的驱动下，通过供应链的职能分工与合作（生产、分销、零售等），以资金流、物流和服务流为媒介实现整个供应链的不断增值。

三、供应链的特征

从供应链的结构模型可以看出，供应链是一个网链结构，节点企业和节点企业之间是一种需求与供应的关系。供应链主要具有以下特征：

1. 复杂性

因为供应链节点企业组成的跨度（层次）不同，供应链往往由多个、多种类型甚至多国企业构成，所以供应链的结构模式比一般单个企业的结构模式更为复杂。

2. 动态性

供应链管理因企业战略和适应市场需求变化的需要，其中节点企业需要动态地更新，这就使得供应链具有明显的动态性。

3. 面向用户需求

供应链的形成、存在、重构，都是基于一定的市场需求而发生的，并且在供应链的运作过程中，用户的需求拉动是供应链中信息流、产品/服务流、资金流运作的驱动源。

4. 交叉性

节点企业可以是这个供应链的成员，同时又是另一个供应链的成员，众多的供应链形成交叉结构，增加了协调管理的难度。

四、供应链的类型

供应链类型多样化，按不同标准予以划分，可分成不同的类型，由此，可从不同角度进行系统研究，找到服务供应链内在和外在的运作模式。

（一）按物理结构划分

1. V 型供应链

这是一种发散性网链结构，客户和产品的数量比供应商和原材料的数量要多，适用于原材料单一、产品多样化的企业，如化工、造纸和防治企业，这些企业的共同特点是业务复杂、库存量大、本土化经营，供应链管理的要点是注重物流计划和调度，需要对关键性的内部能力进行合理安排，制定供应链成员统一计划。

2. A 型供应链

A 型供应链则是一种汇聚型网链结构，客户和产品比供应商和原材料少，企业为满足少数客户的需求，从众多供应商中选择大量的物料，适用于航空工业、重工业等企业，重点是关注时间，保证物流同步，生产企业根据自己的 ERP（企业资源计划）来安排原材料采购，生产出产品，递交到客户手中。

3. T 型供应链

介于 A 型供应链和 V 型供应链之间，适用于客户、产品、供应商、原材料种类适中的企业，一般存在于最接近最终用户的行业中，如汽车配件业、电子产品制造业等。其要点是根据现存订单确定通用件，通过制造标准来减少复杂度。

（二）按动力因素来源划分

1. 推式供应链

推式供应链的运作是以产品为中心，以生产制造商为推动的原点。这种传统的推式供应链管理力图尽量提高生产率，降低单件产品成本以获得利润。其缺点是生产商在供应链上远离客户，对客户的需求远不如流通领域的零售商和分销商了解得清楚，因此供应链上企业之间的集成度较低，反应速度慢，由于缺乏对客户需求的了解，制造商生产出的产品无法满足客户需求，甚至产生"牛鞭效应"。

2. 拉式供应链

拉式供应链的运作是以客户为中心，通过对市场和客户的实际需求以及对其需求的预测来拉动产品的生产和服务。其特点是：能快速适应市场的变化，预测订单数量而缩短提前期；可定制个性化产品，降低库存。其局限性是对供应链技术要求高，不能产生规模优势。

3. 推拉结合式供应链

它是在推动式供应链中产生的，为弥补推动式生产方式的缺点，很多研究者或制造商都在探讨新的供应链模式，即推拉结合式供应链。推拉结合式供应链中，采购阶段采用推式生产，制造商根据顾客订单，制定销售计划，将周订单送达供应商，在销售阶段采用拉式运作，在客户下订单后，制造商直接制定装配计划，并据此列出物料计划，从库存中取出相应的物料组装，之后将产品送往客户。在推拉结合式供应链的实施过程中最关键的就是如何确定推式和拉式的分界点，分界点的位置可在制造商处进行自动调整，可偏向于客户一方，也可偏向于供应商一方，视企业实际情况而定。

（三）按供需双方不确定性及产品特性划分

1. 高效型供应链——针对具备稳定供应流程的功能型产品

高效型供应链的一个重要特征就是运用高新技术，大幅提升产能和分销能力，通过控制上下游企业资源实现规模经济，同时，企业必须与供应链中的其他节点企业保持有效信息传递。丰田汽车属于这一类型的供应链，它的特性是遵循精益原则，帮助公司提高效率，同时剔除供应链中不能增加价值的环节。

2. 风险规避型供应链——针对供应流程变化不定的功能型产品

诺基亚采用的就是这一类型的供应链，通过弹性设计，共同经营和共享资源来减少因供应链中供应商供应不稳定造成的损失。能力共享是克服企业供应不稳定的有力手段，如通过与其他公司共同拥有缓冲库存，设立多家供应商，或者利用分销商的库存能力来减少供应风险等。

3. 响应型供应链——针对具备稳定供应流程的创新型产品

响应型供应链多适用于创新型产品的生产企业，如 DELL 的供应链就是典型的响应型供应链。其特点是需要快速灵活地满足多样且个性的客户需求。公司通过按订单生产或者大规模定制来达到快速响应，延迟概念，加上模块化设计，都是响应型供应链管理的常用方法。

4. 敏捷型供应链——针对供应流程变化不定的创新型产品

这种类型的供应链可以快速灵活地满足客户需求，同时通过共享库存或其他的能力资源等手段减少供给不足产生的风险。全球领先的可编程逻辑解决方案生产商——赛灵思公司就是依靠这一类型供应链赢得竞争的，它与铸造工厂达成紧密的合作伙伴关系，对方负责为其制作晶片并将之存在芯片仓库中，当从顾客订单中得知有对特殊芯片的需求后，赛灵思就会运送裸片到韩国和菲律宾的合作伙伴处进行最后的测试和组装。

第二节　供应链管理概述

一、供应链管理模式的产生

（一）供应链管理产生的时代背景

1. 世纪之交的企业面临市场竞争环境的变化

世纪之交的企业所面临的市场竞争环境的变化必然会对传统管理所形成的思维方式带来挑战。同时，信息社会或网络社会已经开始影响我们的生活，这必然要带来工作和生活方式的改变，其中最主要的就是消费者需求的变化。在短缺经济时代，量的供给不足是主要矛盾，所以企业的管理模式主要以提高效率、最大限度地从数量上满足用户的需求为主要特征。现在，随着人们经济生活水平的提高，个性化需求越来越明显，一个企业靠一种产品打天下的时代已不复存在，多样化需求对企业管理的影响越来越大，而品种的增加必然会增大管理的难度和对资源获取的难度。企业快速满足用户需求的愿望往往受到资源获取的制约。从产品开发转入批量化生产的速度，再从批量化生产转向市场销售的速度，都需要新的资源来支持。但是这些资源的获取很难，尤其是知识，不是说今天想到，明天就能够获得的，获得知识需要时间，需要成本。此外，企业发展兼顾社会利益的压力也越来越大，如环保问题、可持续发展问题等，使企业既要考虑自己的经济利益，还要考虑社会利益，而有时候社会利益和企业经济利益是不相协调的。

2. 传统管理模式的主要特征及其在新环境下的不适应性

传统管理模式是以规模化需求和区域性的卖方市场为决策背景，通过规模效应降低成本，获得效益。在这种决策背景下，它所选择的生产方式，必然是少品种、大批量，采用刚性和专用的流水生产线，因为这种生产方式可以最大限度地提高效率，降低成本，其规模化效益是最好的。但是它的致命弱点是适应品种变化的能力很差，一旦外界产生新的需求，原有的生产系统很难适应。从组织结构的特征来看，它是一种多级递阶控制的组织结构，管理的跨度小、层次多。管理层次的增加必然影响整个企业的响应速度。再从管理思想和管理制度的特征看，它主要是以一种集权式管理，以追求稳定和控制为主。就是说，过去为了控制影响企业生产的这些资源，企业要么是自己投资建设，要么是参资控股，目的只有一个，就是要控制可能影响自己生产和经营的资源。要最大限度地来控制这些资源，必然会走向集权式管理，因为只有集权式管理才能最大限度地实现企业对资源的控制。

3. 传统管理模式在新环境下显现的主要弊端

传统"纵向一体化"（Vertical Integration）管理模式至少有以下四方面弊端：①增加了企业的投资负担。②要承担丧失市场时机的风险。③有限资源消耗在众多的经营领域中，企业难以形成突出的核心优势。④对复杂多变的市场需求无法做到敏捷的响应。

（二）供应链管理模式的产生

由于"纵向一体化"管理模式的种种弊端，从 20 世纪 80 年代后期开始，国际上越来越多的企业放弃了这种经营模式，随之而来的是"横向一体化"（Horizontal Integration）思想的兴起，即利用企业外部资源快速响应市场需求，企业只抓最核心的东西：产品方向和市场。至于生产，企业只抓关键零部件的制造，甚至全部委托其他企业加工。

为了使加盟供应链的企业都能受益，并使每个企业都有比竞争对手更强的竞争实力，就必须加强对供应链的构成及运作研究，由此形成了供应链管理这一新的经营与运作模式。供应链管理强调核心企业与世界上最杰出的企业建立战略合作关系，委托这些企业完成一部分业务工作，自己则集中精力和各种资源，通过重新设计业务流程，做好本企业能创造特殊价值的、比竞争对手更擅长的关键性业务工作，这样不仅能大大地提高本企业的竞争能力，而且使供应链上的其他企业都能受益。

供应链管理利用现代信息技术，通过改造和集成业务流程，与供应商以及客户建立协同的业务伙伴联盟，实施电子商务，大大提高了企业的竞争力，使企业在复杂的市场环境下立于不败之地。根据有关资料统计，供应链管理的实施可以使企业总成本下降10%；供应链上的节点企业按时交货率提高 15% 以上；订货—生产的周期时间缩短 25% ~

35%；供应链上的节点企业生产率增值提高 10%以上；等等。这些数据说明，供应链企业在不同程度上都取得了发展，其中以"订货—生产的周期时间缩短"最为明显。能取得这样的成果，完全得益于供应链企业的相互合作、相互利用对方资源的经营策略。试想一下，如果制造商从产品开发、生产到销售完全自己包下来，不仅要背负沉重的投资负担，而且还要花费相当长的时间。采用供应链管理模式，则可以使企业在最短时间里寻找到最好的合作伙伴，用最低的成本、最快的速度、最好的质量赢得市场，受益的不止一家企业，而是一个企业群体。因此，供应链管理模式吸引了越来越多的企业。

（三）供应链管理的发展

供应链管理的形成与发展主要经历了四个阶段。第一阶段：供应链管理的萌芽阶段。第二阶段：供应链管理的初级阶段。第三阶段：供应链管理的形成阶段。第四阶段：供应链管理的成熟和发展阶段。

二、供应链管理的基本特征

供应链管理的基本特征可归纳为以下几个方面：

第一，"横向一体化"的管理思想。强调每个企业的核心竞争力，这也是当今人们谈论的共同话题。为此，要清楚地辨别本企业的核心业务，并狠抓核心资源，以提高核心竞争力。

第二，非核心业务都采取外包的方式分散给业务伙伴，和业务伙伴达成战略联盟关系。

第三，供应链企业间形成的是一种合作性竞争。合作性竞争可以从两个层面理解。一是过去的竞争对手相互结盟，共同开发新技术，成果共享；二是将过去由本企业生产的非核心零部件外包给供应商，双方合作共同参与竞争。这实际上也体现了核心竞争力的互补效应。

第四，以顾客满意度作为目标的服务化管理。对下游企业来讲，供应链上游企业的功能不是简单的提供物料，而是要用最低的成本提供最好的服务。

第五，供应链追求物流、信息流、资金流、工作流和组织流的集成。这几个"流"在企业日常经营中都会发生，但过去是间歇性或者间断性的，因而影响企业间的协调，最终导致整体竞争力下降。供应链管理则强调这几个"流"必须集成起来，只有跨企业流程实现集成化，才能实现供应链企业协调运作的目标。

第六，借助信息技术实现目标管理。

第七，更加关注物流企业的参与。过去一谈到物流，好像就是搬运东西。在供应链管理环境下，物流的作用特别重要，因为缩短物流周期比缩短制造周期更为关键。

第三节　供应链管理的基本内容

一、供应链管理的主要领域

供应链管理主要涉及四个领域：供应（Supply）、生产计划（Schedule Plan）、物流（Logistics）、需求（Demand）。由图 10-2 可知，供应链管理是以同步化、集成化生产计划为指导，以各种技术为支持，尤其以 Internet/Intranet 为依托，围绕供应、生产作业、物流（主要指制造过程）、满足需求来实施的。供应链管理主要包括计划、合作以及控制从供应商到用户的物料（零部件和成品等）和信息。供应链管理的目标在于提高用户服务水平和降低总的交易成本，并且寻求两个目标之间的平衡（这两个目标往往有冲突）。

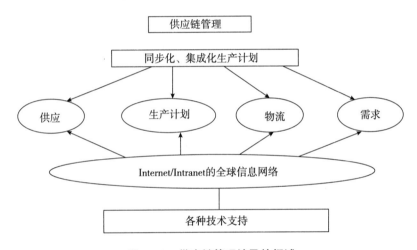

图 10-2　供应链管理涉及的领域

在以上四个领域的基础上，我们可以将供应链管理细分为职能领域和辅助领域。职能领域主要包括产品工程、产品技术保证、采购、生产控制、库存控制、仓储管理、分销管理。而辅助领域主要包括客户服务、制造、设计工程、会计核算、人力资源、市场营销。

由此可见，供应链管理关心的并不仅仅是物料实体在供应链中的流动，供应链管理注重总的物流成本（从原材料到最终产成品的费用）与用户服务水平之间的关系，为此要把供应链各个职能部门有机地结合在一起，从而最大限度地发挥出供应链整体的力量，达到供应链企业群体获益的目的。

二、供应链管理的主要内容

一个企业的管理无非集中于四个方面（或四个流程）的管理：商流（买卖的流通）、物资流（物资实物的流通）、信息流（信息、知识的流通）、资金流（货币的流通），企业供应链管理即是运用供应链管理的指导思想对上述四个"流"所进行的规划、组织和控制活动，即对生产过程中的物流，管理过程中的信息流以及决策协调过程中的商流、资金流进行控制和协调。因而供应链管理的主要内容可以归纳为：

其一，供应链网络结构设计（即供应链物理布局的设计）。它具体包括供应链伙伴选择、物流系统设计。

其二，集成化供应链管理流程设计与重组。它具体又分为：①各节点企业内部集成化供应链管理流程设计与重组。其主要包括三大核心作业流程的设计与重组：客户需求管理流程，如市场需求预测、营销计划管理、客户关系管理；客户订单完成管理流程，如生产计划与生产作业管理、新品研发计划管理、物料采购计划管理、品质管理、运输与配送计划和作业管理、资金管理；客户服务管理流程，如产品售前、售中、售后管理，客户退货管理。②外部集成化供应链管理流程设计与重组：供应链核心主导企业的客户订单完成管理流程与其原材料供应商、产成品销售商、物流服务提供商（物流外包商）等合作伙伴管理流程之间的无缝对接。③供应链交互信息管理：市场需求预测信息、库存信息、销售信息、新品研发信息、销售计划与生产计划信息等的交互共享，以及供应链各节点企业间的协同预测、计划与补给的库存管理技术等。

其三，供应链管理机制的建设。它具体包括：合作协商机制、信用机制、绩效评价与利益分配机制、激励与约束机制、监督预警与风险防范机制等的建设。

第四节　供应链管理方法

供应链管理的方法有很多种，这里主要是讨论结合供应链的特点所采用的一些特色方法。

一、联合库存管理

供应链管理的一个最重要的方面，就是联合库存管理。所谓联合库存管理，就是建立起整个供应链以核心企业为核心的库存系统，具体地说，一是要建立起一个合理分布的库存点体系，二是要建立起一个联合库存控制系统。

联合库存分布一般是供应商企业取消自己的成品库存，而将自己的成品库存直接设置到核心企业的原材料仓库中，或者直接送上核心企业的生产线（见图10-3）。图10-3中实际上给出了两种模式：

第一种模式是集中库存模式，即变各个供应商的分散库存为核心企业的集中库存。各个供应商的货物都直接存入核心企业的原材料库，变各个供应商的分散库存为核心企业的集中库存（见图10-3中的1）。这样做有很多好处：①减少了库存点，省去了一些仓库设立的费用和相应的仓储作业费用，减少了物流环节，降低了系统总的库存费用。②减少了物流环节，在降低物流成本的同时，还提高了工作效率。③供应商的库存直接存放在核心企业的仓库中，不但能保障核心企业的物资供应、取用方便，而且使核心企业可

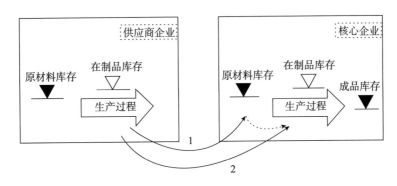

图 10-3 联合库存分布原理和物资从产出点到需求点的途径

以统一调度、统一使用管理、统一进行库存控制，为核心企业方便高效地生产运作提供了保障条件。④这种方式也为科学的供应链管理的相关环节如供应商掌握库存 VMI、连续补充货物（CRP）、快速响应（QR）、配送、准时化供货（JIT）等创造了条件。

第二种模式是无库存模式，核心企业也不设原材料库存，实行无库存生产。这个时候供应商的成品库和核心企业的原材料库都取消（见图 10-3 中的 2，即虚线弧状箭头所示），则这时供应商与核心企业实行同步生产、同步供货，直接将供应商的产成品送上核心企业的生产线。这就是准时化供货模式。这种准时化供货模式，由于完全取消了库存，所以效率最高、成本最低，但是对供应商和核心企业的运作标准化、配合程度、协作精神则要求也越高，操作过程也要求越严格，一般两者的距离不能太远。

这两种联合库存模式，不但适用于各个供应商和核心企业，在原理上也适用于核心企业与分销企业。在适用于核心企业与分销商的情况下，核心企业要站在供应商的立场上，对各个分销企业实行分布库存，将货物直接存于各个分销仓库，并且直接掌握各个分销库存，采用配送等方式实行小批量、多频次送货。

联合库存体系除了建立起如上的联合库存分布之外，还要建立起统一的库存控制系统。如果建立好了联合库存分布体系，则建立联合库存控制系统的问题也就很好地解决了。

二、供应商管理库存（VMI）

供应商管理库存（Vendor Managed Inventory，VMI），是供应链管理理论出现以后提出来的一种新的库存管理方式。它是供应商掌握核心企业库存的一种库存管理模式，是对传统的由核心企业自己从供应商购进物资、自己管理、自己消耗、自负盈亏的模式的一种革命性变动。

由供应商管理库存有很大的好处：①供应商是商品的生产者，由它来掌握核心企业的库存，具有很大的主动性和灵活机动性。②供应商管理库存，就可以把核心企业从库存陷阱中解放出来。③供应商管理库存，就是掌握市场。

由此可见，实施 VMI，由供应商管理库存，可以实现核心企业和供应商企业的"双赢"，不但对核心企业有好处，而且对供应商企业自身也是有好处的。

实施 VMI 管理，需要有几个前提条件：

第一，供应商要详细掌握核心企业的销售信息和库存消耗信息，也就是核心企业的销售信息和库存消耗信息要对供应商保持透明。

第二，为了使供应商能够及时详细地掌握核心企业的销售信息和库存消耗信息，就要建立起通畅的信息传输网络，并建立供应链系统的管理信息系统，实现信息的及时传输和处理。

第三，建立起供应链系统的协商机制和互惠互利的机制，要加强沟通，及时协商处理出现的各种问题，要本着责任共担、利益共享的精神，建立起企业之间的友好协作关系。例如，可以建立起某种组织的或规章制度的保证系统，订立合作框架协议。

三、供应链运输管理

除库存管理之外，供应链管理的另一个重要方面就是运输管理。但是相对来说，运输管理没有库存管理那样要求严格、关系重大。因为现在运力资源丰富，市场很大。只要规划好了运输任务，很容易找到运输承包商来完成它。因此，运输管理的任务重点就是三个：一是设计规划运输任务，二是找合适的运输承包商，三是运输组织和控制。

设计规划运输任务，就是要站在供应链的整体高度，统一规划有关的运输任务，确定运输方式、运输路线，联合运输方案，设计运输蓝图，达到既能够满足各点的运输需要，又使总运输费用最省的目的。因为供应链运输问题是一个多点系统的运输问题，涉及供应商到核心企业、核心企业到分销商以及供应商之间、分销商之间等多个企业、多个品种、多种运输方式、多条运输路线的组织规划等问题。要根据供应链正常运行的节拍，确定各点之间的正常运量，然后统一组织联合运输、配送和准时化供货。这个通常要建立模型，仔细优化计算得出运输方案、建立运输蓝图。具体的做法可以运用运输规划法、配送计划法等方法来完成。这些做法比较好，但是工作量比较大，需要运用计算机来进行计算和规划。在实际生活中，人们常常习惯于采用实用主义的做法，就是各个运输任务自发产生、单独处理，不进行统筹考虑，这样做，虽然简单方便，但是常常会造成运输资源不能充分利用、空车率高、浪费大等问题。

运输任务方案确定下来后，就需要找运输承包商。现在运输资源很丰富，容易找，但是一般应当找正规的运输企业或者物流企业，建立稳定的合作关系，甚至可以把它们拉入供应链系统之中来。不要轻易找那些没有资格、没有能力的运输承包者，避免运输风险。

运输的方式有长途输送运输、短途配送运输和准时化供货等形式。长途输送运输，是长距离大批量的快速运输；短途配送运输是短距离、多用户、多品种的循环送货；准时化供货是更短距离的供应点对需求点的连续多频次小批量补充货物。运输组织和控制，就是按照给定的运输方案、运输蓝图对运输承包商的运输活动过程和运输的效果进行组织、管理和控制。

四、连续补充货物（CRP）

连续补充货物（Continuous Replenishment Process，CRP），就是供应点连续地多频次、小批量地向需求点补充货物。它基本上是与生产节拍相适应的运输蓝图模式，主要包括配送供货和准时化供货两种方式。配送供货一般用汽车将供应商下了线的产品按核心企业所需要的批量（日需要量，或者半天需要量）进行频次批量送货（一天一次、二次）。准时化供货，一般用汽车、叉车或传输线进行更短距离、更高频次的小批量多频次供货（按生产线的节拍，一个小时一次、二次），或者用传输线进行连续同步供应。

五、分销资源计划（DRP）

分销资源计划主要是指供应商对分销网点或客户有计划地组织供应送货。

六、准时化技术（JIT）

准时化技术，包括准时化生产、准时化运输、准时化采购、准时化供货等一整套JIT技术。这些在供应链中基本上可以全部用上。它们的思想原理都一样，就是四个"合适"（Right）：在合适的时间、将合适的货物、按合适的数量、送到合适的地点。它们的管理控制系统一般采用看板系统，基本模式都是多频次小批量连续送货。

七、快速、有效的响应系统

快速响应系统（Quick Response，QR）是20世纪80年代由美国塞尔蒙（Kurt Salmon）公司提出并流行开来的一种供应链管理系统，主要的思想就是依靠供应链系统，而不是只依靠企业自身来提高市场响应速度和效率。一个有效率的供应链系统，通过加强企业间沟通和信息共享、供应商掌握库存、连续补充货物等多种手段进行运作，能够提高效率，并且能够以更快的速度灵敏地响应市场需求的变动。

有效率的客户响应系统（Efficient Consumer Response，ECR）也是美国塞尔蒙公司于20世纪90年代提出来的一个供应链管理系统，主要思想是组织由生产厂家、批发商和零售商等构成的供应链系统在店铺空间安排、商品补充、促销活动、新商品开发及市场投入四个方面相互协调和合作，更好、更快并以更低的成本满足以消费者需要为目的的供应链管理系统。

八、电子化、信息化

强调企业间信息沟通、信息共享，建立EDI/Internet系统，进行信息及商务票据及时传输和处理，这是供应链系统有效率运作的前提条件。

九、第三方物流公司

第三方物流公司是指统一承包（包括供应商、需求商在内的）各种企业的各种物流业务进行专业化运作的物流公司。第三方物流公司由于具有专业的物流能力和强大的物流基础设施设备，实行统筹化、规模化运作，因此在降低物流成本、提高物流操作质量和效率方面具有优势，因此，生产企业都愿意把它们的物流业务承包给第三方物流公司去操作。

供应链管理和第三方物流并没有特别的必然联系。供应链管理并不是一定要用第三方物流模式，第三方物流也不是一定要操作供应链物流业务。不过两者之间应当相互联系起来，利用各自的优势，共同协调配合进行运作。供应链管理业务最好能够承包给第三方物流公司去运作，以提高效率、降低成本、提高质量。第三方物流公司如果承包了供应链管理的业务，就应当根据供应链的特点，按照供应链的管理目标去运作，以切实达到供应链管理的目标。

第五节　大数据供应链

一、大数据供应链的概念

大数据供应链其实是将供应链以数据进行管理，其更多的是把供应链中的各个业务系统通过数据去打通，然后让这些数据彼此有所关联，使人们能够发现它们之间的关系，并对生产环节中的物料、生产、物流进行更好的掌控，从而提高流转效率，降低成本。

二、大数据在供应链中的应用

（一）预测

借助大数据可实现精确的需求预测。需求预测是整个供应链的源头，是整个市场需求波动的晴雨表，销售预测的灵敏与否直接关系到库存策略，生产安排以及对终端客户的订单交付率，产品的缺货和脱销将给企业带来巨大损失。企业需要通过有效的定性和定量的预测分析手段和模型，并结合历史需求数据和安全库存水平综合制定精确的需求预测计划。例如汽车行业，在应用数据分析平台进行精准预测后，可以及时收集何时售出、何时故障及何时保修等一系列信息，由此从设计研发、生产制造、需求预测、售后市场及物流管理等环节进行优化，实现效率的提升，并给客户带来更佳的用户体验。

（二）资源获取

借助大数据可实现敏捷、透明的寻源与采购，从而为新产品、优化成本寻找新的合格供应商，以满足生产需求；同时，通过供应商绩效评估和合同管理，能够使采购过程规范化、标准化、可视化，成本最优化。

（三）协同、效率

借助大数据可以建立良好的供应商关系，实现双方信息的交互。良好的供应商关系是消灭供应商与制造商之间不信任成本的关键。双方库存与需求信息交互、VMI 运作机制的建立，将降低由缺货造成的生产损失。采购订单与生产订单通过各种渠道快速、准确的反应能力在当前集团化、全球化、多组织运作的环境下尤为重要。订单处理的速度在某种程度上能反映出供应链的运作效率。

（四）生产计划与排程的编制

有效的供应链计划系统集成企业所有的计划和决策业务，包括需求预测、库存计划、资源配置、设备管理、渠道优化、生产作业计划、物料需求与采购计划等。企业根据多工厂的产能情况编制生产计划与排程，保证生产过程的有序与匀速，其中包括物料供应的分解和生产订单的拆分。在这个环节中企业需要综合平衡订单、产能、调度、库存和成本间的关系，需要大量的数学模型、优化和模拟技术为复杂的生产和供应问题找到优化解决方案。

（五）库存优化

成熟的补货和库存协调机制有助于消除过量的库存，降低库存持有成本。应从需求变动、安全库存水平、采购提前期、最大库存设置、采购订购批量、采购变动等方面综合考虑，建立优化的库存结构和库存水平设置。

（六）物流效率

建立高效的运输与配送管理中心，需要通过大数据分析运输管理、道路运力资源管理是否合理，大数据在构建全业务流程的可视化、合理调拨配送中心间的货物，以及正确选择和管理外包承运商和自有车队、提高企业对业务风险的管控力、改善企业运作和客户服务品质等方面均有广泛应用。

（七）网络设计与优化

对于投资和扩建，企业从供应链角度分析的成本、产能和变化更直观、更丰富，也更合理。企业需要应用足够多的情景分析和动态的成本优化模型，帮助企业完成配送整合和生产线设定决策。

三、大数据供应链的发展

要让数据发挥价值，首先要处理大数据，要能够共享、集成、存储和搜索来自众多源头的庞大数据。对于供应链而言，这意味着要能够接受来自第三方系统的数据，并加快反馈速度。其整体影响是增强协同性、加快决策制定和提高透明度，这对所有相关人员都有帮助。传统供应链已经在使用大量的结构化数据，企业部署了先进的供应链管理系统，将资源数据、交易数据、供应商数据、质量数据等存储起来用于跟踪供应链执行效率、成本，控制产品质量。

大数据在供应链领域的应用还处于起步阶段，随着供应链的迅速发展，大数据分析、大数据管理、大数据应用、大数据存储在供应链领域将会迸发出巨大的发展潜力，大数据的投资必须与供应链结合，才能产生可持续、规模化发展的效益。

 本章小结

随着市场竞争的加剧，传统的企业管理模式显然已经无法适应新形势的变化发展。越来越多的企业将目光投向了供应链及其管理模式，这种模式的施行，给企业带来了显著的经济效益。本章详细介绍了供应链及供应链管理的定义和基本内容，重点介绍了供应链的结构模型以及先进的供应链管理方法。

 复习思考

1. 什么是供应链？什么是供应链管理？
2. 供应链管理的主要内容是什么？
3. 先进的供应链管理方法有哪些？
4. 什么是大数据供应链？
5. 大数据在供应链中的应用体现在哪些方面？

 案例分析

上海通用汽车公司的供应链管理

上海通用汽车有限公司（SGM）由美国通用汽车公司和上海汽车工业总公司联合投资建立，是迄今为止最大的中美合资企业。作为世界上最大的汽车制造商，美国通用汽车公司拥有世界上最先进的弹性生产线，能够在一条流水线上同时生产不同型号、不同颜色的车辆，每小时可生产27辆汽车。在如此强大的生产力支持下，SGM在国内首创订单生产模式，根据市场需求严格控制产量。同时，SGM的生产用料供应采用标准的JIT（Just-In time）运作模式，由国际著名的RYDER物流咨询公司为其设计实行零库存管理，即所有汽车零配件（CKD）的库存存在于运输途中，不占用大型仓库，而仅在生产线旁设立RDC（再配送中心），维持288台的最低安全库存。这就要求采购、包装、

海运、进口报关、检疫、陆路运输、拉动计划等一系列操作之间的衔接必须十分紧密。

中国远洋运输（集团）公司（COSCO）承担了该公司全部进口 CKD 的运输任务，负责从加拿大的起运地到上海交货地的全程"门到门"运输，以及进口 CKD 的一关三检、码头提箱和内陆运输。

上海通用汽车公司在物流供应链方面的进一步要求包括：

（1）缩短备货周期，降低库存。SGM 物流供应链安全运作的前提建立在市场计划周期大于运输周期的基础上，只有这样，CKD 运输量才能根据实际生产需要决定。然而目前 CKD 的运输周期是 3 个月，而计划市场周期为 1 周，所以只能通过扩大 CKD 的储备量来保证生产的连续性周期，造成库存费用很高。COSCO 的木箱配送服务虽然为其缓解了很大的仓储压力，但并非长久之计，还要通过各种办法改进订货方式、改进包装等缩短备货周期，真正实现零库存。

（2）改进信息服务，即提供和协助 SGM 收集、整理、分析有关的运作信息，以改善其供应链的表现。因为 SGM 的整车配送、进口 CKD 和其他零配件的供应，分别由 ACS、上海中货、大通及其他供应商自行组织有关的运输，各服务提供商之间的信息无法有效地沟通。如果通过整车配送，以协助 SGM 的销售部门改善营销预测的准确性和提前量，根据改善的预测信息来确定随后的生产和原料采购（进口）计划，可使每批进口 CKD 的品种构成更为合理化，从而可相应减少在途和上海 RDC 中不必要的库存积压。

资料来源：https：//www.jianshu.com/p/f6bbe5e8bz9a.

思考：

1. 上海通用汽车公司是如何构建供应链合作关系的？
2. 上海通用汽车公司在供应链管理中遇到的问题有哪些？你能给出哪些解决方案？

参考文献

［1］张晓燕，陈月乔．现代物流管理概论［M］．北京：中国建材工业出版社，2013.

［2］金婕．物流学概论［M］．大连：东北财经大学出版社，2015.

［3］霍红，刘莉，李腾．仓储与配送实务［M］．北京：化学工业出版社，2015.

［4］朱占峰，陈勇．供应链管理（第二版）［M］．北京：高等教育出版社，2014.

［5］张旭辉，杨勇攀．第三方物流［M］．北京：北京大学出版社，2010.

［6］吴清一．物流管理［M］．北京：中国物资出版社，2003.

［7］马士华，林勇．供应链管理［M］．北京：高等教育出版社，2003.

［8］王霄涵．物流仓储［M］．北京：中国经济出版社，2005.

［9］田源．物流管理概论［M］．北京：机械工业出版社，2006.

［10］张丽，郝勇，黄建伟．物流系统规划与设计［M］．北京：清华大学出版社，2014.

［11］张建伟．物流运输［M］．北京：中国经济出版社，2005.

［12］刘雪梅．集装箱运输与多式联运实务［M］．北京：机械工业出版社，2011.

［13］施先亮，王耀球．供应链管理［M］．北京：机械工业出版社，2010.

［14］吕军伟．物流配送［M］．北京：中国经济出版社，2005.

［15］林自葵，刘建生．物流信息管理［M］．北京：机械工业出版社，2006.

［16］朱新民．物流运输管理［M］．大连：东北财经大学出版社，2014.

［17］田源．仓储管理［M］．北京：机械工业出版社，2009.

［18］李素彩．物流信息技术［M］．北京：高等教育出版社，2005.

［19］孙秋菊．现代物流概论［M］．北京：高等教育出版社，2003.

［20］梅焰．电子商务与物流管理［M］．北京：机械工业出版社，2005.

［21］陈文若．第三方物流［M］．北京：对外经济贸易大学出版社，2004.

［22］物流术语［S］．GB/T 18354—2001.

［23］周涛．我国城市蔬菜供应链一体化［M］．北京：经济管理出版社，2018.